4 226 15.

This book is due for return on or before the last date shown below.

*Edited by* Igor S. Mihalchenko

Y A L E   U N I V E R S I T Y

# Russian Intermediate Reader

National Textbook Company
NTC a division of NTC *Publishing Group* • Lincolnwood, Illinois USA

**1990 Printing**

Published by National Textbook Company, a division of NTC Publishing Group.
© 1985, 1976 by NTC Publishing Group, 4255 West Touhy Avenue,
Lincolnwood (Chicago), Illinois 60646-1975 U.S.A.
Manufactured in the United States of America.

9 0 ML 9 8 7 6 5 4 3

## РУССКИЙ ЯЗЫК

Во дни сомнений, во дни тя́гостных разду́мий о
су́дьбах мое́й ро́дины, — ты оди́н мне подде́ржка и
опо́ра, о вели́кий, могу́чий, правди́вый и свобо́дный
ру́сский язы́к!

*И. С. Тургéнев.*

# PREFACE

This Reader was designed to meet two requirements. It had to be of genuine interest to teachers and students, and it had to provide material that generates conversation in intermediate classes. To accomplish these two goals, careful attention was given to the author, the content of each story, its length, language and level of difficulty. Given the maturity of intermediate students of Russian, only stories that depicted life in contemporary Russia or were essential to an understanding of it were included. Thus, the prose section in this collection ranges from Pushkin to Solzhenitsyn, whereas the briefer poetry section ranges from Pushkin and Lermontov to Yevtushenko and Voznesensky.

Following each story, there are two types of questions, those designed for classroom discussion and those intended for written essays or oral reports. As well as ample footnotes, there is a complete Russian to English vocabulary at the back of the book.

Rather than attempt to present this material in order of difficulty, the arrangement is chronological, with the question of sequence left to the instructor and his or her interests and requirements.

# CONTENTS

*Prose*

## Poetry

# Prose

# Алекса́ндр Серге́евич Пу́шкин

## (1799–1837)

Вели́кий ру́сский поэ́т Алекса́ндр Серге́евич Пу́шкин роди́лся в Москве́ в 1799 году́. Как большинство́ его́ совреме́нников, принадлежа́вших к дворя́нскому сосло́вию, Пу́шкин в де́тстве говори́л почти́ исключи́тельно на францу́зском языке́, но его́ ня́ня, Ари́на Родио́новна, и ба́бушка обуча́ли его́ ру́сскому языку́, расска́зывали ему́ ру́сские ска́зки и знако́мили его́ с ру́сским наро́дным тво́рчеством.

С ра́ннего де́тства Пу́шкин проявля́л страсть к чте́нию и, благодаря́ бога́той библиоте́ке отца́, познако́мился с ру́сской и иностра́нной литерату́рой того́ вре́мени.

В 1811 году́ Пу́шкин поступи́л в то́лько что откры́вшийся Царскосе́льский лице́й, где он написа́л свои́ пе́рвые литерату́рные произведе́ния, привле́кшие внима́ние таки́х изве́стных писа́телей, как Держа́вин, Карамзи́н и Жуко́вский.

Око́нчив лице́й в 1817 году́, Пу́шкин хоте́л стать гуса́рским офице́ром, но оте́ц его́ э́тому категори́чески воспроти́вился, и он поступи́л на слу́жбу в Госуда́рственную Колле́гию Иностра́нных Дел.

За не́которые свои́ эпигра́ммы Пу́шкин был вы́слан в 1820 году́ из Москвы́ на юг Росси́и, где провёл не́сколько лет, прожива́я в Крыму́, на Кавка́зе и в Бессара́бии.

В 1826 году́ Пу́шкину бы́ло разрешено́ верну́ться в Москву́, а че́рез год и в Санкт-Петербу́рг.

В 1831 году́ Пу́шкин жени́лся на Ната́лии Никола́евне Гончаро́вой, изве́стной моско́вской краса́вице, но его́ семе́йная жизнь не была́ счастли́вой и зако́нчилась траги́ческой дуэ́лью с Данте́сом, на кото́рой Пу́шкин был смерте́льно ра́нен и сконча́лся 29 января́ 1837 го́да.

За свою́ сравни́тельно коро́ткую жизнь Пу́шкин

написа́л мно́го замеча́тельных стихо́в, расска́зов, ска́зок, поэ́м, драм, истори́ческих иссле́дований. Его́ роль в разви́тии ру́сской литерату́ры огро́мна, так как благодаря́ ему́ ру́сская литерату́ра вы́шла на самостоя́тельный национа́льный путь.

Пе́рвым значи́тельным произведе́нием Пу́шкина была́ романти́ческая поэ́ма «Русла́н и Людми́ла», за кото́рой после́довали поэ́мы «Цыга́не», «Кавка́зский пле́нник» и «Бахчисара́йский фонта́н». Восхищённый тво́рчеством Шекспи́ра, Пу́шкин написа́л свою́ знамени́тую дра́му «Бори́с Годуно́в», явля́ющуюся и поны́не наибо́лее значи́тельной дра́мой в ру́сской литерату́ре.

Пу́шкин написа́л и ряд коро́тких драмати́ческих произведе́ний, как «Скупо́й ры́царь», «Мо́царт и Сальéри» и «Ка́менный гость», в кото́рых мастерски́ изобрази́л типи́чные черты́ челове́ческого хара́ктера.

Преклоня́ясь пе́ред Петро́м Вели́ким, Пу́шкин посвяти́л ему́ поэ́мы «Полта́ва» и «Ме́дный вса́дник», а та́кже истори́ческий рома́н «Ара́п Петра́ Вели́кого».

Несомне́нно, са́мое значи́тельное и са́мое люби́мое произведе́ние Пу́шкина — рома́н в стиха́х «Евге́ний Оне́гин», в кото́ром он изобража́ет жизнь совреме́нного ему́ ру́сского о́бщества. Герои́ня рома́на, Татья́на, ста́ла идеа́лом ру́сской же́нщины.

Кро́ме «Ара́па Петра́ Вели́кого», к произаи́ческим произведе́ниям Пу́шкина принадлежа́т: «Исто́рия Пугачёвского бу́нта», «Капита́нская до́чка», «Дубро́вский» и, наконе́ц, «По́вести Бе́лкина» — се́рия отде́льных расска́зов, оди́н из кото́рых, «Вы́стрел», помещён в э́том сбо́рнике.

4

# ВЫСТРЕЛ

Стреля́лись мы.
*Бараты́нский.*

Я покля́лся застрели́ть его́ по пра́ву дуэ́ли
(за ним оста́лся ещё мой вы́стрел).
*Ве́чер на бивуа́ке.*

## I

Мы стоя́ли в месте́чке ***. Жизнь арме́йского офице́ра
изве́стна. Утром уче́нье, мане́ж; обе́д у полково́го команди́ра и́ли
в жидо́вском тракти́ре; ве́чером пунш и ка́рты. В *** не́ было ни
одного́ откры́того до́ма, ни одно́й неве́сты;[1] мы собира́лись друг
у дру́га, где, кро́ме свои́х мунди́ров, не вида́ли ничего́.

Оди́н то́лько челове́к принадлежа́л на́шему о́бществу, не
бу́дучи вое́нным. Ему́ бы́ло о́коло тридцати́ пяти́ лет, и мы за то
почита́ли его́ старико́м. О́пытность дава́ла ему́ пе́ред на́ми мно́гие
преиму́щества; к тому́ же его́ обыкнове́нная угрю́мость, круто́й
нрав и злой язы́к име́ли си́льное влия́ние на молоды́е на́ши умы́.
Кака́я-то та́инственность окружа́ла его́ судьбу́; он каза́лся
ру́сским, а носи́л иностра́нное и́мя. Не́когда он служи́л в гуса́рах,
и да́же сча́стливо; никто́ не знал причи́ны, побуди́вшей его́
вы́йти в отста́вку и посели́ться в бе́дном месте́чке, где жил он
вме́сте и бе́дно и расточи́тельно: ходи́л ве́чно пешко́м, в изно́шен-
ном чёрном сертуке́,[2] а держа́л откры́тый стол[3] для всех офице́ров
на́шего полка́. Пра́вда, обе́д его́ состоя́л из двух и́ли трёх блюд,
изгото́вленных отставны́м солда́том, но шампа́нское лило́сь
прито́м реко́ю. Никто́ не знал ни его́ состоя́ния, ни его́ дохо́дов,
и никто́ не осме́ливался о том его́ спра́шивать. У него́ води́лись
кни́ги,[4] бо́льшею ча́стию[5] вое́нные, да рома́ны. Он охо́тно дава́л
их чита́ть, никогда́ не тре́буя их наза́д; зато́ никогда́ не возвраща́л
хозя́ину кни́ги, им за́нятой. Гла́вное упражне́ние его́ состоя́ло в
стрельбе́ из пистоле́та. Сте́ны его́ ко́мнаты бы́ли все исто́чены

---

1. "Not a single eligible girl."  2. Archaic for сюртуке́.  3. "All officers were
welcomed at his table."  4. "He had kept some books."  5. Archaic for
ча́стью.

5

пу́лями, все в скважинах, как со́ты пчели́ные. Бога́тое собра́ние пистоле́тов бы́ло еди́нственной ро́скошью бе́дной ма́занки, где он жил. Иску́сство, до ко́его[6] дости́г он, бы́ло неимове́рно, и е́сли б он вы́звался пу́лей сбить гру́шу с фура́жки кого́ б то ни́ было, никто́ б в на́шем полку́ не усумни́лся[7] подста́вить ему́ свое́й головы́. Разгово́р ме́жду на́ми каса́лся ча́сто поеди́нков; Си́львио (так назову́ его́) никогда́ в него́ не вме́шивался. На вопро́с, случа́лось ли ему́ дра́ться, отвеча́л он су́хо, что случа́лось, но в подро́бности не входи́л, и ви́дно бы́ло, что таковы́е вопро́сы бы́ли ему́ неприя́тны. Мы полага́ли, что на со́вести его́ лежа́ла кака́я-нибудь несча́стная же́ртва его́ ужа́сного иску́сства. Впро́чем, нам и в го́лову не приходи́ло подозрева́ть в нём что́-нибудь похо́жее на ро́бость. Есть лю́ди, ко́их[8] одна́ нару́жность удаля́ет таковы́е подозре́ния. Неча́янный слу́чай всех нас изуми́л.

Одна́жды челове́к де́сять на́ших офице́ров обе́дали у Си́львио. Пи́ли по-обыкнове́нному, то есть о́чень мно́го; по́сле обе́да ста́ли мы угова́ривать хозя́ина промета́ть нам банк.[9] До́лго он отка́зывался, и́бо никогда́ почти́ не игра́л; наконе́ц веле́л пода́ть ка́рты, вы́сыпал на стол полсо́тни черво́нцев[10] и сел мета́ть. Мы окружи́ли его́, и игра́ завяза́лась.[11] Си́львио име́л обыкнове́ние за игро́ю храни́ть соверше́нное молча́ние, никогда́ не спо́рил и не объясня́лся. Е́сли понтёру случа́лось обсчита́ться, то он то́тчас и́ли допла́чивал достально́е,[12] и́ли запи́сывал ли́шнее. Мы уж э́то зна́ли и не меша́ли ему́ хозя́йничать по-сво́ему; но ме́жду на́ми находи́лся офице́р, неда́вно к нам переведённый. Он, игра́я тут же, в рассе́янности загну́л ли́шний у́гол.[13] Си́львио взял мел и уравня́л счёт по своему́ обыкнове́нию. Офице́р, ду́мая, что он оши́бся, пусти́лся в объясне́ния. Си́львио мо́лча продолжа́л мета́ть. Офице́р, потеря́в терпе́ние, взял щётку и стёр то, что́ каза́лось ему́ напра́сно запи́санным. Си́львио взял мел и записа́л сно́ва. Офице́р, разгорячённый вино́м, игро́ю и сме́хом това́рищей, почёл себя́ жесто́ко оби́женным и, в бе́шенстве схвати́в со стола́ ме́дный шанда́л, пусти́л его́ в Си́львио, кото́рый едва́ успе́л отклони́ться от уда́ра. Мы смути́лись. Си́львио встал, побледне́в от зло́сти, и с сверка́ющими глаза́ми сказа́л: «Ми́лостивый

---

6. Archaic for кото́рого.  7. Archaic for усомни́лся.  8. Archaic for кото́рых.
9. "Hold the bank."  10. Черво́нец: before the reign of Peter the Great it designated any foreign gold coin. The Russian gold coin (three rubles) was first minted in 1701. Since 1922, a 10-ruble banknote.  11. "The game started."
12. Archaic for остально́е.  13. "Scored one point too many."

государь, извольте выйти, и благодарите Бога, что это случилось у меня в доме».

Мы не сомневались в последствиях и полагали нового товарища уже убитым. Офицер вышел вон, сказав, что за обиду готов отвечать, как будет угодно господину банкомёту. Игра продолжалась ещё несколько минут; но, чувствуя, что хозяину было не до игры, мы отстали один за другим и разбрелись по квартирам, толкуя о скорой ваканции.[14]

На другой день в манеже мы спрашивали уже, жив ли ещё бедный поручик,[15] как сам он явился между нами; мы сделали ему тот же вопрос. Он отвечал, что об Сильвио[16] не имел он ещё никакого известия. Это нас удивило. Мы пошли к Сильвио и нашли его на дворе, сажающего пулю на пулю в туза, приклеенного к воротам. Он принял нас по-обыкновенному, ни слова не говоря о вчерашнем происшествии. Прошло три дня, поручик был ещё жив. Мы с удивлением спрашивали: неужели Сильвио не будет драться? Сильвио не дрался. Он довольствовался очень лёгким объяснением и помирился.

Это было чрезвычайно повредило ему во мнении[17] молодёжи. Недостаток смелости менее всего извиняется молодыми людьми, которые в храбрости обыкновенно видят верх человеческих достоинств и извинение всевозможных пороков. Однако ж мало-помалу всё было забыто, и Сильвио снова приобрёл прежнее своё влияние.

Один я не мог уже к нему приблизиться. Имея от природы романическое воображение, я всех сильнее прежде сего был привязан к человеку, коего[18] жизнь была загадкою и который казался мне героем таинственной какой-то повести. Он любил меня; по крайней мере со мной одним оставлял обыкновенное своё резкое злоречие[19] и говорил о разных предметах с простодушием и необыкновенною приятностию.[20] Но после несчастного вечера мысль, что честь его была замарана и не омыта по его собственной вине, эта мысль меня не покидала и мешала мне обходиться с ним по-прежнему; мне было совестно на него глядеть.

---

14. Obsolete for вакансия. 15. Rank in the czarist army, corresponding to lieutenant. At the present time the word лейтенант applies to army and navy officers, whereas in prerevolutionary times it designated exclusively an officer of the navy. 16. Archaic for о Сильвио. 17. A particle used with past-tense perfective verbs to indicate action that almost took place but did not. 18. Archaic for которого. 19. "Tongue-lashing." 20. Archaic for приятностью.

Сильвио был слишком умён и опытен, чтобы этого не заметить и не угадывать тому причины. Казалось, это огорчало его; по крайней мере я заметил раза два в нём желание со мною объясниться; но я избегал таких случаев, и Сильвио от меня отступился.[21] С тех пор видался я с ним только при товарищах, и прежние откровенные разговоры наши прекратились.

Рассеянные жители столицы не имеют понятия о многих впечатлениях, столь известных жителям деревень или городков, например об ожидании почтового дня: во вторник и пятницу полковая наша канцелярия бывала полна офицерами: кто ждал денег, кто письма, кто газет. Пакеты обыкновенно тут же распечатывались, новости сообщались, и канцелярия представляла картину самую оживлённую. Сильвио получал письма, адресованные в наш полк, и обыкновенно тут же находился. Однажды подали ему пакет, с которого он сорвал печать с видом величайшего нетерпения. Пробегая письмо, глаза его сверкали. Офицеры, каждый занятый своими письмами, ничего не заметили. «Господа, — сказал им Сильвио, — обстоятельства требуют немедленного моего отсутствия; еду сегодня в ночь; надеюсь, что вы не откажетесь отобедать у меня в последний раз. Я жду и вас, — продолжал он обратившись ко мне, — жду непременно». С сим[22] словом он поспешно вышел; а мы, согласясь соединиться у Сильвио, разошлись каждый в свою сторону.

Я пришёл к Сильвио в назначенное время и нашёл у него почти весь полк. Всё его добро было уже уложено; оставались одни голые, простреленные стены. Мы сели за стол; хозяин был чрезвычайно в духе,[23] и скоро весёлость его соделалась[24] общею; пробки хлопали поминутно, стаканы пенились и шипели беспрестанно, и мы со всевозможным усердием желали отъезжающему доброго пути и всякого блага. Встали из-за стола уже поздно вечером. При разборе фуражек[25] Сильвио, со всеми прощаясь, взял меня за руку и остановил в ту самую минуту, как собирался я выйти. «Мне нужно с вами поговорить», — сказал он тихо. Я остался.

Гости ушли; мы остались вдвоём, сели друг противу друга[26] и молча закурили трубки. Сильвио был озабочен; не было уже и следов его судорожной весёлости. Мрачная бледность, сверкающие

---

21. "And Sylvio stopped insisting." 22. Archaic for этим. 23. "The host was in excellent spirits." 24. Archaic for сделалось. 25. Colloquial: "as the officers picked up their caps." 26. Archaic for друг против друга.

глаза́ и густо́й дым, выходя́щий и́зо рту,[27] придава́ли ему́ вид настоя́щего дья́вола. Прошло́ не́сколько мину́т, и Си́львио прерва́л молча́ние.

— Мо́жет быть, мы никогда́ бо́льше не уви́димся, — сказа́л он мне, — пе́ред разлу́кой я хоте́л с ва́ми объясни́ться. Вы могли́ заме́тить, что я ма́ло уважа́ю посторо́ннее мне́ние; но я вас люблю́, и чу́вствую: мне бы́ло бы тя́гостно оста́вить в ва́шем уме́ несправедли́вое впечатле́ние.

Он останови́лся и стал набива́ть вы́горевшую свою́ тру́бку; я молча́л, поту́пя глаза́.

— Вам бы́ло стра́нно, — продолжа́л он, — что я не тре́бовал удовлетворе́ния от э́того пья́ного сумасбро́да Р***. Вы согласи́тесь, что, име́я пра́во вы́брать ору́жие, жизнь его́ была́ в мои́х рука́х, а моя́ почти́ безопа́сна: я мог бы приписа́ть уме́ренность мою́ одному́ великоду́шию, но не хочу́ лгать. Е́сли б я мог наказа́ть Р***, не подверга́я во́все мое́й жи́зни, то я б ни за что́ не прости́л его́.

Я смотре́л на Си́львио с изумле́нием. Таково́е призна́ние соверше́нно смути́ло меня́. Си́львио продолжа́л.

— Так то́чно: я не име́ю пра́ва подверга́ть себя́ сме́рти. Шесть лет тому́ наза́д я получи́л пощёчину, и враг мой ещё жив.

Любопы́тство моё си́льно бы́ло возбуждено́.

— Вы с ним не дра́лись? — спроси́л я. — Обстоя́тельства, ве́рно, вас разлучи́ли?

— Я с ним дра́лся, — отвеча́л Си́львио, — и вот па́мятник на́шего поеди́нка.

Си́львио встал и вы́нул из карто́на кра́сную ша́пку с золото́ю ки́стью, с галуно́м (то, что францу́зы называ́ют bonnet de police),[28] он её наде́л; она́ была́ простре́лена на вершо́к ото лба́.

— Вы зна́ете, — продолжа́л Си́львио, — что я служи́л в *** гуса́рском полку́. Хара́ктер мой вам изве́стен: я привы́к пе́рвенствовать, но смо́лоду э́то бы́ло во мне стра́стию.[29] В на́ше вре́мя бу́йство бы́ло в мо́де: я был пе́рвым буя́ном по а́рмии. Мы хва́стались пья́нством: я перепи́л сла́вного Бу́рцова,[30] воспе́того Дени́сом Давы́довым.[31] Дуэ́ли в на́шем полку́ случа́лись помину́тно: я на всех быва́л и́ли свиде́телем, и́ли де́йствующим лицо́м. Това́рищи меня́ обожа́ли, а полковы́е команди́ры, помину́тно сменя́емые, смотре́ли на меня́, как на необходи́мое зло.

---

27. Archaic for изо рта́. 28. French: "police cap." 29. Archaic for стра́стью.
30. Burtzev — an officer of the Hussars notorious for his drinking.
31. D. Davydov — 1784–1839, Russian Hussar poet.

Я споко́йно (и́ли беспоко́йно) наслажда́лся мое́ю сла́вою, как определи́лся к нам[32] молодо́й челове́к бога́той и зна́тной фами́лии (не хочу́ назва́ть его́). Отро́ду не встреча́л счастли́вца столь блиста́тельного! Вообрази́те себе́ мо́лодость, ум, красоту́, весёлость са́мую бе́шеную, хра́брость са́мую беспе́чную, гро́мкое и́мя,[33] де́ньги, кото́рым не знал он счёта[34] и кото́рые никогда́ у него́ не переводи́лись, и предста́вьте себе́ како́е де́йствие до́лжен был он произвести́ ме́жду на́ми. Пе́рвенство моё поколеба́лось. Обольщённый мое́ю сла́вою, он стал бы́ло иска́ть моего́ дру́жества; но я при́нял его́ хо́лодно, и он безо вся́кого сожале́ния от меня́ удали́лся. Я его́ возненави́дел. Успе́хи его́ в полку́ и в о́бществе же́нщин приводи́ли меня́ в соверше́нное отча́яние. Я стал иска́ть с ним ссо́ры; на эпигра́ммы мои́ отвеча́л он эпигра́ммами, кото́рые всегда́ каза́лись мне неожи́даннее и остре́е мои́х и кото́рые, коне́чно, не в приме́р бы́ли веселе́е: он шути́л, а я зло́бствовал. Наконе́ц одна́жды на ба́ле[35] у по́льского поме́щика, ви́дя его́ предме́том внима́ния всех дам, и осо́бенно само́й хозя́йки, бы́вшей со мно́ю в связи́, я сказа́л ему́ на́ ухо каку́ю-то пло́скую гру́бость. Он вспы́хнул и дал мне пощёчину. Мы бро́сились к са́блям; да́мы попа́дали в о́бморок; нас растащи́ли, и в ту же ночь пое́хали мы дра́ться.

Э́то бы́ло на рассве́те. Я стоя́л на назна́ченном ме́сте с мои́ми тремя́ секунда́нтами. С неизъясни́мым нетерпе́нием ожида́л я моего́ проти́вника. Весе́ннее со́лнце взошло́, и жар уже́ наспева́л.[36] Я уви́дел его́ и́здали. Он шёл пешко́м, с мунди́ром на са́бле, сопровожда́емый одни́м секунда́нтом. Мы пошли́ к нему́ навстре́чу. Он приблжи́лся,[37] держа́ фура́жку, напо́лненную чере́шнями. Секунда́нты отме́рили нам двена́дцать шаго́в. Мне должно́ бы́ло стреля́ть пе́рвому: но волне́ние зло́бы во мне бы́ло столь[38] си́льно, что я не понаде́ялся на ве́рность руки́ и, что́бы дать себе́ вре́мя осты́ть, уступа́л ему́ пе́рвый вы́стрел; проти́вник мой не согаша́лся. Положи́ли[39] бро́сить жре́бий: пе́рвый ну́мер[40] доста́лся ему́, ве́чному люби́мцу сча́стия. Он прице́лился и прострели́л мне фура́жку. О́чередь была́ за мно́ю. Жизнь его́ наконе́ц была́ в мои́х рука́х; я гляде́л на него́ жа́дно, стара́ясь улови́ть хотя́ одну́ тень беспоко́йства . . . Он стоя́л под пистоле́том, выбира́я из

---

32. "Joined our regiment." 33. "Famous name." 34. "Which he did not have to count." 35. Archaic for на балу́. 36. "It was already growing hot." 37. Archaic for приблжи́зился. 38. Archaic for насто́лько. 39. Archaic for реши́ли. 40. Archaic for но́мер.

фура́жки спе́лые чере́шни и выплёвывая ко́сточки, кото́рые долета́ли до меня́. Его́ равноду́шие взбеси́ло меня́. Что по́льзы[41] мне, поду́мал я, лиши́ть его́ жи́зни, когда́ он е́ю во́все не дорожи́т ? Зло́бная мысль мелькну́ла в уме́ моём. Я опусти́л пистоле́т. «Вам, ка́жется, тепе́рь не до сме́рти, — сказа́л я ему́, — вы изво́лите за́втракать; мне не хо́чется вам помеша́ть». — «Вы ничу́ть не меша́ете мне, — возрази́л он, — изво́льте себе́ стреля́ть, а впро́чем, как вам уго́дно: вы́стрел ваш остаётся за ва́ми; я всегда́ гото́в к ва́шим услу́гам». Я обрати́лся к секунда́нтам, объяви́в, что ны́нче стреля́ть не наме́рен, и поеди́нок тем и ко́нчился.

Я вы́шел в отста́вку и удали́лся в э́то месте́чко. С тех пор не прошло́ ни одного́ дня, чтоб я не ду́мал о мще́нии. Ны́не час мой наста́л . . .

Си́львио вы́нул из карма́на у́тром полу́ченное письмо́ и дал мне его́ чита́ть. Кто́-то (каза́лось, его́ пове́ренный по дела́м) писа́л ему́ из Москвы́, что *изве́стная осо́ба* ско́ро должна́ вступи́ть в зако́нный брак с молодо́й и прекра́сной де́вушкой.

— Вы дога́дываетесь, — сказа́л Си́львио, — кто э́та *изве́стная осо́ба.* Е́ду в Москву́. Посмо́трим, так ли равноду́шно при́мет он смерть пе́ред свое́й сва́дьбой, как не́когда ждал её за чере́шнями !

При сих[42] слова́х Си́львио встал, бро́сил об пол свою́ фура́жку и стал ходи́ть взад и вперёд по ко́мнате, как тигр по свое́й кле́тке. Я слу́шал его́ неподви́жно; стра́нные, противуполо́жные[43] чу́вства волнова́ли меня́.

Слуга́ вошёл и объяви́л, что ло́шади гото́вы. Си́львио кре́пко сжал мне ру́ку; мы поцелова́лись. Он сел в теле́жку, где лежа́ли два чемода́на, оди́н с пистоле́тами, друго́й с его́ пожи́тками. Мы прости́лись ещё раз, и ло́шади поскака́ли.


## II


Прошло́ не́сколько лет, и дома́шние обстоя́тельства прину́-
дили меня́ посели́ться в бе́дной дереве́ньке Н ** уе́зда. Занима́ясь хозя́йством, я не переставал тихо́нько воздыха́ть[44] о пре́жней

---

41. "What is the use." 42. Archaic for э́тих. 43. Archaic for противо-
поло́жные. 44. Archaic for вздыха́ть.

моей шумной и беззаботной жизни. Всего труднее было мне привыкнуть проводить осенние и зимние вечера в совершенном уединении. До обеда кое-как ещё дотягивал я время,[45] толкуя со старостой, разъезжая по работам или обходя новые заведения; но коль скоро[46] начинало смеркаться, я совершенно не знал куда деваться. Малое число книг, найденных мною под шкафами и в кладовой, были вытвержены мною наизусть. Все сказки, которые только могла запомнить ключница Кириловна, были мне пересказаны; песни баб наводили на меня тоску. Принялся я было за неподслащённую наливку, но от неё болела у меня голова; да признаюсь, побоялся я сделаться *пьяницею с горя*,[47] то есть самым *горьким* пьяницею,[48] чему примеров множество видел я в нашем уезде. Близких соседей около меня не было, кроме двух или трёх *горьких*, коих[49] беседа состояла большею частию в икоте и воздыханиях.[50] Уединение было сноснее.

В четырёх верстах от меня находилось богатое поместье, принадлежащее графине Б ***; но в нём жил только управитель, а графиня посетила своё поместье только однажды, в первый год своего замужества, и то прожила там не более месяца. Однако ж во вторую весну моего затворничества разнёсся слух, что графиня с мужем приедет на лето в свою деревню. В самом деле, они прибыли в начале июня месяца.

Приезд богатого соседа есть важная эпоха для деревенских жителей. Помещики и их дворовые люди толкуют о том месяца два прежде и года три спустя. Что касается до меня, то, признаюсь, известие о прибытии молодой и прекрасной соседки сильно на меня подействовало; я горел нетерпением её увидеть, и потому в первое воскресение[51] по её приезде отправился после обеда в село *** рекомендоваться их сиятельствам,[52] как ближайший сосед и всепокорнейший слуга.[53]

Лакей ввёл меня в графский кабинет, а сам пошёл обо мне доложить. Обширный кабинет был убран со всевозможною роскошью; около стен стояли шкафы с книгами, и над каждым бронзовый бюст; над мраморным камином было широкое зеркало; пол обит был зелёным сукном и устлан коврами. Отвыкнув от роскоши в бедном углу моём и уже давно не видав чужого

---

45. "I managed to kill the time." 46. Archaic for как только. 47. "To become an alcoholic from grief." 48. "Chronic alcoholic." 49. Archaic for которых. 50. Archaic for вздыханиях. 51. Archaic for воскресенье. 52. "Their Excellencies." 53. Obsolete: "most humble servant."

богатства, я оробе́л и ждал гра́фа с каки́м-то тре́петом, как проси́тель из прови́нции ждёт вы́хода мини́стра. Две́ри отвори́лись, и вошёл мужчи́на лет тридцати́ двух, прекра́сный собо́ю. Граф прибли́зился ко мне с ви́дом откры́тым и дружелю́бным; я стара́лся ободри́ться и на́чал бы́ло себя́ рекомендова́ть, но он предупреди́л меня́.[54] Мы се́ли. Разгово́р его́, свобо́дный и любе́зный, вско́ре рассе́ял мою́ одича́лую засте́нчивость; я уже́ начина́л входи́ть в обыкнове́нное моё положе́ние,[55] как вдруг вошла́ графи́ня, и смуще́ние овладе́ло мно́ю пу́ще пре́жнего. В са́мом де́ле, она́ была́ краса́вица. Граф предста́вил меня́; я хоте́л каза́ться развя́зным, но чем бо́льше стара́лся взять на себя́ вид непринуждённости, тем бо́лее чу́вствовал себя́ нело́вким. Они́, чтоб дать мне вре́мя опра́виться и привы́кнуть к но́вому знако́мству, ста́ли говори́ть ме́жду собо́ю, обходя́сь со мно́ю как с до́брым сосе́дом и без церемо́нии. Ме́жду тем я стал ходи́ть взад и вперёд, осма́тривая кни́ги и карти́ны. В карти́нах я не знато́к, но одна́ привлекла́ моё внима́ние. Она́ изобража́ла како́й-то вид из Швейца́рии; но порази́ла меня́ в ней не жи́вопись, а то, что карти́на была́ простре́лена двумя́ пу́лями, вса́женными одна́ на другу́ю.

— Вот хоро́ший вы́стрел, — сказа́л я, обраща́ясь к гра́фу.

— Да, — отвеча́л он, — вы́стрел о́чень замеча́тельный. А хорошо́ вы стреля́ете? — продолжа́л он.

— Изря́дно, — отвеча́л я, обра́довавшись, что разгово́р косну́лся наконе́ц предме́та, мне бли́зкого. — В тридцати́ шага́х про́маху в ка́рту не дам, разуме́ется из знако́мых пистоле́тов.

— Пра́во? — сказа́ла графи́ня, с ви́дом большо́й внима́тельности, — а ты, мой друг, попадёшь ли в ка́рту на тридцати́ шага́х?

— Когда́-нибудь, — отвеча́л граф, — мы попро́буем. В своё вре́мя я стреля́л не ху́до; но вот уже́ четы́ре го́да, как я не брал в ру́ки пистоле́та.

— О, — заме́тил я, — в тако́м слу́чае бьюсь об закла́д,[56] что ва́ше сия́тельство не попадёте в ка́рту и в двадцати́ шага́х: пистоле́т тре́бует ежедне́вного упражне́ния. Э́то я зна́ю на о́пыте. У нас в полку́ я счита́лся одни́м из лу́чших стрелко́в. Одна́жды случи́лось мне це́лый ме́сяц не брать пистоле́та: мои́ бы́ли в почи́нке; что же бы вы ду́мали, ва́ше сия́тельство? В пе́рвый раз, как стал пото́м стреля́ть, я дал сря́ду четы́ре про́маха по буты́лке в двадцати́ пяти́ шага́х. У нас был ро́тмистр, остря́к, заба́вник;

54. "He anticipated me."  55. "To recover."  56. "I wager."

13

он тут случи́лся и сказа́л мне: знать у тебя́, брат, рука́ не подыма́ется на буты́лку.[57] Нет, ва́ше сия́тельство, не должно́ пренебрега́ть э́тим упражне́нием, не то отвы́кнешь как раз. Лу́чший стрело́к, кото́рого удало́сь мне встреча́ть, стреля́л ка́ждый день, по кра́йней ме́ре три ра́за пе́ред обе́дом. Это у него́ бы́ло заведено́,[58] как рю́мка во́дки.

Граф и графи́ня ра́ды бы́ли, что я разговори́лся.

— А каково́ стреля́л он? — спроси́л меня́ граф.

— Да вот как, ва́ше сия́тельство: быва́ло, уви́дит он, се́ла на́ сте́ну му́ха: вы смеётесь, графи́ня? Ей-Бо́гу, пра́вда. Быва́ло, уви́дит му́ху и кричи́т: «Ку́зька, пистоле́т!» Ку́зька и несёт ему́ заря́женный пистоле́т. Он хлоп, и вда́вит му́ху в сте́ну!

— Это удиви́тельно! — сказа́л граф, — а как его́ зва́ли?

— Си́львио, ва́ше сия́тельство.

— Си́львио! — вскрича́л граф, вскочи́в со своего́ ме́ста; — вы зна́ли Си́львио?

— Как не знать, ва́ше сия́тельство; мы бы́ли с ним прия́тели; он в на́шем полку́ при́нят был, как свой брат-това́рищ; да вот уж лет пять, как об нём[59] не име́ю никако́го изве́стия. Так и ва́ше сия́тельство, ста́ло быть, зна́ли его́?

— Знал, о́чень знал. Не расска́зывал ли он вам . . . но нет; не ду́маю; не расска́зывал ли он вам одного́ о́чень стра́нного происше́ствия?

— Не пощёчина ли, ва́ше сия́тельство, полу́ченная им на ба́ле[60] от како́го-то пове́сы?

— А ска́зывал он вам и́мя э́того пове́сы?

— Нет, ва́ше сия́тельство, не ска́зывал . . . Ах! ва́ше сия́тельство, — продолжа́л я, дога́дываясь об и́стине, — извини́те . . . я не знал . . . уж не вы ли? . .

— Я сам, — отвеча́л граф с ви́дом чрезвыча́йно расстро́енным, — а простре́ленная карти́на есть па́мятник после́дней на́шей встре́чи . . .

— Ах, ми́лый мой, — сказа́ла графи́ня, — ра́ди Бо́га не расска́зывай; мне стра́шно бу́дет слу́шать.

— Нет, — возрази́л граф, — я всё расскажу́; он зна́ет, как я оби́дел его́ дру́га: пусть же узна́ет, как Си́львио мне отомсти́л.

Граф подви́нул мне кре́сла,[61] и я с живе́йшим любопы́тством услы́шал сле́дующий расска́з.

---

57. "You don't dare hit a bottle." 58. "It was his custom." 59. Archaic for о нём. 60. See footnote 35. 61. Archaic for кре́сло.

«Пять лет тому́ наза́д я жени́лся. — Пе́рвый ме́сяц, the honey-moon, провёл я здесь, в э́той дере́вне. Э́тому до́му обя́зан я лу́чшими мину́тами жи́зни и одни́м из са́мых тяжёлых воспоми-на́ний.

Одна́жды ве́чером е́здили мы вме́сте верхо́м; ло́шадь у жены́ что́-то[62] заупря́милась; она́ испуга́лась, отдала́ мне пово́дья и пошла́ пешко́м домо́й; я пое́хал вперёд. На дворе́ уви́дел я доро́жную теле́гу; мне сказа́ли, что у меня́ в кабине́те сиди́т челове́к, не хоте́вший объяви́ть своего́ и́мени, но сказа́вший про́сто, что ему́ до меня́ есть де́ло. Я вошёл в э́ту ко́мнату и уви́дел в темноте́ челове́ка, запылённого и обро́сшего бородо́й; он стоя́л здесь у ками́на. Я подошёл к нему́, стара́ясь припо́мнить его́ черты́. «Ты не узна́л меня́, граф?» — сказа́л он дрожа́щим го́лосом. «Си́львио!» — закрича́л я, и, признаю́сь, я почу́вствовал, как волоса́[63] ста́ли вдруг на мне ды́бом.[64] «Так то́чно, — продол-жа́л он, — вы́стрел за мно́ю; я прие́хал разряди́ть мой пистоле́т; гото́в ли ты?» Пистоле́т у него́ торча́л из боково́го карма́на. Я отме́рил двена́дцать шаго́в и стал там в углу́, прося́ его́ вы́стрелить скоре́е, пока́ жена́ не вороти́лась. Он ме́длил — он спроси́л огня́. По́дали све́чи. Я за́пер две́ри, не веле́л никому́ входи́ть и сно́ва проси́л его́ вы́стрелить. Он вы́нул пистоле́т и прице́лился . . . Я счита́л секу́нды . . . я ду́мал о ней . . . Ужа́сная прошла́ мину́та! Си́львио опусти́л ру́ку. «Жале́ю, — сказа́л он, — что пистоле́т заря́жен не чере́шневыми ко́сточками . . . пу́ля тяжела́. Мне всё ка́жется, что у нас не дуэ́ль, а уби́йство: я не привы́к це́лить в безору́жного. Начнём сы́знова; ки́нем жре́бий, кому́ стреля́ть пе́рвому». Голова́ моя́ шла круго́м[65] . . . Ка́жется, я не согла-ша́лся . . . Наконе́ц мы заряди́ли ещё пистоле́т; сверну́ли два биле́та; он положи́л их в фура́жку, не́когда мно́ю простре́ленную; я вы́нул опя́ть пе́рвый ну́мер.[66] «Ты, граф, дья́вольски сча́стлив», — сказа́л он с усме́шкою, кото́рой никогда́ не забу́ду. Не пони-ма́ю, что со мно́ю бы́ло и каки́м о́бразом мог он меня́ к тому́ прину́дить . . . но — я вы́стрелил, и попа́л вот в э́ту карти́ну. (Граф ука́зывал па́льцем на простре́ленную карти́ну; лицо́ его́ горе́ло как ого́нь; графи́ня была́ бледне́е своего́ платка́: я не мог воздержа́ться от восклица́ния.)

— Я вы́стрелил, — продолжа́л граф, — и, сла́ва Бо́гу, дал про́мах; тогда́ Си́львио . . . (в э́ту мину́ту он был, пра́во, ужа́сен)

---

62. "For some reason."  63. Archaic for воло́сы.  64. "My hair stood on end."  65. "My head was in a whirl."  66. See footnote 40.

Си́львио стал в меня́ прице́ливаться. Вдруг две́ри отвори́лись, Ма́ша вбега́ет и с ви́згом кида́ется мне на ше́ю. Её прису́тствие возврати́ло мне всю бо́дрость. «Ми́лая, — сказа́л я ей, — ра́зве ты не ви́дишь, что мы шу́тим? Как же ты перепуга́лась! поди́,[67] вы́пей стака́н воды́ и приди́ к нам; я предста́влю тебе́ стари́нного дру́га и това́рища». Ма́ше всё ещё не ве́рилось. «Скажи́те, пра́вду ли муж говори́т? — сказа́ла она́, обраща́ясь к гро́зному Си́львио, — пра́вда ли, что вы о́ба шу́тите?» — «Он всегда́ шу́тит, графи́ня, — отвеча́л ей Си́львио, — одна́жды дал он мне шутя́ пощёчину, шутя́ прострели́л мне вот э́ту фура́жку, шутя́ дал сейча́с по мне про́мах; тепе́рь и мне пришла́ охо́та пошути́ть . . .» С э́тим сло́вом он хоте́л в меня́ прице́литься . . . при ней! Ма́ша бро́силась к его́ нога́м. «Встань, Ма́ша, сты́дно! — закрича́л я в бе́шенстве; — а вы, су́дарь, переста́нете ли издева́ться над бе́дной же́нщиной? Бу́дете ли вы стреля́ть и́ли нет?» — «Не бу́ду, — отвеча́л Си́львио, — я дово́лен: я ви́дел твоё смяте́ние, твою́ ро́бость; я заста́вил тебя́ вы́стрелить по мне, с меня́ дово́льно. Бу́дешь меня́ по́мнить. Предаю́ тебя́ твое́й со́вести». Тут он бы́ло вы́шел,[68] но останови́лся в дверя́х, огляну́лся на простре́ленную мно́ю карти́ну, вы́стрелил в неё, почти́ не це́лясь, и скры́лся. Жена́ лежа́ла в о́бмороке; лю́ди не сме́ли его́ останови́ть и с у́жасом на него́ гляде́ли; он вы́шел на крыльцо́, кли́кнул ямщика́ и уе́хал, пре́жде чем успе́л я опо́мниться».

Граф замолча́л. Таки́м о́бразом узна́л я коне́ц по́вести, ко́ей[69] нача́ло не́когда так порази́ло меня́. С геро́ем о́ной[70] уже́ я не встреча́лся. Ска́зывают, что Си́львио, во вре́мя возмуще́ния Алекса́ндра Ипсила́нти,[71] предводи́тельствовал отря́дом этери́стов[72] и был уби́т в сраже́нии под Скуля́нами.[73]

## Вопро́сы для обсужде́ния в кла́ссе

1. Как жи́ли офице́ры в месте́чке Н.? 2. Кто принадлежа́л к о́бществу офице́ров, не бу́дучи вое́нным? 3. Како́й был у него́

---

67. Archaic for пойди́. 68. "He was about to leave" (see footnote 17). 69. Archaic for кото́рый. 70. Archaic for её. 71. Alexander Ypsilanti — 1792–1828, Greek patriot and revolutionary leader. 72. Members of a secret Greek organization, Philike Hetaria, directed against the Turks. 73. A battle which took place in Moldavia on June 29, 1821.

характер и где он раньше служил? 4. Как он жил в местечке Н.? 5. В чём заключалось его главное занятие? 6. О чём часто говорили офицеры? 7. Где однажды обедали офицеры? 8. Как играл Сильвио? 9. Что произошло во время игры? 10. В чём не сомневались офицеры после случая с поручиком? 11. Чем кончилась ссора Сильвио с поручиком? 12. Какое впечатление произвёл поступок Сильвио на офицеров и почему? 13. Понимал ли Сильвио поведение автора? 14. Как выглядела полковая канцелярия по вторникам и пятницам? 15. Что однажды получил Сильвио по почте? 16. Что Сильвио объявил офицерам и о чём попросил их? 17. Как прошёл прощальный обед у Сильвио? 18. Кого Сильвио задержал при прощании и о чём заговорил? 19. Что случилось шесть лет тому назад? 20. Что рассказал Сильвио о жизни в гусарском полку? 21. Что рассказал Сильвио о новом офицере? 22. Какие между ними установились отношения? 23. Что случилось однажды на балу у польского помещика? 24. Когда состоялась дуэль? 25. Кто должен был стрелять первым? 26. Почему Сильвио уступал свой выстрел? 27. Кому достался первый выстрел, и каков был результат? 28. Что старался уловить Сильвио на лице противника? 29. Что подумал Сильвио и что он сказал противнику? 30. Что ответил противник, и чем кончилась дуэль? 31. Что сделал Сильвио после дуэли и о чём думал днём и ночью? 32. Что было в письме, которое Сильвио дал прочесть автору? 33. Какими словами закончил Сильвио свой рассказ? 34. Куда судьба забросила автора через несколько лет? 35. Как автор проводил время и чего больше всего боялся? 36. Чьё имение находилось по соседству и что о нём знал автор? 37. Что сделал автор вскоре после приезда графини? 38. Как выглядел кабинет графа? 39. Как себя чувствовал автор и почему? 40. Как граф встретил автора? 41. На что обратил внимание автор, рассматривая картины? 42. О чём заговорили граф и автор? 43. Как стрелял автор? 44. Что сказал о себе граф? 45. Что случилось однажды с автором? 46. Что рассказал автор о лучшем стрелке в полку? 47. Что рассказал автор графу о Сильвио? 48. Почему граф решил рассказать автору, как Сильвио ему отомстил? 49. Что произошло вскоре после женитьбы графа? 50. Кого увидел в кабинете граф? 51. Что сделал граф и о чём попросил Сильвио? 52. Почему Сильвио не стрелял и что он предложил графу? 53. Почему граф стрелял первым и куда попал? 54. Что случилось, когда Сильвио стал прицéливаться в грáфа? 55. Что сказáл граф, увúдев женý? 56. О чём графúня спросúла Сúльвио, и что он ей отвéтил? 57. Что сдéлала графúня? 58. Что сказáл в бéшенстве граф, и что емý отвéтил Сúльвио? 59. Что сдéлал Сúльвио, выходя́ из кóмнаты? 60. Как, по слýхам, погúб Сúльвио?

### Тéмы для пúсьменных рабóт

1. Что вы знáете о Сúльвио и о егó жúзни в местéчке Н.? 2. Что произошлó однáжды в дóме Сúльвио и каковы́ бы́ли послéдствия происшéдшего? 3. Что рассказáл Сúльвио áвтору пóсле прощáльного обéда? 4. Жизнь Сúльвио в гусáрском полкý. 5. Опишúте дуэ́ль Сúльвио с нóвым офицéром? 6. Жизнь áвтора в дерéвне. 7. Опишúте визúт áвтора к грáфу. 8. Как áвтор узнáл о знакóмстве грáфа с Сúльвио? 9. Как Сúльвио отомстúл грáфу? 10. Понрáвился ли вам э́тот рассказ и почемý?

# Михаил Юрьевич Лермонтов

## (1814–1841)

Михаил Юрьевич Лермонтов роди́лся в Москве́ в 1814 году́. Мать Ле́рмонтова умерла́, когда́ ему́ бы́ло три го́да, и он её не по́мнил. Оте́ц его́, капита́н в отста́вке, Юрий Петро́вич Ле́рмонтов, по́сле сме́рти жены́ оста́вил ма́льчика на попече́нии ба́бушки, Елизаве́ты Алексе́евны Арсе́ньевой, кото́рая и заняла́сь воспита́нием бу́дущего поэ́та.

Арсе́ньева наняла́ для внука лу́чших учителе́й, а зате́м отвезла́ его́ учи́ться в Москву́, где Ле́рмонтов поступи́л в Благоро́дный пансио́н — о́чень изве́стное в те времена́ уче́бное заведе́ние Москвы́. В 1830 году́ Ле́рмонтов был при́нят в Моско́вский университе́т, но вско́ре поки́нул его́ и определи́лся в Гварде́йскую кавалери́йскую шко́лу, отку́да был вы́пущен в офице́ры в 1834 году́.

По́сле оконча́ния офице́рской шко́лы, Ле́рмонтов служи́л в Петербу́рге, где сра́зу же обрати́л на себя́ внима́ние в литерату́рных круга́х.

Смерть Пу́шкина, пе́ред кото́рым Ле́рмонтов преклоня́лся и кото́рого счита́л велича́йшим поэ́том ми́ра, глубоко́ потрясла́ его́ и, в поры́ве и́скреннего го́ря, он написа́л стихотворе́ние «На смерть поэ́та», за кото́рое был переведён на Кавка́з, где в 1841 году́ был уби́т на дуэ́ли. В э́том стихотворе́нии Ле́рмонтов вини́т придво́рную знать в ги́бели Пу́шкина.

Ле́рмонтов на́чал писа́ть о́чень ра́но — в во́зрасте 14 лет. Си́льное влия́ние Ба́йрона сказа́лось на его́

19

лирике, основные мотивы которой — скорбная разочарованность, душевный разлад и чувство одиночества и обречённости — носят меланхолический и даже мрачный характер.

Наиболее известным лирическим произведением Лермонтова является поэма «Демон», основанная на кавказской легенде. Над этой поэмой Лермонтов работал много лет и закончил её в год своей смерти. В ней также, как и в поэме «Мцыри», отразилось восхищение поэта перед красотой кавказской природы и мужественным характером горцев.

Не менее любил Лермонтов и русскую природу и русский народ. Эта любовь выразилась в таких произведениях, как «Родина», «Бородино» и «Песнь о купце Калашникове».

Кроме многочисленных поэм и стихотворений, Лермонтов написал роман «Герой нашего времени», состоящий из пяти отдельных рассказов: «Бэла», «Максим Максимыч», «Тамань», «Княжна Мэри» и «Фаталист», который и помещён в этом сборнике.

# ФАТАЛИСТ

Мне ка́к-то раз случи́лось прожи́ть две неде́ли в каза́чьей стани́це на ле́вом фла́нге; тут же стоя́л батальо́н пехо́ты; офице́ры собира́лись друг у дру́га поочерёдно, по вечера́м игра́ли в ка́рты.

Одна́жды, наску́чив босто́ном[1] и бро́сив ка́рты под стол, мы засиде́лись у майо́ра С *** о́чень до́лго; разгово́р, про́тив обыкнове́ния, был занима́телен. Рассужда́ли о том, что мусульма́нское пове́рье, бу́дто судьба́ челове́ка напи́сана на небеса́х, нахо́дит и ме́жду на́ми, христиа́нами, мно́гих покло́нников; ка́ждый расска́зывал ра́зные необыкнове́нные слу́чаи pro и́ли contra.

— Всё э́то, господа́, ничего́ не дока́зывает, — сказа́л ста́рый майо́р, — ведь никто́ из вас не́ был свиде́телем тех стра́нных слу́чаев, кото́рыми вы подтвержда́ете свои́ мне́ния?

— Коне́чно, никто́, — сказа́ли мно́гие, — но мы слы́шали от ве́рных люде́й . . .

— Всё э́то вздо́р! — сказа́л кто́-то, — где э́ти ве́рные лю́ди, ви́девшие спи́сок, на кото́ром назна́чен час на́шей сме́рти? . . И е́сли то́чно есть предопределе́ние, то заче́м же нам дана́ во́ля, рассу́док? почему́ мы должны́ дава́ть отчёт в на́ших посту́пках?

В э́то вре́мя оди́н офице́р, сиде́вший в углу́ ко́мнаты, встал и, ме́дленно подойдя́ к столу́, оки́нул всех споко́йным и торже́ственным взгля́дом. Он был ро́дом серб, как ви́дно бы́ло из его́ и́мени.

Нару́жность пору́чика[2] Ву́лича отвеча́ла вполне́ его́ хара́ктеру. Высо́кий рост и сму́глый цвет лица́, чёрные во́лосы, чёрные проница́тельные глаза́, большо́й, но пра́вильный нос, принадле́жность его́ на́ции, печа́льная и холо́дная улы́бка, ве́чно блужда́вшая на губа́х его́, — всё э́то бу́дто согласова́лось для того́, что́бы прида́ть ему́ вид существа́ осо́бенного, не спосо́бного дели́ться мы́слями и страстя́ми с те́ми, кото́рых судьба́ дала́ ему́ в това́рищи.

Он был храбр, говори́л ма́ло, но ре́зко; никому́ не поверя́л свои́х душе́вных и семе́йных тайн; вина́ почти́ во́все не́ пил, за молоды́ми каза́чками, — кото́рых пре́лесть тру́дно пости́гнуть, не вида́в их, — он никогда́ не волочи́лся. Говори́ли, одна́ко, что

---

1. "Having tired of Boston" (a card game). 2. Rank in the czarist army, corresponding to lieutenant. At present the word лейтена́нт applies to army and navy officers, whereas in prerevolutionary times it designated exclusively an officer of the navy.

жена́ полко́вника была́ неравноду́шна к его́ вырази́тельным глаза́м; но он не шутя́ серди́лся, когда́ об э́том намека́ли.

Была́ то́лько одна́ страсть, кото́рой он не таи́л, — страсть к игре́. За зелёным столо́м[3] он забыва́л всё и обыкнове́нно проигрывал; но постоя́нные неуда́чи то́лько раздража́ли его́ упря́мство. Расска́зывали, что раз, во вре́мя экспеди́ции, но́чью, он на поду́шке мета́л банк,[4] ему́ ужа́сно везло́. Вдруг разда́ли́сь вы́стрелы, уда́рили трево́гу, все вскочи́ли и бро́сились к ору́жию. «Поста́вь ва-ба́нк!»[5] — крича́л Ву́лич, не подыма́ясь, одному́ из са́мых горя́чих понтёров. «Идёт семёрка»[6] — отвеча́л тот, убега́я. Несмотря́ на всео́бщую сумато́ху, Ву́лич доки́нул та́лью;[7] ка́рта была́ дана́.[8]

Когда́ он яви́лся в цепь,[9] там была́ уж си́льная перестре́лка. Ву́лич не забо́тился ни о пу́лях, ни о ша́шках чече́нских: он оты́скивал своего́ счастли́вого понтёра.

— Семёрка дана́! — закрича́л он, уви́дев его́, наконе́ц, в цепи́ застре́льщиков,[10] кото́рые начина́ли вытесня́ть из ле́са неприя́теля, и, подойдя́ бли́же, он вы́нул свой кошелёк и бума́жник и о́тдал их счастли́вцу, несмотря́ на возраже́ния о неуме́стности платежа́. Испо́лнив э́тот неприя́тный долг, он бро́сился вперёд, увлёк за собо́ю солда́т и до са́мого конца́ де́ла прехладно-кро́вно перестре́ливался с чече́нцами.

Когда́ пору́чик Ву́лич подошёл к столу́, то все замолча́ли, ожида́я от него́ како́й-нибудь оригина́льной вы́ходки.

— Господа́! — сказа́л он (го́лос его́ был споко́ен, хотя́ то́ном ни́же обыкнове́нного), — господа́! к чему́ пусты́е спо́ры? Вы хоти́те доказа́тельств: я вам предлага́ю испро́бовать на себе́, мо́жет ли челове́к своево́льно располага́ть свое́ю жи́знью, и́ли ка́ждому из нас зара́нее назна́чена рокова́я мину́та... Кому́ уго́дно?

— Не мне, не мне! — раздало́сь со всех сторо́н, — вот чуда́к! придёт же в го́лову!..

— Предлага́ю пари́, — сказа́л я шутя́.

— Како́е?

— Утвержда́ю, что нет предопределе́ния, — сказа́л я, высыпа́я на стол деся́тка два черво́нцев[11] — всё, что бы́ло у меня́ в карма́не.

---

3. Card table, covered with green cloth.  4. "Hold the bank."  5. "Set your stake for the whole pot."  6. "I am betting on the seven."  7. "Finished dealing the cards."  8. "The winning card was dealt."  9. Shooting line.  10. "In the line of skirmishers."  11. Черво́нец: before the reign of Peter the Great it designated any foreign gold coin. The Russian gold coin (three rubles) was first minted in 1701. Since 1922, a 10-ruble banknote.

— Держу́, — отвеча́л Ву́лич глухи́м го́лосом. — Майо́р, вы бу́дете судьёю; вот пятна́дцать черво́нцев: остальны́е пять вы мне должны́, и сде́лаете мне дру́жбу,[12] приба́вить их к э́тим.

— Хорошо́, — сказа́л майо́р, — то́лько не понима́ю, пра́во, в чём де́ло, и как вы реши́те спор ? . .

Ву́лич мо́лча вы́шел в спа́льню майо́ра; мы за ним после́довали. Он подошёл к стене́, на кото́рой висе́ло ору́жие, и науда́чу снял с гвоздя́ оди́н из разнокали́берных пистоле́тов. Мы ещё его́ не понима́ли; но когда́ он взвёл куро́к и насы́пал на по́лку по́роха, то мно́гие, нево́льно вскри́кнув, схвати́ли его́ за́ руки.

— Что ты хо́чешь де́лать ? Послу́шай, э́то сумасше́ствие! — закрича́ли ему́.

— Господа́! — сказа́л он ме́дленно, освобожда́я свои́ ру́ки, — кому́ уго́дно заплати́ть за меня́ два́дцать черво́нцев ?

Все замолча́ли и отошли́.

Ву́лич вы́шел в другу́ю ко́мнату и сел у стола́; все после́довали за ним. Он зна́ком пригласи́л нас сесть круго́м. Мо́лча повинова́лись ему́: в э́ту мину́ту он приобрёл над на́ми каку́ю-то таи́нственную власть. Я приста́льно посмотре́л ему́ в глаза́; но он споко́йным и неподви́жным взо́ром встре́тил мой испыту́ющий взгляд, и бле́дные гу́бы его́ улыбну́лись; но, несмотря́ на его́ хладнокро́вие, мне каза́лось, я чита́л печа́ть сме́рти на бле́дном лице́ его́. Я замеча́л, и мно́гие ста́рые во́ины подтвержда́ли моё замеча́ние, что ча́сто на лице́ челове́ка, кото́рый до́лжен умере́ть че́рез не́сколько часо́в, есть како́й-то стра́нный отпеча́ток неизбе́жной судьбы́, так что привы́чным глаза́м тру́дно ошиби́ться.

— Вы ны́нче умрёте! — сказа́л я ему́. Он бы́стро ко мне оберну́лся, но отвеча́л ме́дленно и споко́йно:

— Мо́жет быть, да, мо́жет быть, нет . . .

Пото́м, обратя́сь к майо́ру, спроси́л: заря́жен ли пистоле́т ? Майо́р в замеша́тельстве не по́мнил хороше́нько.

— Да по́лно, Ву́лич! — закрича́л кто́-то, — уж, ве́рно, заря́жен, ко́ли в голова́х висе́л;[13] что за охо́та шути́ть! . .

— Глу́пая шу́тка! — подхвати́л друго́й.

— Держу́ пятьдеся́т рубле́й про́тив пяти́, что пистоле́т не заря́жен! — закрича́л тре́тий.

Соста́вилось но́вое пари́.

---

12. Colloquialism: "and you would do me a favor." 13. "At the head of the bed."

Мне надоела эта длинная церемония.

— Послушайте, — сказал я, — или застрелитесь, или повесьте пистолет на прежнее место, и пойдёмте спать.

— Разумеется, — воскликнули многие, — пойдёмте спать.

— Господа, я вас прошу не трогаться с места! — сказал Вулич, приставив дуло пистолета ко лбу. Все будто окаменели.

— Господин Печорин, — прибавил он, — возьмите карту и бросьте вверх.

Я взял со стола, как теперь помню, червонного туза и бросил кверху: дыхание у всех остановилось; все глаза, выражая страх и какое-то неопределённое любопытство, бегали от пистолета к роковому тузу, который, трепеща на воздухе, опускался медленно; в ту минуту, как он коснулся стола, Вулич спустил курок . . . осечка!

— Слава Богу! — вскрикнули многие, — не заряжен . . .

— Посмотрим, однако ж, — сказал Вулич. Он взвёл опять курок, прицелился в фуражку, висевшую над окном; выстрел раздался — дым наполнил комнату; когда он рассеялся, сняли фуражку: она была пробита в самой середине, и пуля глубоко засела в стене.

Минуты три никто не мог слова вымолвить; Вулич преспокойно пересыпал в свой кошелёк мои червонцы.

Пошли толки о том, отчего пистолет в первый раз не выстрелил; иные утверждали, что, вероятно, полка была засорена, другие говорили шёпотом, что прежде порох был сырой и что после Вулич присыпал свежего; но я утверждал, что последнее предположение несправедливо, потому что я во всё время не спускал глаз с пистолета.

— Вы счастливы в игре! — сказал я Вуличу . . .

— В первый раз отроду, — отвечал он, самодовольно улыбаясь, — это лучше банка и штосса.[14]

— Зато немножко опаснее.

— А что? вы начали верить предопределению?

— Верю; только не понимаю теперь, отчего мне казалось, будто вы непременно должны нынче умереть . . .

Этот же человек, который так недавно метил себе преспокойно в лоб, теперь вдруг вспыхнул и смутился.

---

14. Card games of chance; банк is the play in which one of the players holds the bank and is responsible for a certain sum of money; the other players put their money on any card; штосс — German card game similar to банк.

— Однáко ж довóльно! — сказáл он, вставáя, — парú нáше кóнчилось, и тепéрь вáши замечáния, мне кáжется, неумéстны . . . — Он взял шáпку и ушёл. Это мне показáлось стрáнным — и недáром.

Скóро все разошлúсь по домáм, разлúчно толкуя́ о причýдах Вýлича и, вероя́тно, в одúн гóлос называ́я меня́ эгоúстом, потомý что я держáл парú прóтив человéка, котóрый хотéл застрелúться; как бýдто он без меня́ не мог найтú удóбного слýчая! . .

Я возвращáлся домóй пустыми переýлками станúцы; мéсяц, пóлный и крáсный, как зáрево пожáра, нáчал покáзываться из-за зубчáтого горизóнта домóв; звёзды спокóйно сия́ли на тёмно-голубóм свóде, и мне стáло смешнó, когдá я вспóмнил, что были нéкогда лю́ди премýдрые, дýмавшие, что светúла небéсные принимáют учáстие в нáших ничтóжных спóрах за клочóк землú úли за какúе-нибудь вымышленные правá. И что ж? эти лампáды, зажжённые, по их мнéнию, тóлько для тогó, чтоб освещáть их бúтвы и торжествá, горя́т с прéжним блéском, а их стрáсти и надéжды давнó угáсли вмéсте с нúми, как огонёк, зажжённый на краю лéса беспéчным стрáнником! Но затó какýю сúлу вóли придавáла им увéренность, что цéлое нéбо с своúми бесчúсленными жúтелями, на них смóтрит с учáстием, хотя́ немым, но неизмéнным! . . А мы, их жáлкие потóмки, скитáющиеся по землé без убеждéний и гóрдости, без наслаждéния и стрáха, крóме той невóльной боя́зни, сжимáющей сéрдце при мысли о неизбéжном концé, мы не спосóбны бóлее к велúким жéртвам ни для блáга человéчества, ни дáже для сóбственного нáшего счáстия,[15] потомý что знáем егó невозмóжность и равнодýшно перехóдим от сомнéния к сомнéнию, как нáши прéдки бросáлись от одногó заблуждéния к другóму, не имéя, как онú, ни надéжды, ни дáже тогó неопределённого, хотя́ и сúльного наслаждéния, котóрое встречáет душá во вся́кой борьбé с людьмú úли с судьбóю. . .

И мнóго другúх подóбных дум проходúло в умé моём; я их не удéрживал, потомý что не люблю́ останáвливаться на какóй-нибудь отвлечённой мысли; и к чемý это ведёт? . . В пéрвой мóлодости моéй я был мечтáтелем; я любúл ласкáть попеременно то мрáчные, то рáдужные óбразы, котóрые рисовáло мне беспокóйное и жáдное воображéние. Но что от этого мне остáлось? однá устáлость, как пóсле ночнóй бúтвы с привидéнием, и смýтное воспоминáние, испóлненное сожалéний. В этой напрáсной

---

15. Archaic for счáстья.

борьбе́ я истощи́л и жар души́ и постоя́нство во́ли, необходи́мое для действи́тельной жи́зни; я вступи́л в э́ту жизнь, пережи́в её уже́ мы́сленно, и мне ста́ло ску́чно и га́дко, как тому́, кто чита́ет дурно́е подража́ние давно́ ему́ изве́стной кни́ге.

Происше́ствие э́того ве́чера произвело́ на меня́ дово́льно глубо́кое впечатле́ние и раздражи́ло мой не́рвы. Не зна́ю наве́рное, ве́рю ли я тепе́рь предопределе́нию, и́ли нет, но в э́тот ве́чер я ему́ твёрдо ве́рил: доказа́тельство бы́ло рази́тельно, и я, несмотря́ на то, что посмея́лся над на́шими пре́дками и их услу́жливой астроло́гией, попа́л нево́льно в их коле́ю; но я останови́л себя́ во́время на э́том опа́сном пути́ и, име́я пра́вило ничего́ не отверга́ть реши́тельно и ничему́ не вверя́ться сле́по, отбро́сил метафи́зику в сто́рону и стал смотре́ть под ноги. Така́я предосторо́жность была́ о́чень кста́ти: я чуть-чу́ть не упа́л, наткну́вшись на что́-то то́лстое и мя́гкое, но, по-ви́димому, неживо́е. Наклоня́юсь — ме́сяц уж свети́л пря́мо на доро́гу — и что же ? передо мно́ю лежа́ла свинья́, разру́бленная попола́м ша́шкой . . . Едва́ я успе́л её рассмотре́ть, как услы́шал шум шаго́в: два казака́ бежа́ли из переу́лка; оди́н подошёл ко мне и спроси́л: не вида́л ли я пья́ного казака́, кото́рый гна́лся за свинье́й. Я объяви́л им, что не встреча́л казака́, и указа́л на несча́стную же́ртву его́ неи́стовой хра́брости.

— Эко́й[16] разбо́йник ! — сказа́л второ́й каза́к, — как напьётся чихиря́,[17] так и пошёл кроши́ть всё, что ни попа́ло. Пойдём за ним, Ереме́ич, на́до его́ связа́ть, а то . . .

Они удали́лись, а я продолжа́л свой путь с бо́льшей осторо́жностью и, наконе́ц, сча́стливо добра́лся до свое́й кварти́ры.

Я жил у одного́ ста́рого уря́дника, кото́рого люби́л за до́брый его́ нрав, а осо́бенно за хоро́шенькую до́чку На́стю.

Она́, по обыкнове́нию, дожида́лась меня́ у кали́тки, заверну́вшись в шу́бку; луна́ освеща́ла её ми́лые гу́бки, посине́вшие от ночно́го хо́лода. Узна́в меня́, она́ улыбну́лась, но мне бы́ло не до неё. «Проща́й, На́стя», — сказа́л я, проходя́ ми́мо. Она́ хоте́ла что́-то отвеча́ть, но то́лько вздохну́ла.

Я затвори́л за собо́ю дверь мое́й ко́мнаты, засвети́л свечу́ и бро́сился на посте́ль; то́лько сон на э́тот раз заста́вил себя́ ждать бо́лее обыкнове́нного. Уж восто́к начина́л бледне́ть, когда́ я засну́л, но — ви́дно, бы́ло напи́сано на небеса́х, что в э́ту ночь я не вы́сплюсь. В четы́ре часа́ утра́ два кулака́ застуча́ли ко мне

---

16. Substandard for вот како́й.   17. Caucasian homemade red wine.

в окно́. Я вскочи́л: что тако́е ?.. «Встава́й, одева́йся!» — крича́ло мне не́сколько голосо́в. Я на́скоро оде́лся и вы́шел. «Зна́ешь, что случи́лось ?» — сказа́ли мне в оди́н го́лос три офице́ра, прише́дшие за мно́ю; они́ бы́ли бле́дны как смерть.

— Что ?

— Ву́лич уби́т.

Я остолбене́л.

— Да, уби́т! — продолжа́ли они́, — пойдём скоре́е.

— Да куда́ же ?

— Доро́гой узна́ешь.

Мы пошли́. Они́ рассказа́ли мне всё, что случи́лось, с при́месью ра́зных замеча́ний насчёт стра́нного предопределе́ния, кото́рое спасло́ его́ от неминуемой сме́рти за полчаса́ до сме́рти. Ву́лич шёл оди́н по тёмной у́лице; на него́ наскочи́л пья́ный каза́к, изруби́вший свинью́, и, мо́жет быть, прошёл бы ми́мо, не заме́тив его́, е́сли б Ву́лич, вдруг останови́сь, не сказа́л: «Кого́ ты, бра́тец, и́щешь ?» — «*Тебя́!*» — отвеча́л каза́к, уда́рив его́ ша́шкой, и разруби́л его́ от плеча́ почти́ до се́рдца ... Два казака́, встре́тившие меня́ и следи́вшие за уби́йцей, подоспе́ли, по́дняли ра́неного, но он был уже́ при после́днем издыха́нии[18] и сказа́л то́лько два сло́ва: «Он прав!» Я оди́н понима́л тёмное значе́ние э́тих слов; они́ относи́лись ко мне; я предсказа́л нево́льно бе́дному его́ судьбу́; мой инсти́нкт не обману́л меня́: я то́чно прочёл на его́ измени́вшемся лице́ печа́ть бли́зкой кончи́ны.

Уби́йца заперся́ в пусто́й ха́те, на конце́ станицы: мы шли туда́. Мно́жество же́нщин бежа́ло с пла́чем в ту же сто́рону; по времена́м опозда́вший каза́к выска́кивал на у́лицу, второпя́х пристёгивая кинжа́л, и бего́м опережа́л нас. Суматоха была́ стра́шная.

Вот, наконе́ц, мы пришли́; смо́трим: вокру́г ха́ты, кото́рой две́ри и ста́вни за́перты изнутри́, стои́т толпа́. Офице́ры и казаки́ толку́ют горячо́ ме́жду собо́ю; же́нщины во́ют, пригова́ривая и причи́тывая.[19] Среди́ их[20] бро́силось мне в глаза́ значи́тельное лицо́ стару́хи, выража́вшее безу́мное отча́яние. Она́ сиде́ла на то́лстом бревне́, облокотя́сь на свои́ коле́ни и подде́рживая го́лову рука́ми: то была́ мать уби́йцы. Её гу́бы по времена́м шевели́лись: моли́тву они́ шепта́ли и́ли прокля́тие ?

Ме́жду тем на́до бы́ло на что-нибу́дь реши́ться и схвати́ть престу́пника. Никто́, одна́ко, не отва́живался бро́ситься пе́рвый.

---

18. "He was breathing his last." 19. "Women were wailing and lamenting."
20. Archaic for среди́ них.

27

Я подошёл к окну́ и посмотре́л в щель ста́вня: бле́дный, он лежа́л на полу́, держа́ в пра́вой руке́ пистоле́т; окрова́вленная ша́шка лежа́ла во́зле него́. Вырази́тельные глаза́ его́ стра́шно враща́лись круго́м; поро́ю он вздра́гивал и хвата́л себя́ за́ голову, как бу́дто нея́сно припомина́я вчера́шнее. Я не прочёл большо́й реши́мости в э́том беспоко́йном взгля́де и сказа́л майо́ру, что напра́сно он не вели́т вы́ломать дверь и бро́ситься туда́ казака́м, потому́ что лу́чше э́то сде́лать тепе́рь, не́жели по́сле, когда́ он совсе́м опо́мнится.

В э́то вре́мя ста́рый есау́л подошёл к две́ри и назва́л его́ по и́мени; тот откли́кнулся.

— Согреши́л, брат Ефи́мыч, — сказа́л есау́л, — так уж не́чего де́лать, покори́сь!

— Не покорю́сь! — отвеча́л каза́к.

— Побо́йся Бо́га! Ведь ты не чече́нец окая́нный, а че́стный христиани́н. Ну, уж ко́ли грех твой тебя́ попу́тал,[21] не́чего де́лать: свое́й судьбы́ не мину́ешь!

— Не покорю́сь! — закрича́л каза́к гро́зно, и слы́шно бы́ло, как щёлкнул взведённый куро́к.

— Эй, тётка! — сказа́л есау́л стару́хе, — поговори́ сы́ну,[22] аво́сь тебя́ послу́шает . . . Ведь э́то то́лько Бо́га гневи́ть. Да посмотри́, вот и господа́ уж два часа́ дожида́ются.

Стару́ха посмотре́ла на него́ при́стально и покача́ла голово́й.

— Васи́лий Петро́вич, — сказа́л есау́л, подойдя́ к майо́ру, — он не сда́стся — я его́ зна́ю; а е́сли дверь разлома́ть, то мно́го на́ших перебьёт. Не прика́жете ли лу́чше его́ пристрели́ть? в ста́вне щель широ́кая.

В э́ту мину́ту у меня́ в голове́ промелькну́ла стра́нная мысль: подо́бно Ву́личу, я взду́мал испыта́ть судьбу́.

— Погоди́те, — сказа́л я майо́ру, — я его́ возьму́ живо́го.

Веле́в есау́лу завести́ с ним разгово́р и поста́вив у двере́й трёх казако́в, гото́вых её вы́бить и бро́ситься мне на по́мощь при да́нном зна́ке, я обошёл ха́ту и прибли́зился к рогово́му окну́: се́рдце моё си́льно би́лось.

— Ах ты окая́нный! — крича́л есау́л, — что ты, над на́ми смеёшься, что ли? а́ли[23] ду́маешь, что мы с тобо́й не совлада́ем?— Он стал стуча́ть в дверь изо всей си́лы; я, приложи́в глаз к ще́ли, следи́л за движе́ниями казака́, не ожида́вшего с э́той стороны́

---

21. "Well, if sin has led you astray." 22. Substandard for с сы́ном. 23. Archaic for и́ли.

нападе́ния, — и вдруг оторва́л ста́вень и бро́сился в окно́ голово́й вниз. Вы́стрел разда́лся у меня́ над са́мым у́хом, пу́ля сорвала́ эполе́т. Но дым, напо́лнивший ко́мнату, помеша́л моему́ проти́внику найти́ ша́шку, лежа́вшую во́зле него́. Я схвати́л его́ за́ руки, казаки́ ворвали́сь, и не прошло́ трёх мину́т, как престу́пник был уже́ свя́зан и отведён под конво́ем. Наро́д разошёлся, офице́ры меня́ поздравля́ли — и то́чно, бы́ло с чем.

По́сле всего́ э́того как бы, ка́жется, не сде́латься фатали́стом? Но кто зна́ет наве́рное, убеждён ли он в чём, и́ли нет?... И как ча́сто мы принима́ем за убежде́ние обма́н чувств и́ли про́мах рассу́дка!.. Я люблю́ сомнева́ться во всём: э́то расположе́ние ума́ не меша́ет реши́тельности хара́ктера; напро́тив, что до меня́ каса́ется, то я всегда́ смеле́е иду́ вперёд, когда́ не зна́ю, что меня́ ожида́ет. Ведь ху́же сме́рти ничего́ не случи́тся — а сме́рти не мину́ешь!

Возратя́сь в кре́пость, я рассказа́л Макси́му Макси́мычу всё, что случи́лось со мно́ю и чему́ был я свиде́тель, и пожела́л узна́ть его́ мне́ние насчёт предопределе́ния. Он снача́ла не понима́л э́того сло́ва, но я объясни́л его́ как мог, и тогда́ он сказа́л, значи́тельно покача́в голово́ю:

— Да-с, коне́чно-с! Э́то шту́ка дово́льно мудрёная!.. Впро́чем, э́ти азиа́тские курки́ ча́сто осека́ются, е́сли ду́рно сма́заны и́ли недово́льно кре́пко прижмёшь па́льцем. Признаю́сь, не люблю́ я та́кже винто́вок черке́сских; они́ ка́к-то на́шему бра́ту неприли́чны:[24] прикла́д ма́ленький — того́ и гляди́ нос обожжёт... Зато́ уж ша́шки у них — про́сто моё почте́ние![25]

Пото́м он примо́лвил, не́сколько поду́мав:

— Да, жаль бедня́гу... Чёрт же его́ дёрнул но́чью с пья́ным разгова́ривать!.. Впро́чем, ви́дно, уж так у него́ на роду́ бы́ло напи́сано!..

Бо́льше я от него́ ничего́ не мог доби́ться: он вообще́ не лю́бит метафизи́ческих пре́ний.


## Вопро́сы для обсужде́ния в кла́ссе

1. Как жи́ли офице́ры в каза́чьей стани́це? 2. Что де́лали офице́ры, собра́вшись одна́жды у майо́ра С.? 3. В чём заключа́ется мусульма́нское пове́рье? 4. Мне́ние офице́ров о предопределе́нии. 5. Как вы́глядел пору́чик Ву́лич? 6. Како́й у

24. "They do not befit a Russian officer." 25. "Out of this world."

негó был харáктер ? 7. Какáя у негó былá страсть и что о нём расскáзывали офицéры ? 8. Что предложи́л Ву́лич, подойдя́ к столу́ ? 9. Какóе пари́ предложи́л шутя́ Печóрин ? 10. Кто согласи́лся держáть пари́ и о чём он попроси́л майóра С. ? 11. Что сдéлал Ву́лич в спáльне майóра ? 12. Что уви́дел Печóрин на лицé Ву́лича ? 13. Что сказáл Печóрин Ву́личу и что тот ему́ отвéтил ? 14. Был ли заря́жен пистолéт ? 15. Что Печóрин предложи́л Ву́личу и что тот ему́ на э́то отвéтил ? 16. Что сдéлал Печóрин по прóсьбе Ву́лича ? 17. Почему́, по мнéнию офицéров, пистолéт не вы́стрелил ? 18. Как Ву́лич доказáл, что пистолéт был заря́жен ? 19. О чём толковáли офицéры, когдá Ву́лич вы́играл пари́ ? 20. Какóй вопрóс Ву́лич зáдал Печóрину и что тот на э́то отвéтил ? 21. О чём ду́мал Печóрин, возвращáясь домóй ? 22. На что наткну́лся Печóрин на тёмной у́лице ? 23. О чём спроси́ли Печóрина два казакá и что они́ ему́ объясни́ли ? 24. Где жил Печóрин и кто ожидáл его́ у кали́тки ? 25. Срáзу ли засну́л Печóрин ? 26. Что случи́лось в четы́ре часá утрá ? 27. Как был уби́т Ву́лич ? 28. Каки́е два слóва сказáл Ву́лич, умирáя, и кто их пóнял ? 29. Где заперся́ уби́йца ? 30. Как вы́глядела и что дéлала мать уби́йцы ? 31. Что уви́дел Печóрин в щель стáвня и что посовéтовал майóру ? 32. Как есау́л убеждáл Ефи́мыча и что отвечáл уби́йца ? 33. Что предложи́л есау́л майóру ? 34. Какáя мысль пришлá в гóлову Печóрину ? 35. Каки́е распоряжéния сдéлал Печóрин ? 36. Кто завёл разговóр с уби́йцей и с какóй цéлью ? 37. Как Печóрину удалóсь схвати́ть престу́пника ? 38. Что сказáл Макси́м Макси́мыч в отвéт на расскáз Печóрина об э́том происшéствии ?

### Тéмы для пи́сьменных рабóт

1. Рассуждéния офицéров о предопределéнии. 2. Внéшность и харáктер Ву́лича. 3. Какáя былá страсть у Ву́лича; что о нём расскáзывали ? 4. Пари́ мéжду Печóриныи и Ву́личем. 5. Как Ву́лич доказáл, что предопределéние существу́ет ? 6. О чём размышля́л Печóрин, возвращáясь домóй ? 7. Что случи́лось с Печóриным по дорóге ? 8. Как был уби́т Ву́лич и его́ словá пéред смéртью. 9. Как и кем был схвáчен уби́йца ? 10. Вéрите ли вы в предопределéние — да и́ли нет — и почему́ ?

## Ива́н Серге́евич Турге́нев

## (1818–1883)

Ива́н Серге́евич Турге́нев роди́лся в го́роде Орле́ в 1818 году́ в бога́той поме́щичьей семье́. Оте́ц его́ не вме́шивался в воспита́ние бу́дущего писа́теля, предоста́вив э́то свое́й жене́, же́нщине вла́стной и своенра́вной.

Турге́нев получи́л хоро́шее образова́ние. В 1827 году́ он поступи́л в Ла́заревский институ́т в Москве́, а зате́м на слове́сный факульте́т Моско́вского университе́та, кото́рый и око́нчил в 1837 году́. По́сле э́того он пое́хал за грани́цу, в Берли́н, где изуча́л филосо́фию, исто́рию и дре́вние языки́. Турге́нев гото́вился к профе́ссорской де́ятельности, но по настоя́нию ма́тери поступи́л на слу́жбу в канцеля́рию Министе́рства вну́тренних дел. Впро́чем, его́ карье́ра чино́вника продолжа́лась не до́лго, и он вско́ре вы́шел в отста́вку, посвяти́в себя́ всеце́ло литерату́рной де́ятельности.

С 1847 го́да Турге́нев почти́ всё вре́мя жил за грани́цей, где познако́мился с изве́стной певи́цей Поли́ной Виардо́, к кото́рой на всю жизнь сохрани́л чу́вство не́жной привя́занности. Он и у́мер во Фра́нции в 1883 году́. Согла́сно его́ во́ле, те́ло его́ бы́ло перевезено́ на ро́дину.

Турге́нев написа́л шесть рома́нов: «Дворя́нское гнездо́», «Ру́дин», «Накану́не», «Отцы́ и де́ти», «Дым» и «Новь»; ряд повесте́й и расска́зов: «Ася», «Пе́рвая любо́вь», «Ве́шние во́ды», «Муму́» и други́е; пье́сы: «Ме́сяц в дере́вне», «За́втрак у предводи́теля», «Провинциа́лка» и худо́жественные миниатю́ры — стихотворе́ния в про́зе. Он та́кже написа́л сбо́рник расска́зов

31

под названием «Записки охотника», которые сыграли большую роль в деле освобождения крестьян, так как впервые познакомили читателя с жизнью русского крестьянина. Один из лучших рассказов в «Записках охотника» — «Певцы», помещён в этом сборнике.

Тургенев был создателем русского классического романа с его предельной ясностью, полнотой изображения и строгой продуманностью композиции. Почти во всех произведениях Тургенева мы встречаем прекрасные описания русской природы — одно из проявлений любви писателя к родине.

Выдающиеся писатели и критики Запада высоко ценили Тургенева. Многие произведения Тургенева переведены на иностранные языки и широко известны за границей, а в числе его близких друзей были такие писатели, как: Флобер, Мопассан, Гюго, Золя, Жорж Занд и другие.

# ПЕВЦЫ

Небольшо́е сельцо́ Колото́вка, принадлежа́вшее не́когда поме́щице, за лихо́й и бо́йкий нрав про́званной в около́тке Стрыга́нихой[1] (настоя́щее и́мя её оста́лось неизве́стным), а ны́не состоя́щее за каки́м-то петербу́ргским не́мцем, лежи́т на ска́те го́лого холма́, све́рху до́низу рассечённого стра́шным овра́гом, кото́рый, зия́я как бе́здна, вьётся, разры́тый и размы́тый, по са́мой середи́не у́лицы и пу́ще реки́, — че́рез реку́ мо́жно по кра́йней ме́ре навести́ мост, — разделя́ет о́бе стороны́ бе́дной дереву́шки. Не́сколько то́щих раки́т боязли́во спуска́ются по песча́ным его́ бока́м; на са́мом дне, сухо́м и жёлтом, как медь, лежа́т огро́мные пли́ты гли́нистого ка́мня. Невесёлый вид, не́чего сказа́ть, а ме́жду тем всем окре́стным жи́телям хорошо́ изве́стна доро́га в Колото́вку: они́ е́здят туда́ охо́тно и ча́сто.

У са́мой головы́ овра́га, в не́скольких шага́х от той то́чки, где он начина́ется у́зкой тре́щиной, стои́т небольша́я четвероуго́льная избу́шка, стои́т одна́, отде́льно от други́х. Она́ кры́та соло́мой, с трубо́й; одно́ окно́, сло́вно зо́ркий глаз, обращено́ к овра́гу и в зи́мние вечера́, освещённое изнутри́, далеко́ видне́ется в ту́склом тума́не моро́за и не одному́ прое́зжему мужичку́ мерца́ет путево́дной звездо́ю. Над две́рью избу́шки приби́та голуба́я доще́чка; э́та избу́шка — каба́к, про́званный «Прити́нным».[2] В э́том кабаке́ вино́ продаётся, вероя́тно, не деше́вле поло́женной цены́, но посеща́ется он гора́здо приле́жнее, чем все окре́стные заведе́ния тако́го же ро́да. Причи́ной э́тому целова́льник[3] Никола́й Ива́ныч.

Никола́й Ива́ныч — не́когда стро́йный, кудря́вый и румя́ный па́рень, тепе́рь же необыча́йно то́лстый, уже́ поседе́вший мужчи́на с заплы́вшим лицо́м, хи́тро добро́душными гла́зками и жи́рным лбом, перетя́нутым морщи́нами, сло́вно ни́тками, — уже́ бо́лее двадцати́ лет прожива́ет в Колото́вке. Никола́й Ива́ныч челове́к расторо́пный и сметли́вый, как бо́льшая часть целова́льников. Не отлича́ясь ни осо́бенной любе́зностью, ни говорли́востью, он облада́ет да́ром привлека́ть и уде́рживать у себя́ госте́й, кото́рым ка́к-то ве́село сиде́ть пе́ред его́ сто́йкой, под споко́йным и приве́тливым, хотя́ зо́рким взгля́дом флегмати́ческого хозя́ина. У

---

1. Nickname.  2. Any place where people are fond of assembling.  3. "Tavern keeper."

33

него мно́го здра́вого смы́сла; ему́ хорошо́ знако́м и поме́щичий быт, и крестья́нский, и меща́нский; в тру́дных слу́чаях он мог бы пода́ть неглу́пый сове́т, но, как челове́к осторо́жный и эгои́ст, предпочита́ет остава́ться в стороне́, и ра́зве то́лько отдалёнными, сло́вно без вся́кого наме́рения произнесёнными намёками наво́дит свои́х посети́телей — и то люби́мых им посети́телей — на путь и́стины. Он зна́ет толк во всём, что ва́жно и́ли занима́тельно для ру́сского челове́ка: в лошадя́х и в скоти́не, в ле́се, в кирпича́х, в посу́де, в кра́сном това́ре[4] и в коже́венном, в пе́снях и пля́сках. Когда́ у него́ нет посеще́ния, он обыкнове́нно сиди́т, как мешо́к, на земле́ пе́ред две́рью свое́й избы́, подверну́в под себя́ свои́ то́нкие но́жки, и переки́дывается ла́сковыми словца́ми со все́ми прохо́жими. Мно́го вида́л он на своём веку́, пе́режил не оди́н деся́ток ме́лких дворя́н, заезжа́вших к нему́ за «очи́щенным»,[5] зна́ет всё, что де́лается на́ сто вёрст круго́м, и никогда́ не проба́лтывается, не пока́зывает да́же ви́ду, что ему́ и то изве́стно, чего́ не подозрева́ет са́мый проница́тельный станово́й. Знай себе́ пома́лчивает, да посме́ивается, да стака́нчиками пошеве́ливает. Его́ сосе́ди уважа́ют: шта́тский генера́л Щерепе́тенко, пе́рвый по чи́ну владе́лец в уе́зде, вся́кий раз снисходи́тельно ему́ кла́няется, когда́ проезжа́ет ми́мо его́ до́мика. Никола́й Ива́ныч челове́к со влия́нием; он изве́стного конокра́да заста́вил возврати́ть ло́шадь, кото́рую тот свёл со двора́ у одного́ из его́ знако́мых, образу́мил мужико́в сосе́дней дере́вни, не хоте́вших приня́ть но́вого управля́ющего, и т. д. Впро́чем, не должно́ ду́мать, чтобы он э́то де́лал из любви́ к справедли́вости, из усе́рдия к бли́жним — нет! он про́сто стара́ется предупреди́ть всё то, что мо́жет ка́к-нибудь нару́шить его́ споко́йствие. Никола́й Ива́ныч жена́т, и де́ти у него́ есть. Жена́ его́, бо́йкая, востроно́сая и быстрогла́зая меща́нка, в после́днее вре́мя то́же не́сколько отяжеле́ла те́лом, подо́бно своему́ му́жу. Он во всём на неё полага́ется, и де́ньги у ней под ключо́м. Пья́ницы-крикуны́ её боя́тся; она́ их не лю́бит: вы́годы от них ма́ло, а шу́му мно́го; молчали́вые, угрю́мые ей скоре́е по се́рдцу. Де́ти Никола́я Ива́ныча ещё малы́; пе́рвые все переме́рли, но оста́вшиеся пошли́ в роди́телей: ве́село гляде́ть на у́мные ли́чики э́тих здоро́вых ребя́т.

Был невыноси́мо жа́ркий ию́льский день, когда́ я, ме́дленно передвига́я но́ги, вме́сте с мое́й соба́кой поднима́лся вдоль Колото́вского овра́га в направле́нии Прити́нного кабачка́.

4. "Haberdashery." 5. "Distilled spirits."

Со́лнце разгора́лось на не́бе, как бы свирепе́я; па́рило и пекло́ неотсту́пно; во́здух был весь пропи́тан ду́шной пы́лью. Покры́тые ло́ском грачи́ и воро́ны, рази́нув носы́, жа́лобно гляде́ли на проходя́щих, сло́вно прося́ их уча́стья; одни́ воробьи́ не горева́ли и, распуша́ пёрышки, ещё я́ростнее пре́жнего чири́кали и драли́сь по забо́рам, дру́жно взлета́ли с пы́льной доро́ги, се́рыми ту́чами носи́лись над зелёными конопля́никами. Жа́жда меня́ му́чила. Воды́ не́ было бли́зко: в Колото́вке, как и во мно́гих други́х степны́х деревня́х, мужики́, за неиме́ньем ключе́й и коло́дцев, пьют каку́ю-то жи́дкую грязцу́ из пруда́... Но кто же назовёт э́то отврати́тельное по́йло водо́ю? Я хоте́л спроси́ть у Никола́я Ива́ныча стака́н пи́ва и́ли ква́су.

Призна́ться сказа́ть, ни в како́е вре́мя го́да Колото́вка не представля́ет отра́дного зре́лища; но осо́бенно гру́стное чу́вство возбужда́ет она́, когда́ ию́льское сверка́ющее со́лнце свои́ми неумоли́мыми луча́ми затопля́ет и бу́рые, полуразмётанные кры́ши домо́в, и э́тот глубо́кий овра́г, и вы́жженный, запылённый вы́гон, по кото́рому безнадёжно скита́ются худы́е, длиннохо́гие ку́рицы, и се́рый оси́новый сруб с ды́рами вме́сто о́кон, оста́ток пре́жнего ба́рского до́ма, круго́м заро́сший крапи́вой, бурья́ном и полы́нью и покры́тый гуси́ным пу́хом, чёрный, сло́вно раскалённый пруд, с каймо́й из полувы́сохшей гря́зи и сби́той на́бок плоти́ной, во́зле кото́рой, на ме́лко исто́птанной, пепелови́дной земле́ о́вцы, едва́ дыша́ и чиха́я от жа́ра, печа́льно тесня́тся друг к дру́жке и с уны́лым терпе́ньем наклоня́ют го́ловы как мо́жно ни́же, как бу́дто выжида́я, когда́ ж пройдёт наконе́ц э́тот невыноси́мый зной. Уста́лыми шага́ми приближа́лся я к жили́щу Никола́я Ива́ныча, возбужда́я, как во́дится,[6] в ребяти́шках изумле́ние, доходи́вшее до напряжённо бессмы́сленного созерца́ния, в соба́ках — негодова́ние, выража́вшееся ла́ем, до того́ хри́плым и зло́бным, что, каза́лось, у них отрыва́лась вся вну́тренность, и они́ са́ми пото́м ка́шляли и задыха́лись, — как вдруг на поро́ге кабачка́ показа́лся мужчи́на высо́кого ро́ста, без ша́пки, во фри́зовой шине́ли, ни́зко подпоя́санной голубы́м кушачко́м. На вид он каза́лся дворо́вым; густы́е седы́е во́лосы в беспоря́дке вздыма́лись над сухи́м и смо́рщенным его́ лицо́м. Он звал кого́-то, торопли́во де́йствуя рука́ми, кото́рые, очеви́дно, разма́хивались гора́здо да́лее, чем он сам того́ жела́л. Заме́тно бы́ло, что он уже́ успе́л вы́пить.

---

6. "As was proper."

— Иди́, иди́ же! — залепета́л он, с уси́лием поднима́я густы́е
бро́ви, — иди́, Морга́ч,[7] иди́! э́кой ты, бра́тец, ползёшь, пра́во
сло́во. Это нехорошо́, бра́тец. Тут ждут тебя́, а ты вот ползёшь . . .
Иди́.

— Ну, иду́, иду́, — разда́лся дребезжа́щий го́лос, и из-за
избы́ напра́во показа́лся челове́к ни́зенький, то́лстый и хромо́й.
На нём была́ дово́льно опря́тная, суко́нная чу́йка, вде́тая на оди́н
рука́в; высо́кая, остроконе́чная ша́пка, пря́мо надви́нутая на
бро́ви, придава́ла его́ кру́глому, пу́хлому лицу́ выраже́ние
лука́вое и насме́шливое. Его́ ма́ленькие жёлтые гла́зки так и
бе́гали, с то́нких губ не сходи́ла сде́ржанная напряжённая улы́бка,
а нос, о́стрый и дли́нный, наха́льно выдвига́лся вперёд, как руль.
— Иду́, любе́зный, — продолжа́л он, ковыля́я в направле́нии
пите́йного заведе́нья, — заче́м ты меня́ зовёшь? . . Кто меня́
ждёт?

— Заче́м я тебя́ зову́? — сказа́л с укори́зной челове́к во фри́-
зовой шине́ли. — Э́кой ты, Морга́ч, чудно́й, бра́тец: тебя́ зову́т в
каба́к, а ты ещё спра́шиваешь: заче́м? А ждут тебя́ все лю́ди
до́брые: Ту́рок-Я́шка, да Ди́кий-Ба́рин, да ря́дчик[8] с Жи́здры.
Я́шка-то с ря́дчиком об закла́д поби́лись: осьму́ху пи́ва[9] поста́-
вили — кто кого́ одоле́ет, лу́чше споёт, то есть . . . понима́ешь?

— Я́шка петь бу́дет? — с жи́востью проговори́л челове́к,
про́званный Морга́чо́м. — И ты не врёшь, Обалду́й?[10]

— Я не вру, — с досто́инством отвеча́л Обалду́й, — а ты
бре́шешь.[11] Ста́ло быть, бу́дет петь, ко́ли об закла́д поби́лся,
бо́жья коро́вка[12] ты э́такая, плут ты э́такой, Морга́ч!

— Ну, пойдём, простота́, — возрази́л Морга́ч.

— Ну, поцелу́й же меня́ по кра́йней ме́ре, душа́ ты моя́, —
залепета́л Обалду́й, широко́ раскры́в объя́тия.

— Вишь,[13] Езо́п[14] изне́женный, — презри́тельно отве́тил Мор-
га́ч, отта́лкивая его́ ло́ктем, и о́ба, нагну́вшись, вошли́ в ни́зень-
кую дверь.

Слы́шанный мно́ю разгово́р си́льно возбуди́л моё любопы́т-
ство. Уж не раз доходи́ли до меня́ слу́хи об Я́шке-Ту́рке, как
о лу́чшем певце́ в около́тке, и вдруг мне предста́вился слу́чай
услы́шать его́ в состяза́нии с други́м ма́стером. Я удво́ил шаги́ и
вошёл в заведе́ние.

---

7. "Blinker" — a nickname. 8. "Contractor." 9. Approximately one gallon
of beer. 10. "Ninny" — a nickname. 11. Colloquial for лжёшь. 12. "A
harmless soul" (literal, "ladybug"). 13. "Look how." 14. Substandard for
Эзо́п — Greek fabulist.

Вероятно, не многие из моих читателей имели случай заглядывать в деревенские кабаки; но наш брат, охотник, куда не заходит. Устройство их чрезвычайно просто. Они состоят обыкновенно из тёмных сеней и белой избы, разделённой надвое перегородкой, за которую никто из посетителей не имеет права заходить. В этой перегородке, над широким дубовым столом, проделано большое продольное отверстие. На этом столе, или стойке, продаётся вино. Запечатанные штофы разной величины рядком стоят на полках, прямо против отверстия. В передней части избы, предоставленной посетителям, находятся лавки, две-три пустые бочки, угловой стол. Деревенские кабаки большей частью довольно темны, и почти никогда не увидите вы на их бревенчатых стенах каких-нибудь ярко раскрашенных лубочных картин, без которых редкая изба обходится.

Когда я вошёл в Притынный кабачок, в нём уже собралось довольно многочисленное общество.

За стойкой, как водится, почти во всю ширину отверстия, стоял Николай Иваныч, в пёстрой ситцевой рубахе, и, с ленивой усмешкой на пухлых щеках, наливал своей полной и белой рукой два стакана вина вошедшим приятелям, Моргачу и Обалдую; а за ним в углу, возле окна, виднелась его востроглазая жена. Посередине комнаты стоял Яшка-Турок, худой и стройный человек лет двадцати трёх, одетый в долгополый нанковый кафтан голубого цвета. Он смотрел удалым фабричным малым и, казалось, не мог похвастаться отличным здоровьем. Его впалые щёки, большие, беспокойные серые глаза, прямой нос с тонкими, подвижными ноздрями, белый покатый лоб с закинутыми назад светло-русыми кудрями, крупные, но красивые, выразительные губы — всё его лицо изобличало человека впечатлительного и страстного. Он был в большом волненье: мигал глазами, неровно дышал, руки его дрожали, как в лихорадке, — да у него и точно была лихорадка, та тревожная, внезапная лихорадка, которая так знакома всем людям, говорящим или поющим перед собранием. Подле него стоял мужчина лет сорока, широкоплечий, широкоскулый, с низким лбом, узкими татарскими глазами, коротким и плоским носом, четвероугольным подбородком и чёрными блестящими волосами, жёсткими, как щетина. Выражение его смуглого с свинцовым отливом лица, особенно его бледных губ, можно было бы назвать почти свирепым, если б оно не было так спокойно задумчиво. Он почти не шевелился и только медленно поглядывал кругом, как бык из-под ярма. Одет он был в какой-то поношенный сюртук с медными гладкими пуговицами; старый чёрный шёлковый платок окутывал его огромную шею. Звали его Диким-Барином. Прямо против него, на лавке под образами, сидел соперник Яшки — рядчик из Жиздры: это был невысокого роста плотный мужчина лет тридцати, рябой и курчавый, с тупым вздёрнутым носом, живыми карими глазками и жидкой бородкой. Он бойко поглядывал кругом, подсунув под себя руки, беспечно болтал и постукивал ногами, обутыми в щегольские сапоги с оторочкой. На нём был новый, тонкий армяк из серого сукна с плисовым воротником, от которого резко отделялся край алой рубахи, плотно застёгнутой вокруг горла. В противоположном углу, направо от двери, сидел за столом какой-то мужичок в узкой изношенной свите,[15] с огромной дырой на плече. Солнечный свет струился жидким желтоватым потоком сквозь запылённые стёкла двух небольших окошек и, казалось, не мог победить обычной темноты комнаты: все предметы были освещены скупо, словно пятнами. Зато в ней было почти прохладно, и чувство духоты и зноя, словно бремя, свалилось у меня с плеч, как только я переступил порог.

Мой приход — я это мог заметить — сначала несколько смутил гостей Николая Иваныча; но, увидев, что он поклонился мне, как знакомому человеку, они успокоились и уже более не обращали на меня внимания. Я спросил себе пива и сел в уголок, возле мужичка в изорванной свите.

— Ну, что ж! — возопил вдруг Обалдуй, выпив духом стакан вина и сопровождая своё восклицание теми странными размахиваниями рук, без которых он, по-видимому, не произносил ни одного слова. — Чего ещё ждать? Начинать, так начинать. А? Яша?..

— Начинать, начинать, — одобрительно подхватил Николай Иваныч.

— Начнём, пожалуй, — хладнокровно и с самоуверенной улыбкой промолвил рядчик, — я готов.

— И я готов, — с волнением произнёс Яков.

— Ну, начинайте, ребятки, начинайте, — пропищал Моргач.

Но, несмотря на единодушно изъявленное желание, никто не начинал; рядчик даже не приподнялся с лавки, — все словно ждали чего-то.

— Начинай! — угрюмо и резко проговорил Дикий-Барин.

---

15. A kind of smock worn by peasants.

Яков вздро́гнул, Ря́дчик встал, осу́нул куша́к и отка́шлялся.

— А кому́ нача́ть ? — спроси́л он слегка́ измени́вшимся го́лосом у Ди́кого-Ба́рина, кото́рый всё продолжа́л стоя́ть неподви́жно посреди́не ко́мнаты, широко́ расста́вив то́лстые но́ги и почти́ по ло́коть засу́нув могу́чие ру́ки в карма́ны шарова́р.

— Тебе́, тебе́, ря́дчик, — залепета́л Обалду́й, — тебе́, бра́тец.

Ди́кий-Ба́рин посмотре́л на него́ исподло́бья. Обалду́й сла́бо пи́скнул, замя́лся, гля́нул куда́-то в потоло́к, повёл плеча́ми и умо́лк.

— Же́ребий ки́нуть, — с расстано́вкой произнёс Ди́кий-Ба́рин, — да осьму́ху на сто́йку.

Никола́й Ива́ныч нагну́лся, доста́л, кряхтя́, с по́лу осьму́ху и поста́вил её на стол.

Ди́кий-Ба́рин гля́нул на Якова и промо́лвил: «Ну!»

Яков зары́лся у себя́ в карма́нах, доста́л грош и наме́тил его́ зу́бом. Ря́дчик вы́нул из-под полы́ кафта́на но́вый ко́жаный кошелёк, не торопя́сь распу́тал шнуро́к и, насы́пав мно́жество ме́лочи на́ руку, вы́брал но́венький грош. Обалду́й подста́вил свой зата́сканный карту́з с обло́манным и отста́вшим козырько́м; Яков ки́нул в него́ свой грош, ря́дчик — свой.

— Тебе́ выбира́ть, — проговори́л Ди́кий-Ба́рин, обрати́вшись к Морга́чу́.

Морга́ч самодово́льно усмехну́лся, взял карту́з в о́бе руки́ и на́чал его́ встря́хивать.

Мгнове́нно воцари́лась глубо́кая тишина́: гроши́ сла́бо звя́кали, ударя́ясь друг о дру́га. Я внима́тельно погляде́л круго́м: все ли́ца выража́ли напряжённое ожида́ние; сам Ди́кий-Ба́рин прищу́рился; мой сосе́д, мужичо́к в изо́рванной сви́тке, и тот да́же с любопы́тством вы́тянул ше́ю. Морга́ч запусти́л ру́ку в карту́з и доста́л ря́дчиков грош: все вздохну́ли. Яков покрасне́л, а ря́дчик провёл руко́й по волоса́м.

— Ведь я же говори́л, что тебе́, — восклиќнул Обалду́й, — я ведь говори́л.

— Ну, ну, не «цы́ркай»!¹⁶ — презри́тельно заме́тил Ди́кий-Ба́рин. — Начина́й, — продолжа́л он, качну́в голово́й на ря́дчика.

— Каку́ю же мне пе́сню петь ? — спроси́л ря́дчик, приходя́ в волне́нье.

— Каку́ю хо́чешь, — отвеча́л Морга́ч. — Каку́ю взду́мается, ту и пой.

_____

16. "Don't squawk."

— Конечно, какую хочешь, — прибавил Николай Иваныч, медленно складывая руки на груди. — В этом тебе указу нету. Пой какую хочешь; да только пой хорошо; а мы уж потом решим по совести.

— Разумеется, по совести, — подхватил Обалдуй и полизал край пустого стакана.

— Дайте, братцы, откашляться маленько, — заговорил рядчик, перебирая пальцами вдоль воротника кафтана.

— Ну, ну, не прохлаждайся — начинай! — решил Дикий-Барин и потупился.

Рядчик подумал немного, встряхнул головой и выступил вперёд. Яков впился в него глазами . . .

Но прежде чем я приступлю к описанию самого состязания, считаю не лишним сказать несколько слов о каждом из действующих лиц моего рассказа. Жизнь некоторых из них была уже мне известна, когда я встретился с ними в Притынном кабачке; о других я собрал сведения впоследствии.

Начнём с Обалдуя. Настоящее имя этого человека было Евграф Иванов; но никто во всём околотке не звал его иначе как Обалдуем, и он сам величал себя тем же прозвищем: так хорошо оно к нему пристало. И действительно, оно как нельзя лучше шло к его незначительным, вечно встревоженным чертам. Это был загулявший, холостой дворовый человек, от которого собственные господа давным-давно отступились и который, не имея никакой должности, не получая ни гроша жалованья, находил, однако, средство каждый день покутить на чужой счёт. У него было множество знакомых, которые поили его вином и чаем, сами не зная зачем, потому что он не только не был в обществе забавен, но даже, напротив, надоедал всем своей бессмысленной болтовнёй, несносной навязчивостью, лихорадочными телодвижениями и беспрестанным, неестественным хохотом. Он не умел ни петь, ни плясать; отроду не сказал не только умного, даже путного слова: всё «лотошил»[17] да врал что ни попало — прямой Обалдуй! И между тем ни одной попойки на сорок вёрст кругом не обходилось без того, чтобы его долговязая фигура не вертелась тут же между гостями, — так уж к нему привыкли и переносили его присутствие как неизбежное зло. Правда, обходились с ним презрительно, но укрощать его нелепые порывы умел один Дикий-Барин.

---

17. Dialectal: "chatter."

40

Моргáч нискóлько не походúл на Обалдýя. К немý тóже шло назвáнье Моргачá, хотя́ он глазáми не моргáл бóлее другúх людéй; извéстное дéло: рýсский нарóд на прóзвища мáстер. Несмотря́ на моё старáнье вы́ведать пообстоя́тельнее прошéдшее э́того человéка, в жúзни егó остáлись для меня́ — и, вероя́тно, для мнóгих другúх — тёмные пя́тна, местá, как выражáются кнúжники, покры́тые глубóким мрáком неизвéстности. Я узнáл тóлько, что он нéкогда был кýчером у стáрой бездéтной бáрыни, бежáл со ввéренной емý трóйкой лошадéй, пропадáл цéлый год и, должнó быть, убедúвшись на дéле в невы́годах и бéдствиях бродя́чей жúзни, вернýлся сам, но ужé хромóй, брóсился в нóги своéй госпожé и, в течéние нéскольких лет примéрным поведéньем заглáдив своё преступлéнье, понемнóгу вошёл к ней в мúлость, заслужúл наконéц её пóлную довéренность, попáл в прикáзчики, а по смéрти бáрыни, неизвéстно какúм óбразом, оказáлся отпýщенным на вóлю, приписáлся в мещáне, нáчал снимáть у сосéдей бакшú,[18] разбогатéл и живёт тепéрь припевáючи.[19] Это человéк óпытный, себé на умé,[20] не злой и не дóбрый, а бóлее расчётливый; э́то тёртый калáч,[21] котóрый знáет людéй и умéет úми пóльзоваться. Он осторóжен и в то же врéмя предприúмчив, как лисúца; болтлúв, как стáрая жéнщина, и никогдá не проговáривается, а вся́кого другóго застáвит вы́сказаться; впрóчем, не прикúдывается простачкóм, как э́то дéлают ины́е хитрецы́ тогó же деся́тка, да емý и трýдно бы́ло бы притворя́ться: я никогдá не вúдывал бóлее проницáтельных и ýмных глаз, как егó крóшечные, лукáвые «гляделки».[22] Онú никогдá не смóтрят прóсто — всё высмáтривают да подсмáтривают. Моргáч иногдá по цéлым недéлям обдýмывает какóе-нибудь, по-вúдимому простóе, предприя́тие, а то вдруг решúтся на отчáянно смéлое дéло, — кáжется, тут емý и гóлову сломúть . . . смóтришь — всё удалóсь, всё как по мáслу пошлó. Он счáстлив и вéрит в своё счáстье, вéрит примéтам. Он вообщé óчень суевéрен. Егó не лю́бят, потомý что емý самомý ни до когó дéла нет, но уважáют. Всё егó семéйство состоúт из одногó сынúшки, в котóром он душú не чáет[23] и котóрый, воспúтанный такúм отцóм, вероя́тно, пойдёт далекó: «А Моргачóнок в отцá вы́шел», — ужé и тепéрь говоря́т о нём вполгóлоса старикú, сúдя на завáлинках и толкýя меж собóй

---

18. "To rent ground for raising melons and cucumbers." 19. "Lived in clover." 20. "Cunning." 21. Colloquial: "cunning rogue." 22. "Peepers" — dialectal for eyes. 23. "Whom he adored."

в лётние вечера; и все понимают, что это значит, и уже не прибавляют ни слова.

Об Якове-Тýрке и рядчике нéчего дóлго распространяться. Яков, прóзванный Тýрком, потому что действительно происходил от плéнной турчáнки, был по душé — худóжник во всех смыслах этого слóва, а по звáнию — черпáльщик на бумáжной фáбрике у купцá; что же касáется до рядчика, судьбá котóрого, признаюсь, мне остáлась неизвéстной, то он показáлся мне изворóтливым и бóйким городским мещанином. Но о Диком-Бáрине стóит поговорить нéсколько подрóбнее.

Пéрвое впечатлéние, котóрое производил на вас вид этого человéка, было чýвство какóй-то грýбой, тяжёлой, но неотразимой силы. Сложён он был неуклюже, «сбитнем»,[24] как говорят у нас, но от негó так и неслó несокрушимым здорóвьем, и — стрáнное дéло — его медвежевáтая фигýра не былá лишенá какóй-то своеобрáзной грáции, происходившей, мóжет быть, от совершéнно спокóйной увéренности в сóбственном могýществе. Трýдно бы́ло решить с пéрвого рáзу, к какóму сослóвию принадлежáл этот Геркулéс; он не походил ни на дворóвого, ни на мещанина, ни на обеднéвшего подьячего[25] в отстáвке, ни на мелкопомéстного разорившегося дворянина — псаря и драчунá: он был уж тóчно сам по себé. Никтó не знал, откýда он свалился к нам в уéзд; поговáривали, что происходил он от однодвóрцев[26] и состоял бýдто гдé-то прéжде на слýжбе, но ничегó положительного об этом не знáли; да и от когó было и узнавáть, — не от негó же самогó: нé было человéка бóлее молчаливого и угрюмого. Тáкже никтó не мог положительно сказáть, чем он живёт; он никаким ремеслóм не занимáлся, ни к комý не éздил, не знáлся почти ни с кем, а дéньги у негó водились; прáвда, небольшие, но водились. Вёл он себя не то что скрóмно, — в нём вообщé нé было ничегó скрóмного, — но тихо; он жил, слóвно никогó вокруг себя не замечáл, и решительно ни в ком не нуждáлся. Дикий-Бáрин (так его прозвáли; настоящее же его имя бы́ло Перевлéсов) пóльзовался огрóмным влиянием во всём óкруге; емý повиновáлись тóтчас и с охóтой, хотя он не тóлько не имéл никакóго прáва прикáзывать комý бы то ни было, но дáже сам не изъявлял малéйшего притязáния на послушáние людéй, с котóрыми случáйно стáлкивался. Он говорил — емý покорялись; сила

---

24. "Sturdily built." 25. "Pettifogger." 26. "From peasant freeholders" — peasants who were independent farmers.

42

всегда́ своё возьмёт. Он почти́ не́ пил вина́, не зна́лся с же́нщинами и стра́стно люби́л пе́ние. В э́том челове́ке бы́ло мно́го зага́дочного; каза́лось, каки́е-то грома́дные си́лы угрю́мо поко́ились в нём, как бы зна́я, что раз подня́вшись, что сорва́вшись раз на во́лю, они́ должны́ разру́шить и себя́, и всё, до чего́ ни косну́тся; и я жесто́ко ошиба́юсь, е́сли в жи́зни э́того челове́ка не случи́лось уже́ подо́бного взры́ва, е́сли он, нау́ченный о́пытом и едва́ спа́сшись от ги́бели, неумоли́мо не держа́л тепе́рь самого́ себя́ в ежо́вых рукави́цах.[27] Осо́бенно поража́ла меня́ в нём смесь како́й-то врождённой, приро́дной свире́пости и тако́го же врождённого благоро́дства, — смесь, кото́рой я не встреча́л ни в ком друго́м.

Ита́к, ря́дчик вы́ступил вперёд, закры́л до полови́ны глаза́ и запе́л высоча́йшим фальце́том. Го́лос у него́ был дово́льно прия́тный и сла́дкий, хотя́ не́сколько си́плый; он игра́л и виля́л э́тим го́лосом, как юло́ю, беспреста́нно залива́лся и перелива́лся све́рху вниз и беспреста́нно возвраща́лся к ве́рхним но́там, кото́рые выде́рживал и вытя́гивал с осо́бенным стара́ньем, умолка́л, и пото́м вдруг подхва́тывал пре́жний напе́в с како́й-то залихва́тской, зано́систой у́далью. Его́ перехо́ды бы́ли иногда́ дово́льно сме́лы, иногда́ дово́льно заба́вны; знатоку́ они́ бы мно́го доста́вили удово́льствия; не́мец пришёл бы от них в него́ - дова́ние. Э́то был ру́сский tenore di grazia, ténor léger. Пел он весёлую, плясову́ю пе́сню, слова́ кото́рой, ско́лько я мог улови́ть сквозь бесконе́чные украше́ния, приба́вленные согла́сные и восклица́ния, бы́ли сле́дующие:

Распашу́ я, молода́-моло́денька,
Земли́цы мале́нько:
Я посе́ю, молода́-моло́денька,
Цве́тика але́нька.

Он пел; все слу́шали его́ с больши́м внима́ньем. Он, ви́димо, чу́вствовал, что име́ет де́ло с людьми́ све́дущими, и потому́, как говори́тся, про́сто лез из ко́жи.[28] Действи́тельно, в на́ших края́х зна́ют толк в пе́нии, и неда́ром село́ Се́ргиевское, на большо́й орло́вской доро́ге, сла́вится во всей Росси́и свои́м осо́бенно прия́тным и согла́сным напе́вом. До́лго ря́дчик пел, не возбужда́я сли́шком си́льного сочу́вствия в свои́х слу́шателях; ему́ недо - става́ло подде́ржки хо́ра; наконе́ц, при одно́м осо́бенно уда́чном

---

27. Colloquial: "kept strict control over himself."  28. Colloquial: "did his utmost."

переходе, заставившем улыбнуться самого Дикого-Барина, Обалдуй не выдержал и вскрикнул от удовольствия. Все встрепенулись. Обалдуй с Моргачом начали вполголоса подхватывать, подтягивать, покрикивать: «Лихо!.. Забирай, шельмец!..[29] Забирай, вытягивай, аспид! Вытягивай ещё! Накалывай ещё,[30] собака ты этакая, пёс!.. Погуби Ирод твою душу!» и пр. Николай Иваныч из-за стойки одобрительно закачал головой направо и налево. Обалдуй наконец затопал, засеменил ногами и задёргал плечиком, а у Якова глаза так и разгорелись, как уголья, и он весь дрожал, как лист, и беспорядочно улыбался. Один Дикий-Барин не изменился в лице и по-прежнему не двигался с места; но взгляд его, устремлённый на рядчика, несколько смягчился, хотя выражение губ оставалось презрительным. Ободрённый знаками всеобщего удовольствия, рядчик совсем завихрился,[31] и уж такие начал отделывать завитушки,[32] так защёлкал и забарабанил языком, так неистово заиграл горлом, что, когда, наконец, утомлённый, бледный и облитый горячим потом, он пустил, перекинувшись назад всем телом, последний замирающий возглас, — общий, слитный крик ответил ему неистовым взрывом. Обалдуй бросился ему на шею и начал душить его своими длинными, костлявыми руками; на жирном лице Николая Иваныча выступила краска, и он словно помолодел; Яков, как сумасшедший, закричал: «Молодец, молодец!» — даже мой сосед, мужик в изорванной свите, не вытерпел и, ударив кулаком по столу, воскликнул: «А-га! хорошо, чёрт побери, хорошо!» — и с решительностью плюнул в сторону.

— Ну, брат, потешил! — кричал Обалдуй, не выпуская изнеможённого рядчика из своих объятий, — потешил, нечего сказать! Выиграл брат, выиграл! Поздравляю — осьмуха твоя! Яшке до тебя далеко... Уж я тебе говорю: далеко... А ты мне верь! (И он снова прижал рядчика к своей груди.)

— Да пусти же его; пусти, неотвязная ... — с досадой заговорил Моргач, — дай ему присесть на лавку-то; вишь, он устал... Экой ты фофан,[33] братец, право фофан! Что пристал, словно банный лист?[34]

---

29. Colloquial: "Go, get going, you scoundrel." 30. Colloquial: "give it full blast." 31. Colloquial: "completely carried away." 32. Colloquial: something between coloratura and yodeling. 33. "Simpleton." 34. Colloquial: "you are pestering me."

— Ну что ж, пусть садится, а я за его здоровье выпью, — сказал Обалдуй и подошёл к стойке. — На твой счёт, брат, — прибавил он, обращаясь к рядчику.

Тот кивнул головой, сел на лавку, достал из шапки полотенце и начал утирать лицо; а Обалдуй с торопливой жадностью выпил стакан и, по привычке горьких пьяниц, крякая, принял грустно озабоченный вид.

— Хорошо поёшь, брат, хорошо, — ласково заметил Николай Иваныч. — А теперь за тобой очередь, Яша: смотри, не сробей. Посмотрим, кто кого, посмотрим. . . . А хорошо поёт рядчик, ей-Богу хорошо.

— Очинна[35] хорошо, — заметила Николай Иванычева жена и с улыбкой поглядела на Якова.

— Хорошо-га! — повторил вполголоса мой сосед.

— А, заворотень-полеха![36] — завопил вдруг Обалдуй и, подойдя к мужичку с дырой на плече, уставил на него пальцем, запрыгал и залился дребезжащим хохотом. — Полеха! полеха! Га, баде[37] паняй,[38] заворотень! Зачем пожаловал, заворотень? кричал он сквозь смех.

Бедный мужик смутился и уже собрался было встать да уйти поскорей, как вдруг раздался медный голос Дикого-Барина:

— Да что ж это за несносное животное такое? — произнёс он, скрипнув зубами.

— Я ничего, — забормотал Обалдуй, — я ничего . . . я так . . .

— Ну, хорошо, молчать же! — возразил Дикий-Барин. — Яков, начинай!

Яков взялся рукой за горло.

— Что, брат, того . . . что-то . . . Гм . . . Не знаю, право, что-то того. . .

— Ну, полно, не робей. Стыдись! . . чего вертишься? . . Пой, как Бог тебе велит.

И Дикий-Барин потупился, выжидая.

Яков помолчал, взглянул кругом и закрылся рукой. Все так и впились в него глазами, особенно рядчик, у которого на лице, сквозь обычную самоуверенность и торжество успеха, проступило невольное, лёгкое беспокойство. Он прислонился к стене и опять

---

35. Substandard for о́чень.   36. Dialectal: "a savage Polyekha" (Polyekhi — inhabitants of Polessye, a part of Byelorussia).   37. Dialectal: the Polyekhi add the exclamations "ha" and "bade" to practically every word.   38. Dialectal for погоня́й.

45

положи́л под себя́ о́бе руки́, но уже́ не болта́л нога́ми. Когда́ же наконе́ц Яков откры́л своё лицо́ — оно́ бы́ло бле́дно, как у мёртвого; глаза́ едва́ мерца́ли сквозь опу́щенные ресни́цы. Он глубоко́ вздохну́л и запе́л . . . Пе́рвый звук его́ го́лоса был слаб и неро́вен и, каза́лось, не выходи́л из его́ груди́, но принёсся отку́да-то издалека́, сло́вно залете́л случа́йно в ко́мнату. Стра́нно поде́йствовал э́тот трепе́щущий, звеня́щий звук на всех нас; мы взгляну́ли друг на дру́га, а жена́ Никола́я Ива́ныча так и вы́прямилась. За э́тим пе́рвым зву́ком после́довал друго́й, бо́лее твёрдый и протя́жный, но всё ещё, ви́димо, дрожа́щий, как струна́, когда́, внеза́пно прозвене́в под си́льным па́льцем, она́ коле́блется после́дним, бы́стро замира́ющим колеба́ньем, за вторы́м — тре́тий, и, понемно́гу разгоряча́ясь и расширя́ясь, полила́сь зауны́вная пе́сня. «Не одна́ во́ поле доро́женька пролега́ла», — пел он, и всем нам сла́дко станови́лось и жу́тко. Я, признаю́сь, ре́дко слы́хивал подо́бный го́лос: он был слегка́ разби́т и звене́л, как надтре́снутый; он да́же снача́ла отзыва́лся че́м-то боле́зненным; но в нём была́ и неподде́льная глубо́кая страсть, и мо́лодость, и си́ла, и сла́дость, и кака́я-то увлека́тельно-беспе́чная, гру́стная скорбь. Ру́сская, правди́вая, горя́чая душа́ звуча́ла и дыша́ла в нём, и так и хвата́ла вас за се́рдце, хвата́ла пря́мо за его́ ру́сские стру́ны. Песнь росла́, разлива́лась. Яковом, ви́димо, овладева́ло упое́ние: он уже́ не робе́л, он отдава́лся весь своему́ сча́стью; го́лос его́ не трепета́л бо́лее — он дрожа́л, но той едва́ заме́тной вну́тренней дро́жью стра́сти, кото́рая стрело́й вонза́ется в ду́шу слу́шателя, и беспреста́нно крепча́л, тверде́л и расширя́лся. По́мнится, я ви́дел одна́жды, ве́чером, во вре́мя отли́ва, на пло́ском песча́ном берегу́ мо́ря, гро́зно и тя́жко шуме́вшего вдали́, большу́ю бе́лую ча́йку: она́ сиде́ла неподви́жно, подста́вив шелкови́стую грудь а́лому сия́нью зари́, и то́лько и́зредка ме́дленно расширя́ла свои́ дли́нные кры́лья навстре́чу знако́мому мо́рю, навстре́чу ни́зкому багро́вому со́лнцу: я вспо́мнил о ней, слу́шая Якова. Он пел, соверше́нно позабы́в и своего́ сопе́рника, и всех нас, но, ви́димо, поднима́емый, как бо́дрый плове́ц волна́ми, на́шим молчали́вым, стра́стным уча́стьем. Он пел, и от ка́ждого зву́ка его́ го́лоса ве́яло че́м-то родны́м и необозри́мо широ́ким, сло́вно знако́мая степь раскрыва́лась пе́ред ва́ми, уходя́ в бесконе́чную даль. У меня́, я чу́вствовал, закипа́ли на се́рдце и поднима́лись к глаза́м слёзы; глухи́е, сде́ржанные рыда́нья внеза́пно порази́ли меня́ . . . я огляну́лся — жена́ целова́льника пла́кала, припа́в гру́дью к окну́. Яков бро́сил на неё бы́стрый взгля́д и зали́лся ещё зво́нче, ещё сла́ще пре́жнего, Никола́й Ива́ныч поту́пился, Морга́ч отверну́лся; Обалду́й, весь разне́женный, стоя́л, глу́по рази́нув рот; се́рый мужичо́к тихо́нько всхли́пывал в уголку́, с го́рьким шёпотом пока́чивая голово́й; и по желе́зному лицу́ Ди́кого-Ба́рина, из-под соверше́нно надви́нувшихся брове́й, ме́дленно прокати́лась тяжёлая слеза́; ря́дчик поднёс сжа́тый кула́к ко лбу и не шевели́лся . . . Не зна́ю, чем бы разреши́лось всео́бщее томле́нье, е́сли б Яков вдруг не ко́нчил на высо́ком, необыкнове́нно то́нком зву́ке — сло́вно го́лос у него́ оборва́лся. Никто́ не кри́кнул, да́же не шевельну́лся; все как бу́дто жда́ли, не бу́дет ли он ещё петь; но он раскры́л глаза́, сло́вно удивлённый на́шим молча́ньем, вопроша́ющим взо́ром обвёл всех круго́м и увида́л, что побе́да была́ его́ . . .

— Яша, — проговори́л Ди́кий-Ба́рин, положи́л ему́ ру́ку на плечо́ и — смолк.

Мы все стоя́ли как оцепене́лые. Ря́дчик ти́хо встал и подошёл к Я́кову. «Ты . . . твоя́ . . . ты вы́играл», — произнёс он наконе́ц с трудо́м и бро́сился вон из ко́мнаты . . .

Его́ бы́строе, реши́тельное движе́ние как бу́дто нару́шило очарова́нье: все вдруг заговори́ли шу́мно, ра́достно. Обалду́й подпры́гнул кве́рху, залепета́л, замаха́л рука́ми, как ме́льница кры́льями; Морга́ч, ковыля́я, подошёл к Я́кову и стал с ним целова́ться; Никола́й Ива́ныч приподня́лся и торже́ственно объяви́л, что прибавля́ет от себя́ ещё осьму́ху пи́ва; Ди́кий-Ба́рин посме́ивался каки́м-то до́брым сме́хом, кото́рого я ника́к не ожида́л встре́тить на его́ лице́; се́рый мужичо́к то и де́ло тверди́л в своём уголку́, утира́я обо́ими рукава́ми глаза́, щёки, нос и бо́роду: «А хорошо́, ей-Бо́гу хорошо́, ну, вот будь я соба́чий сын, хорошо́!», а жена́ Никола́я Ива́ныча, вся раскрасне́вшаяся, бы́стро вста́ла и удали́лась. Яков наслажда́лся свое́й побе́дой, как дитя́; всё его́ лицо́ преобрази́лось; осо́бенно его́ глаза́ так и засия́ли сча́стьем. Его́ потащи́ли к сто́йке; он подозва́л к ней распла́кавшегося се́рого мужичка́, посла́л целова́льникова сыни́шку за ря́дчиком, кото́рого, одна́ко, тот не сыска́л, и начался́ пир. «Ты ещё нам споёшь, ты до ве́чера нам петь бу́дешь», — тверди́л Обалду́й, высоко́ поднима́я ру́ки.

Я ещё раз взгляну́л на Я́кова и вы́шел. Я не хоте́л оста́ться — я боя́лся испо́ртить своё впечатле́ние. Но зной был нестерпи́м попре́жнему. Он как бу́дто висе́л над са́мой землёй густы́м тяжёлым сло́ем; на тёмно-си́нем не́бе, каза́лось, крути́лись каки́е-то ме́лкие, светлые огоньки́ сквозь тонча́йшую, почти́ чёрную пыль. Всё молча́ло; бы́ло что́-то безнадёжное, прида́вленное в э́том глубо́ком молча́нии обесси́ленной приро́ды. Я добра́лся до сенова́ла и лёг на то́лько что ско́шенную, но уже́ почти́ вы́сохшую траву́. До́лго я не мог задрема́ть; до́лго звуча́л у меня́ в уша́х неотрази́мый го́лос Я́кова . . . наконе́ц жара́ и уста́лость взя́ли, одна́ко ж, своё, и я засну́л мёртвым сном. Когда́ я просну́лся, — всё уже́ потемне́ло; вокру́г разбро́санная трава́ си́льно па́хла и чу́ть-чу́ть отсыре́ла; сквозь то́нкие же́рди полураскры́той кры́ши сла́бо мига́ли бле́дные звёздочки. Я вы́шел. Заря́ уже́ давно́ пога́сла, и едва́ беле́л на небоскло́не её после́дний след; но в неда́вно раскалённом во́здухе сквозь ночну́ю све́жесть чу́вствовалась ещё теплота́, и грудь всё ещё жа́ждала холо́дного дунове́нья. Ве́тра не́ было, не́ было и туч; не́бо стоя́ло круго́м всё чи́стое и прозра́чно-тёмное, ти́хо мерца́я бесчи́сленными, но чуть ви́дными звёздами. По дере́вне мелька́ли огоньки́; из недалёкого, я́рко освещённого кабака́ нёсся нестро́йный, сму́тный гам, среди́ кото́рого, мне каза́лось, я узнава́л го́лос Я́кова. Я́рый смех по времена́м подни-ма́лся отту́да взры́вом. Я подошёл к око́шку и приложи́лся лицо́м к стеклу́. Я уви́дел невесёлую, хотя́ пёструю и живу́ю карти́ну: всё бы́ло пья́но — всё, начина́я с Я́кова. С обнажённой гру́дью сиде́л он на ла́вке и, напева́я оси́плым го́лосом каку́ю-то плясову́ю, у́личную пе́сню, лени́во перебира́л и щипа́л стру́ны гита́ры. Мо́крые во́лосы кло́чьями висе́ли над его́ стра́шно по-бледне́вшим лицо́м. Посереди́не кабака́ Обалду́й, соверше́нно «разви́нченный»[39] и без кафта́на выпля́сывал вперепры́жку[40] пе́ред мужико́м в серова́том армяке́; мужичо́к в свою́ о́чередь с трудо́м топота́л и ша́ркал ослабе́вшими нога́ми и, бессмы́сленно улыба́ясь сквозь взъеро́шенную бо́роду, и́зредка пома́хивал одно́й руко́й, как бы жела́я сказа́ть: «куда́ ни шло!» Ничего́ не могло́ быть смешне́й его́ лица́; как он ни вздёргивал кве́рху свои́ бро́ви, отяжеле́вшие ве́ки не хоте́ли подня́ться, а так и лежа́ли на едва́ заме́тных, посолове́лых,[41] но сладча́йших гла́зках. Он находи́лся в том ми́лом состоя́нии оконча́тельно подгуля́вшего челове́ка, когда́ вся́кий прохо́жий, взгляну́в ему́ в лицо́, непреме́нно ска́жет: «Хоро́ш, брат, хоро́ш!» Морга́ч, весь кра́сный, как рак, и широко́ разду́в но́здри, язви́тельно посме́ивался из угла́; оди́н Никола́й Ива́ныч, как и сле́дует и́стинному целова́льнику, сохрани́л своё

---

39. Slang for completely drunk (Literally, "unscrewed").   40. Colloquial: "hopping from one foot to another."   41. Colloquial: "drowsy."

неизме́нное хладнокро́вие. В ко́мнату набрало́сь мно́го но́вых лиц; но Ди́кого-Ба́рина я в ней не вида́л.

Я отверну́лся и бы́стрыми шага́ми стал спуска́ться с холма́, на кото́ром лежи́т Колото́вка. У подо́швы э́того холма́ расстила́ется широ́кая равни́на; зато́пленная мгли́стыми волна́ми вече́рнего тума́на, она́ каза́лась ещё необъя́тней и как бу́дто слива́лась с потемне́вшим не́бом. Я сходи́л больши́ми шага́ми по доро́ге вдоль овра́га, как вдруг где́-то далеко́ в равни́не разда́лся зво́нкий го́лос ма́льчика. «Антро́пка! Антро́пка-а-а!..» — крича́л он с упо́рным и слезли́вым отча́янием, до́лго, до́лго вытя́гивая после́дний слог.

Он умолка́л на не́сколько мгнове́ний и сно́ва принима́лся крича́ть. Го́лос его́ зво́нко разноси́лся в неподви́жном, чу́тко дре́млющем во́здухе. Три́дцать раз по кра́йней ме́ре прокрича́л он и́мя Антро́пки, как вдруг с противополо́жного конца́ поля́ны, сло́вно с друго́го све́та, принёсся едва́ слы́шный отве́т:

— Чего́-о-о-о-о?

Го́лос ма́льчика то́тчас с ра́достным озлобле́нием закрича́л:

— Иди́ сюда́, чёрт ле́ши-и-и-ий!

— Заче́-е-е-ем? — отве́тил тот, спустя́ до́лгое вре́мя.

— А зате́м, что тебя́ тя́тя[42] вы́сечь хо́чи-и-и-т, — поспе́шно прокрича́л пе́рвый го́лос.

Второ́й го́лос бо́лее не откли́кнулся, и ма́льчик сно́ва приня́лся взыва́ть к Антро́пке. Возгла́сы его́ бо́лее и бо́лее ре́дкие и сла́бые, долета́ли ещё до моего́ слу́ха, когда́ уже́ ста́ло совсе́м темно́ и я обгиба́л[43] край ле́са, окружа́ющего мою́ дереве́ньку и лежа́щего в четырёх верста́х от Колото́вки . . .

«Антро́пка-а-а!» всё ещё чу́дилось в во́здухе, напо́лненном те́нями но́чи.


### Вопро́сы для обсужде́ния в кла́ссе

1. Кому́ принадлежи́т и как вы́глядит село́ Колото́вка? 2. Как вы́глядит снару́жи каба́к Прить́нный? 3. Почему́ э́тот каба́к по́льзуется осо́бым успе́хом? 4. Как вы́глядит целова́льник Никола́й Ива́ныч? 5. Каки́м да́ром облада́ет Никола́й Ива́ныч? 6. По́льзуется ли влия́нием Никола́й Ива́ныч и

---

42. Substandard for па́па.   43. Obsolete: "circle."

почему́? 7. Что вы зна́ете о семье́ Никола́я Ива́ныча? 8. Каку́ю карти́ну представля́ла собо́й Колото́вка в э́тот жа́ркий день? 9. Как вы́глядел Морга́ч и что он узна́л от Обалду́я? 10. Како́е впечатле́ние произвёл на а́втора услы́шанный разгово́р? 11. Кого́ уви́дел а́втор, войдя́ в каба́к? 12. Как вы́глядели Яшка-Ту́рок и ря́дчик из Жи́здры? 13. Кто сиде́л в углу́ кабака́? 14. Кто предложи́л начина́ть и что отве́тили состяза́ющиеся? 15. Что предложи́л Ди́кий-Ба́рин? 16. Что сде́лали Яков и ря́дчик? 17. Кто до́лжен был петь пе́рвым? 18. О чём спроси́л ря́дчик и что ему́ отве́тили прису́тствующие? 19. Характери́стика Обалду́я. 20. Что знал а́втор о про́шлом Моргача́ и о его́ тепе́решней жи́зни? 21. Что знал а́втор о Яко́ве и ря́дчике? 22. Каки́м влия́нием по́льзовался Ди́кий-Ба́рин и почему́? 23. Каку́ю пе́сню на́чал петь ря́дчик? 24. Како́е впечатле́ние произвело́ пе́ние ря́дчика на слу́шателей? 25. Что закрича́ли все, когда́ ря́дчик ко́нчил петь? 26. Каку́ю пе́сню на́чал Яков и как он пел внача́ле? 27. Что почу́вствовали прису́тствующие, слу́шая пе́ние Яко́ва? 28. Как слу́шатели вы́сказали своё восхище́ние, когда́ Яков ко́нчил петь? 29. Как Яков отпра́здновал свою́ побе́ду? 30. Почему́ а́втор ушёл из кабака́? 31. Каку́ю карти́ну уви́дел а́втор, загляну́в в окно́ кабака́? 32. Что слы́шал а́втор, возвраща́ясь домо́й из Колото́вки?


### Те́мы для пи́сьменных рабо́т

1. Что вы зна́ете о целова́льнике Никола́е Ива́ныче? 2. Опиши́те село́ Колото́вку, каба́к Приты́нный и прихо́д туда́ а́втора. 3. Характери́стика Обалду́я и Моргача́. 4. Характери́стика Ди́кого-Ба́рина и его́ роль в состяза́нии. 5. Пе́ние Ря́дчика и отноше́ние слу́шателей к его́ пе́нию. 6. Как пел Яков? 7. Како́е впечатле́ние произвело́ пе́ние Яко́ва на отде́льных слу́шателей? 8. Опиши́те, что происходи́ло в кабаке́ по́сле оконча́ния состяза́ния. 9. Како́е впечатле́ние произвёл на вас расска́з «Певцы́»?

# Фёдор Михайлович Достоевский

## (1821–1881)

Фёдор Михайлович Достоевский родился в Москве в 1821 году в семье врача. Достоевский учился сперва в частном пансионе в Москве, а затем, по настоянию отца, в инженерном институте в Петербурге, который и окончил в 1841 году. Прослужив инженером три года, Достоевский вышел в отставку и занялся исключительно литературной деятельностью.

В 1846 появилось первое большое произведение Достоевского «Бедные люди», сразу принесшее ему славу. Известный литературный критик Белинский назвал Достоевского наследником Гоголя и предсказал ему блестящее будущее.

В 1849 году Достоевский был арестован за участие в деятельности политического кружка Петрашевского, сослан на каторгу и вернулся в Петербург лишь в 1859 году. Пребывание на каторге описано им в «Записках из Мёртвого дома».

Достоевский написал ряд замечательных романов, в которых показал себя непревзойдённым психологом и знатоком человеческой души. Самые известные его романы: «Преступление и наказание», «Братья Карамазовы» и «Идиот». Кроме того, Достоевский написал такие крупные произведения, как: «Униженные и оскорблённые», «Бесы», «Подросток», «Записки из подполья», а также ряд рассказов.

В Петербурге, вместе с братом, Достоевский издавал журналы «Время» и «Эпоха», в которых были напеча́таны его́ произведе́ния: «Село́ Степа́нчиково» и «Дя́дюшкин сон». Его́ изда́тельская де́ятельность зако́нчилась из-за фина́нсовых затрудне́ний, и Достое́вский вы́ехал за грани́цу, где про́был о́коло четырёх лет.

Свои́ми рома́нами Достое́вский, наравне́ с Толсты́м, завоева́л широ́кую изве́стность во всём ми́ре. Его́ влия́ние на писа́телей и филосо́фов всех стра́н огро́мно.

Расска́з «Мужи́к Маре́й», помещённый в э́том сбо́рнике, — автобиографи́ческий.

# МУЖИК МАРЕЙ

Но все э́ти professions de foi,[1] я ду́маю, о́чень ску́чно чита́ть, а потому́ расскажу́ оди́н анекдо́т, впро́чем, да́же и не анекдо́т; так, одно́ лишь далёкое воспомина́ние, кото́рое мне почему́-то о́чень хо́чется рассказа́ть и́менно здесь и тепе́рь, в заключе́ние на́шего тракта́та о наро́де. Мне бы́ло тогда́ всего́ лишь де́вять лет от ро́ду ... но нет, лу́чше я начну́ с того́, когда́ мне бы́ло два́дцать де́вять лет от ро́ду.

Был второ́й день Све́тлого Пра́здника.[2] В во́здухе бы́ло тепло́, не́бо голубо́е, со́лнце высо́кое, «тёплое», я́ркое, но в душе́ мое́й бы́ло о́чень мра́чно. Я скита́лся за каза́рмами, смотре́л, отсчи́тывая их, на па́ли[3] кре́пкого остро́жного ты́на, но и счита́ть мне их не хоте́лось, хотя́ бы́ло в привы́чку. Друго́й уже́ день по остро́гу «шёл пра́здник»; ка́торжных на рабо́ту не выводи́ли, пья́ных бы́ло мно́жество, руга́тельства, ссо́ры начина́лись помину́тно во всех угла́х. Безобра́зные, га́дкие пе́сни, майда́ны с картёжной игро́й[4] под на́рами, не́сколько уже́ изби́тых до полусме́рти ка́торжных, за осо́бое бу́йство, со́бственным судо́м това́рищей и прикры́тых на на́рах тулу́пами, пока́ оживу́т и очну́тся; не́сколько раз уже́ обнажа́вшиеся ножи́, — всё э́то, в два дня пра́здника, до боле́зни истерза́ло меня́. Да и никогда́ не мог я вы́нести без отвраще́ния пья́ного наро́дного разгу́ла, а тут, в э́том ме́сте, осо́бенно. В э́ти дни да́же нача́льство в остро́г не загля́дывало, не де́лало о́бысков, не иска́ло вина́, понима́я, что на́до же дать погуля́ть, раз в год, да́же и э́тим отве́рженцам и что ина́че бы́ло бы ху́же. Наконе́ц в се́рдце моём загоре́лась зло́ба. Мне встре́тился поля́к М— цкий, из полити́ческих; он мра́чно посмотре́л на меня́, глаза́ его́ сверкну́ли и гу́бы затрясли́сь: «Je hais ces brigands!»[5] — проскрежета́л он мне вполго́лоса и прошёл ми́мо. Я вороти́лся в каза́рму, несмотря́ на то, что че́тверть часа́ тому́ вы́бежал из неё как полоу́мный, когда́ шесть челове́к здоро́вых мужико́в бро́сились, все ра́зом, на пья́ного тата́рина Га́зина усмиря́ть его́ и ста́ли его́ бить; би́ли они́ его́ неле́по, верблю́да мо́жно бы́ло уби́ть таки́ми побо́ями; но зна́ли, что э́того Геркуле́са тру́дно уби́ть, а потому́ би́ли без опа́ски. Тепе́рь, воротя́сь, я приме́тил в конце́ каза́рмы, на на́рах

---

1. French: "confession of faith." 2. "Easter Monday." 3. "Posts."
4. Groups of convicts playing cards. 5. French: "I hate these brigands."

в углу́, бесчу́вственного уже́ Га́зина почти́ без при́знаков жи́зни; он лежа́л прикры́тый тулу́пом, и его́ все обходи́ли мо́лча: хоть и твёрдо наде́ялись, что за́втра к утру́ очнётся, «но с таки́х побо́ев, не ро́вен час,[6] пожа́луй, что и помрёт челове́к». Я пробра́лся на своё ме́сто, про́тив окна́ с желе́зной решёткой, и лёг на́взничь, заки́нув ру́ки за́ голову и закры́в глаза́. Я люби́л так лежа́ть: к спя́щему не приста́нут, а меж тем мо́жно мечта́ть и ду́мать. Но мне не мечта́лось; се́рдце би́лось неспоко́йно, а в уша́х звуча́ли слова́ М— цкого: «Je hais ces brigands!» Впро́чем, что же опи́сывать впечатле́ния; мне и тепе́рь иногда́ сни́тся э́то вре́мя по ноча́м, и у меня́ нет снов мучи́тельнее. Мо́жет быть заме́тят и то, что до сего́дня я почти́ ни ра́зу не загова́ривал печа́тно о мое́й жи́зни в ка́торге; «Запи́ски же из Мёртвого до́ма» написа́л, пятна́дцать лет наза́д, от лица́ вы́мышленного; от престу́пника, бу́дто бы уби́вшего свою́ жену́. Кста́ти приба́влю как подро́бность, что с тех пор про меня́ о́чень мно́гие ду́мают и утвержда́ют да́же и тепе́рь, что я со́слан был за уби́йство жены́ мое́й.

Ма́ло-пома́лу я и впрямь забы́лся и непримéтно погрузи́лся в воспомина́ния. Во все мои́ четы́ре го́да ка́торги я вспомина́л беспреры́вно всё моё проше́дшее и, ка́жется, в воспомина́ниях пе́режил всю мою́ пре́жнюю жизнь сно́ва. Э́ти воспомина́ния встава́ли са́ми, я ре́дко вызыва́л их по свое́й во́ле. Начина́лось с какóй-нибудь то́чки, черты́, иногда́ непримéтной, и потóм ма́ло-пома́лу выраста́ло в це́льную карти́ну, в како́е-нибудь си́льное и це́льное впечатле́ние. Я анализи́ровал э́ти впечатле́ния, придава́л но́вые черты́ уже́ давно́ прожи́тому и, гла́вное, поправля́л его́, поправля́л беспреры́вно, в э́том состоя́ла вся заба́ва моя́. На э́тот раз мне вдруг припо́мнилось почему́-то одно́ незамéтное мгнове́ние из моего́ пе́рвого де́тства, когда́ мне бы́ло всего́ де́вять лет от ро́ду, — мгнове́нье, каза́лось бы, мно́ю соверше́нно забы́тое; но я осо́бенно люби́л тогда́ воспомина́ния из са́мого пе́рвого моего́ де́тства. Мне припо́мнился а́вгуст ме́сяц в на́шей дере́вне: день сухо́й и я́сный, но не́сколько холо́дный и ве́треный; ле́то на исхо́де, и ско́ро на́до е́хать в Москву́ опя́ть скуча́ть всю зи́му за францу́зскими уро́ками, и мне так жа́лко покида́ть дере́вню. Я прошёл за гу́мна и, спусти́вшись в овра́г, подня́лся в *Лоск* — так называ́лся у нас густо́й куста́рник по ту сто́рону овра́га до са́мой ро́щи. И вот я забился гу́ще в кусты́ и слы́шу, как неда́леко́, шага́х в тридцати́, на поля́не, одино́ко па́шет мужи́к. Я

---

6. "There is a danger."

знаю, что он пашет круто в гору и лошадь идёт трудно, и до меня изредка долетает его окрик: «Ну-ну!» Я почти всех наших мужиков знаю, но не знаю, который это теперь пашет, да мне и всё равно, я весь погружён в моё дело, я тоже занят: я выламываю себе ореховый хлыст, чтоб стегать им лягушек; хлысты из орешника так красивы и так непрочны, куда против[7] берёзовых. Занимают меня тоже букашки и жучки, я их сбираю,[8] есть очень нарядные; люблю я тоже маленьких, проворных, красно-жёлтых ящериц, с чёрными пятнышками, но змеек боюсь. Впрочем, змейки попадаются гораздо реже ящериц. Грибов тут мало; за грибами надо идти в березняк, и я собираюсь отправиться. И ничего в жизни я так не любил, как лес с его грибами и дикими ягодами, с его букашками и птичками, ёжиками и белками, с его столь любимым мною сырым запахом перетлевших листьев. И теперь даже, когда я пишу это, мне так и послышался запах нашего деревенского березняка: впечатления эти остаются на всю жизнь. Вдруг, среди глубокой тишины, я ясно и отчётливо услышал крик: «Волк бежит!» Я вскрикнул и вне себя от испуга, крича в голос,[9] выбежал на поляну, прямо на пашущего мужика.

Это был наш мужик Марей. Не знаю, есть ли такое имя, но его все звали Мареем, — мужик лет пятидесяти, плотный, довольно рослый, с сильною проседью в темнорусой окладистой бороде. Я знал его, но до того никогда почти не случалось мне заговорить с ним. Он даже остановил кобылёнку,[10] заслышав крик мой, и когда я, разбежавшись, уцепился одной рукой за его соху, а другою за его рукав, то он разглядел мой испуг.

— Волк бежит! — прокричал я, задыхаясь.

Он вскинул голову и невольно огляделся кругом, на мгновенье почти мне поверив.

— Где волк?

— Закричал ... Кто-то закричал сейчас: «Волк бежит» ... — пролепетал я.

— Что ты, что ты, какой волк, померещилось; вишь![11] Какому тут волку быть! — бормотал он, ободряя меня. Но я весь трясся и ещё крепче уцепился за его зипун и, должно быть, был очень бледен. Он смотрел на меня с беспокойною улыбкою, видимо боясь и тревожась за меня.

---

7. "Cannot be compared." 8. Colloquial for сбираю. 9. "Screaming at the top of my voice." 10. Diminutive of кобыла. 11. Вишь (substandard) — particle used in order to bring attention to something; "here, look, see."

— Ишь[12] ведь испужа́лся,[13] ай-ай! — кача́л он голово́й. — По́лно, ро́дный.[14] Ишь ма́лец,[15] ай!

Он протяну́л ру́ку и вдруг погла́дил меня́ по щеке́.

— Ну, по́лно же, ну, Христо́с с тобо́й, оксти́сь.[16] — Но я не крести́лся; углы́ губ мои́х вздра́гивали, и, ка́жется, э́то осо́бенно его́ порази́ло. Он протяну́л тихо́нько свой то́лстый, с чёрным но́гтем, запа́чканный в земле́ па́лец и тихо́нько дотро́нулся до вспры́гивавших мои́х губ.

— Ишь ведь, ай, — улыбну́лся он мне како́ю-то матери́нскою и дли́нною улы́бкой, — Го́споди, да что э́то, ишь ведь, ай, ай!

Я по́нял, наконе́ц, что во́лка нет и что мне крик: «Волк бежи́т», помере́щился. Крик был, впро́чем, тако́й я́сный и отчётливый, но таки́е кри́ки (не об одни́х волка́х) мне уже́ раз и́ли два и пре́жде мере́щились, и я знал про то. (Пото́м, с де́тством, э́ти галлюсина́ции[17] прошли́.)

— Ну, я пойду́, — сказа́л я, вопроси́тельно и ро́бко смотря́ на него́.

— Ну и ступа́й, а я те[18] всле́д посмотрю́. Уж я тебя́ во́лку не дам! — приба́вил он, всё так же матери́нски мне улыба́ясь, — ну, Христо́с с тобо́й, ну ступа́й, — и он перекрести́л меня́ руко́й и сам перекрести́лся. Я пошёл, огля́дываясь наза́д почти́ ка́ждые де́сять шаго́в. Маре́й, пока́ я шёл, всё стоя́л с свое́й кобылёнкой и смотре́л мне вслед, ка́ждый раз кива́я мне голово́й, когда́ я огля́дывался. Мне, призна́ться, бы́ло немно́жко пе́ред ним сты́дно, что я так испуга́лся, но шёл я, всё ещё о́чень поба́иваясь во́лка, пока́ не подня́лся на косого́р овра́га, до пе́рвой ри́ги; тут испу́г соскочи́л совсе́м, и вдруг отку́да ни возьми́сь бро́силась ко мне на́ша дворо́вая соба́ка Волчо́к. С Волчко́м-то я уж вполне́ ободри́лся и оберну́лся в после́дний раз к Маре́ю; лица́ его́ я уже́ не мог разгляде́ть я́сно, но чу́вствовал, что он всё то́чно так же мне ла́сково улыба́ется и кива́ет голово́й. Я махну́л ему́ руко́й, он махну́л мне то́же и тро́нул кобылёнку.

— Ну-ну! — послы́шался опя́ть отдалённый о́крик его́, и кобылёнка потяну́ла опя́ть свою́ соху́.

Все э́то мне ра́зом припо́мнилось, не зна́ю почему́, но с удиви́тельною то́чностью в подро́бностях. Я вдруг очну́лся и

---

12. Ишь (substandard) — particle used in same cases as вишь. 13. Dialectal for испуга́лся. 14. Dialectal for родно́й (my friend). 15. Colloquial for ма́льчик. 16. Dialectal for перекрести́сь (“cross yourself”). 17. Obsolete for галлюцина́ции. 18. Dialectal for тебе́.

присе́л на на́рах и, по́мню, ещё заста́л на лице́ моём ти́хую улы́бку воспомина́ния. С мину́ту ещё я продолжа́л припомина́ть.

Я тогда́, придя́ домо́й от Маре́я, никому́ не рассказа́л о моём «приключе́нии». Да и како́е э́то бы́ло приключе́ние? Да и об Маре́е[19] я тогда́ о́чень ско́ро забы́л. Встреча́ясь с ним пото́м и́зредка, я никогда́ да́же с ним не загова́ривал, не то́лько про во́лка, да и ни об чём,[20] и вдруг тепе́рь, два́дцать лет спустя́, в Сиби́ри припо́мнил всю э́ту встре́чу с тако́ю я́сностью, до са́мой после́дней черты́. Зна́чит, залегла́ же она́ в душе́ мое́й неприме́тно, сама́ собо́й и без во́ли мое́й, и вдруг припо́мнилась тогда́, когда́ бы́ло на́до; припо́мнилась э́та не́жная, матери́нская улы́бка бе́дного крепостно́го мужика́, его́ кресты́,[21] его́ пока́чиванье голово́й: «Ишь ведь, испужа́лся, ма́лец!» И осо́бенно э́тот то́лстый его́, запа́чканный в земле́ па́лец, кото́рым он ти́хо и с ро́бкою не́жностью прикосну́лся к вздра́гивавшим губа́м мои́м. Коне́чно, вся́кий бы ободри́л ребёнка, но тут в э́той уединённой встре́че случи́лось как бы что́-то совсе́м друго́е, и е́сли б я был со́бственным его́ сы́ном, он не мог бы посмотре́ть на меня́ сия́ющим бо́лее све́тлою любо́вью взгля́дом, а кто его́ заставля́л? Был он со́бственный крепостно́й наш мужи́к, а я всё же его́ барчо́нок; никто́ бы не узна́л, как он ласка́л меня́, и не награди́л за то. Люби́л он, что ли, так уж о́чень ма́леньких дете́й? Таки́е быва́ют. Встре́ча была́ уединённая, в пусто́м по́ле, и то́лько Бог, мо́жет, ви́дел све́рху, каки́м глубо́ким и просвещённым челове́ческим чу́вством и како́ю то́нкою, почти́ же́нственною не́жностью мо́жет быть напо́лнено се́рдце ино́го гру́бого, зве́рски неве́жественного крепостно́го ру́сского мужика́, ещё и не жда́вшего, не гада́вшего тогда́ о свое́й свобо́де.[22] Скажи́те, не э́то ли разуме́л Константи́н Акса́ков,[23] говоря́ про высо́кое образова́ние наро́да на́шего?

И вот, когда́ я сошёл с нар и огляде́лся круго́м, по́мню, я вдруг почу́вствовал, что могу́ смотре́ть на э́тих несча́стных совсе́м други́м взгля́дом и что вдруг, каки́м-то чу́дом, исче́зла совсе́м вся́кая не́нависть и зло́ба в се́рдце моём. Я пошёл, вгля́дываясь в встреча́вшиеся ли́ца. Э́тот обри́тый и шельмо́ванный мужи́к, с кле́ймами на лице́ и хмельно́й, ору́щий свою́ пья́ную си́плую пе́сню, ведь э́то то́же, мо́жет быть, тот же са́мый Маре́й: ведь я же не могу́ загляну́ть в его́ се́рдце. Встре́тил я в тот же

19. Archaic for о Маре́е. 20. Archaic for о чём. 21. "Blessings." 22. Freedom given to the Russian peasants in 1861. 23. K. Aksakov, 1817–1860, Russian Slavophile.

вечер ещё раз и М — цкого. Несчастный! У него-то уж не могло быть воспоминаний ни об каких[24] Мареях и никакого другого взгляда на этих людей кроме: «Je hais ces brigands!» Нет, эти поляки вынесли тогда более нашего!

## Вопросы для обсуждения в классе

1. О каком воспоминании захотелось рассказать автору? 2. Как себя чувствовал автор на второй день Светлого Праздника в остроге? 3. Почему начальство не заглядывало в острог в эти дни? 4. Что почувствовал автор, видя пьяный разгул каторжников? 5. Что и как сказал поляк М — цкий, встретив автора? 6. Почему автор выбежал из казармы? 7. Как избивали татарина Газина? 8. Что сделал автор, вернувшись в казарму? 9. Что думали об авторе многие читатели после появления в печати «Записок из Мёртвого дома»? 10. О чём часто вспоминал автор на каторге? 11. О каком времени вспомнил автор на этот раз? 12. Что особенно любил автор в детстве? 13. Какой крик вдруг отчётливо услышал мальчик? 14. Кто такой мужик Марей? 15. Что рассказал Марею перепуганный мальчик? 16. Как мужик Марей старался успокоить мальчика? 17. Что наконец понял мальчик? 18. Через сколько лет и где вспомнил вдруг автор об этом эпизоде? 19. Что больше всего поразило автора в мужике Марее? 20. Какими глазами теперь взглянул автор на разгулявшихся каторжников и почему?

## Темы для письменных работ

1. Опишите, как выглядел второй день Светлого Праздника в остроге. 2. О каком эпизоде детства вспомнил автор, лёжа на нарах? 3. Что поразило автора в обращении мужика Марея с перепуганным мальчиком? 4. Почему это воспоминание помогло автору взглянуть другими глазами на разгулявшихся каторжников? 5. Какая основная мысль этого рассказа?

---

24. Archaic for о каких.

## Лев Николаевич Толстой

(1828–1910)

Граф Лев Николаевич Толстой родился в родовом имении Ясная Поляна в Тульской губернии в 1828 году.

Толстой рано потерял родителей и воспитывался у тётки; шестнадцати лет поступил в Казанский университет, сперва на факультет восточных языков, а затем на юридический, но ушёл из университета в 1847 году; в 1851 году уехал на Кавказ, где поступил в армию и принимал участие в войне с горцами. Там же, на Кавказе, началась его литературная деятельность и были написаны: трилогия «Детство», «Отрочество» и «Юность» и начата повесть «Казаки», в которой Толстой в лице Оленина вывел самого себя.

Во время Крымской кампании Толстой принимал участие в обороне Севастополя, что дало ему материал для «Севастопольских рассказов». Вернувшись в Петербург в 1856 году, Толстой подал в отставку и поехал за границу. Он побывал во Франции, Швейцарии и Италии. Вернувшись в Россию, Толстой поселился в Ясной Поляне и занялся обучением крестьянских детей в основанной им школе.

В 1862 году Толстой женился на Софье Андреевне Берс. Вскоре после женитьбы Толстой начал писать свой грандиозный роман «Война и мир», над которым проработал пять лет.

В восьмидесятых годах 19 века Толстой пережил духовно-религиозный кризис, что привело его к решению изменить свой образ жизни, отказаться от своего имущества, опроститься и слиться с простым народом и его жизнью. Этот период религиозных исканий Толстого отразился в таких его произведениях, как: «В чём моя вера», «Моя исповедь», «Что же нам делать?» и другие, основной мыслью которых является идея «непротивления злу злом».

Умер Толстой в 1910 году на станции Астапово и похоронен в Ясной Поляне.

Самым большим и самым блестящим произведением Толстого является «Война и мир» — один из самых выдающихся исторических романов мировой литературы, описывающий события Наполеоновских войн и русскую жизнь начала 19 века.

Вторым крупным произведением Толстого является роман «Анна Каренина», в котором описана трагедия замужней женщины и матери, полюбившей другого человека. Оба романа принесли Толстому славу, известность и признание не только в России, но и во всём мире.

Третье большое произведение Толстого — роман «Воскресение».

Толстой написал ещё повести: «Крейцерова соната», «Отец Сергий», «Смерть Ивана Ильича», «Хаджи-Мурат»; драму «Власть тьмы» и ряд замечательных коротких рассказов, один из которых, «Три смерти», помещён в этом сборнике.

Лев Николаевич Толстой является одним из величайших писателей 19 века. Его влияние, как писателя и мыслителя, на литературу и философию всего мира огромно и по сей день.

# ТРИ СМЕРТИ

## I

Была осень. По большой дороге скорой рысью ехали два экипажа. В передней карете сидели две женщины. Одна была госпожа, худая и бледная. Другая — горничная, глянцевито-румяная и полная. Короткие сухие волоса выбивались из-под полинявшей шляпки, красная рука в прорванной перчатке порывисто поправляла их. Высокая грудь, покрытая ковровым платком, дышала здоровьем, быстрые чёрные глаза то следили через окно за убегающими полями, то робко взглядывали на госпожу, то беспокойно окидывали углы кареты. Перед носом горничной качалась привешенная к сетке барынина шляпка, на коленях её лежал щенок, ноги её поднимались от шкатулок, стоявших на полу, и чуть слышно подбарабанивали по ним под звук тряски рессор и побрякиванья стёкол.

Сложив руки на коленях и закрыв глаза, госпожа слабо покачивалась на подушках, заложенных ей за спину, и, слегка наморщившись, внутренно покашливала. На голове её был белый ночной чепчик и голубая косыночка, завязанная на нежной, бледной шее. Прямой ряд, уходя под чепчик, разделил русые, чрезвычайно плоские напомаженные волосы, и было что-то сухое, мертвенное в белизне кожи этого просторного ряда. Вялая, несколько желтоватая кожа неплотно обтягивала тонкие и красивые очертания лица и краснелась на щеках и скулах. Губы были сухи и неспокойны, редкие ресницы не курчавились,[1] и дорожный суконный капот делал прямые складки на впалой груди. Несмотря на то, что глаза были закрыты, лицо госпожи выражало усталость, раздраженье и привычное страданье.

Лакей, облокотившись на своё кресло, дремал на козлах, почтовый ямщик, покрикивая бойко, гнал крупную потную четвёрку, изредка оглядываясь на другого ямщика, покрикивавшего сзади в коляске. Параллельные широкие следы шин ровно и шибко стлались по известковой грязи дороги. Небо было серо и холодно, сырая мгла сыпалась на поля и дорогу. В карете было душно и пахло одеколоном и пылью. Больная потянула

---

1. "Curled."

назад голову и медленно открыла глаза. Большие глаза были блестящи и прекрасного тёмного цвета.

— Опять, — сказала она, нервически отталкивая красивой худощавой рукой конец салопа горничной, чуть-чуть прикасавшийся к её ноге, и рот её болезненно изогнулся. Матрёша подобрала обеими руками салоп, приподнялась на сильных ногах и села дальше. Свежее лицо её покрылось ярким румянцем. Прекрасные тёмные глаза больной жадно следили за движениями горничной. Госпожа упёрлась обеими руками о сиденье и также хотела приподняться, чтоб подсесть выше; но силы отказали ей. Рот её изогнулся, и всё лицо её исказилось выражением бессильной, злой иронии. — Хоть бы ты помогла мне!.. Ах! не нужно! Я сама могу, только не клади за меня свои какие-то мешки, сделай милость!.. Да уж не трогай лучше, коли ты не умеешь! — Госпожа закрыла глаза и, снова быстро подняв веки, взглянула на горничную. Матрёша, глядя на неё, кусала нижнюю красную губу. Тяжёлый вздох поднялся из груди больной, но вздох, не кончившись, превратился в кашель. Она отвернулась, сморщилась и обеими руками схватилась за грудь. Когда кашель прошёл, она снова закрыла глаза и продолжала сидеть неподвижно. Карета и коляска въехали в деревню. Матрёша высунула толстую руку из-под платка и перекрестилась.

— Что это? — спросила госпожа.

— Станция, сударыня.

— Что ж ты крестишься, я спрашиваю?

— Церковь, сударыня.

Больная повернулась к окну и стала медленно креститься, глядя во все большие глаза на большую деревенскую церковь, которую объезжала карета больной.

Карета и коляска вместе остановились у станции. Из коляски вышли муж больной женщины и доктор и подошли к карете.

— Как вы себя чувствуете? — спросил доктор, щупая пульс.

— Ну, как ты, мой друг, не устала? — спросил муж по-французски, — не хочешь ли выйти?

Матрёша, подобрав узелки, жалась в угол, чтобы не мешать разговаривать.

— Ничего, то же самое, — отвечала больная. — Я не выйду.

Муж, постояв немного, вошёл в станционный дом. Матрёша, выскочив из кареты, на цыпочках побежала по грязи в ворота.

— Коли мне плохо, это не резон, чтобы вам не завтракать, — слегка улыбаясь, сказала больная доктору, который стоял у окна.

«Никому́ им до меня́ де́ла нет, — приба́вила она́ про себя́, как то́лько до́ктор, ти́хим ша́гом отойдя́ от неё, ры́сью взбежа́л на ступе́ни ста́нции. — Им хорошо́, так и всё равно́. О! Бо́же мой!»

— Ну что, Эдуа́рд Ива́нович, — сказа́л муж, встреча́я до́ктора и с весёлой улы́бкой потира́я ру́ки, — я веле́л погребе́ц[2] принести́, вы как ду́маете насчёт э́того?

— Мо́жно, — отвеча́л до́ктор.

— Ну, что она́? — со вздо́хом спроси́л муж, понижа́я го́лос и поднима́я бро́ви.

— Я говори́л: она́ не мо́жет дое́хать не то́лько до Ита́лии, — до Москвы́ дай Бог. Осо́бенно по э́той пого́де.

— Так что ж де́лать? Ах, Бо́же мой! Бо́же мой! — Муж закры́л глаза́ руко́ю. — Пода́й сюда́, — приба́вил он челове́ку, вноси́вшему погребе́ц.

— Остава́ться на́до бы́ло, — пожа́в плеча́ми, отвеча́л до́ктор.

— Да скажи́те, что же я мог сде́лать? — возрази́л муж, — ведь я употреби́л всё, что́бы удержа́ть её, я говори́л и о сре́дствах, и о де́тях, кото́рых мы должны́ оста́вить, и о мои́х дела́х, — она́ ничего́ слы́шать не хо́чет. Она́ де́лает пла́ны о жи́зни за грани́цей, как бы здоро́вая. А сказа́ть ей о её положе́нии — ведь э́то зна́чило бы уби́ть её.

— Да она́ уже́ уби́та, вам на́до знать э́то, Васи́лий Дми́трич. Челове́к не мо́жет жить, когда́ у него́ нет лёгких, и лёгкие опя́ть вы́расти не мо́гут. Гру́стно, тяжело́, но что ж де́лать? На́ше и ва́ше де́ло то́лько в том, что́бы коне́ц её был сколь возмо́жно споко́ен. Тут духовни́к ну́жен.

— Ах, Бо́же мой! да вы пойми́те моё положе́ние, напомина́я ей о после́дней во́ле. Пусть бу́дет, что бу́дет, а я не скажу́ ей э́того. Ведь вы зна́ете, как она́ добра́...

— Всё-таки попро́буйте уговори́ть её оста́ться до зи́мнего пути́, — сказа́л до́ктор, значи́тельно пока́чивая голово́й, — а то доро́гой мо́жет быть ху́до...

— Аксю́ша, а Аксю́ша! — визжа́ла смотри́тельская дочь, наки́нув на́ голову кацаве́йку и то́пчась на гря́зном за́днем крыльце́, — пойдём ши́ркинскую[3] ба́рыню посмо́трим, говоря́т, от грудно́й боле́зни за грани́цу везу́т. Я никогда́ ещё не вида́ла, каки́е в чахо́тке быва́ют.

Аксю́ша вы́скочила на поро́г, и о́бе, схвати́вшись за́ руки, побежа́ли за воро́та. Уме́ньшив шаг, они́ прошли́ ми́мо каре́ты и

---

2. "Traveling case."  3. Adjective — to Shirkino, a village.

заглянули в опущенное окно. Больная повернула к ним голову, но, заметив их любопытство, нахмурилась и отвернулась.

— Мм-а́-тушки! — сказала смотрительская дочь, быстро оборачивая голову. — Какая была красавица чудная, нынче что стало? Страшно даже. Видела, видела, Аксюша?

— Да, какая худая! — поддакивала Аксюша. — Пойдём ещё посмотрим, будто к колодцу. Вишь, отвернулась, а я ещё видела. Как жалко, Маша.

— Да и грязь же какая! — отвечала Маша, и обе побежали назад в ворота.

«Видно, я страшна стала, — думала больная. — Только бы поскорей, поскорей за границу, там я скоро поправлюсь».

— Что, как ты, мой друг? — сказал муж, подходя к карете и прожёвывая кусок.

«Всё один и тот же вопрос, — подумала больная, — а сам ест!»

— Ничего, — пропустила она сквозь зубы.

— Знаешь ли, мой друг, я боюсь, тебе хуже будет от дороги в эту погоду, и Эдуард Иваныч то же говорит. Не вернуться ли нам?

Она сердито молчала.

— Погода поправится, может быть, путь установится, и тебе бы лучше стало; мы бы и поехали все вместе.

— Извини меня. Ежели бы я давно тебя не слушала, я бы была теперь в Берлине и была бы совсем здорова.

— Что ж делать, мой ангел, невозможно было, ты знаешь. А теперь, ежели бы ты осталась на месяц, ты бы славно поправилась; я бы кончил дела, и детей бы мы взяли . . . .

— Дети здоровы, а я нет.

— Да ведь пойми, мой друг, что с этой погодой, ежели тебе сделается хуже дорогой . . . тогда по крайней мере дома.

— Что ж, что дома? . . Умереть дома? — вспыльчиво отвечала больная. Но слово *умереть*, видимо, испугало её, она умоляюще и вопросительно посмотрела на мужа. Он опустил глаза и молчал. Рот больной вдруг детски изогнулся, и слёзы полились из её глаз. Муж закрыл лицо платком и молча отошёл от кареты.

— Нет, я поеду, — сказала больная, подняла глаза к небу, сложила руки и стала шептать несвязные слова. — Боже мой! за что же? — говорила она, и слёзы лились сильнее. Она долго и горячо молилась, но в груди так же было больно и тесно, в небе,

64

в поля́х и по доро́ге бы́ло так же се́ро и па́смурно, и та же осе́нняя мгла, ни ча́ще, ни ре́же, а всё так же сы́палась на грязь доро́ги, на кры́ши, на каре́ту и на тулу́пы ямщико́в, кото́рые, перегова́риваясь си́льными, весёлыми голоса́ми, ма́зали и закла́дывали каре́ту . . .

## II

Каре́та была́ зало́жена; но ямщи́к ме́шкал. Он зашёл в ямску́ю избу́.[4] В избе́ бы́ло жа́рко, ду́шно, темно́ и тяжело́, па́хло жильём, печёным хле́бом, капу́стой и овчи́ной. Не́сколько челове́к ямщико́в бы́ло в го́рнице, куха́рка вози́лась у пе́чи, на печи́ в овчи́нах лежа́л больно́й.

— Дя́дя Хвёдор![5] а дя́дя Хвёдор, — сказа́л молодо́й па́рень, ямщи́к в тулу́пе и с кнуто́м за по́ясом, входя́ в ко́мнату и обраща́ясь к больно́му.

— Ты чаво́,[6] шабала́,[7] Фе́дьку спра́шиваешь? — отозва́лся оди́н из ямщико́в, — вишь, тебя́ в каре́ту ждут.

— Хочу́ сапо́г попроси́ть; свой изби́л,[8] — отвеча́л па́рень, вски́дывая волоса́ми и оправля́я рукави́цы за по́ясом. — Аль[9] спит? А дя́дя Хвёдор? — повтори́л он, подходя́ к пе́чи.

— Чаво́? — послы́шался сла́бый го́лос, и ры́жее худо́е лицо́ нагну́лось с пе́чи. Широ́кая, исхуда́лая и побледне́вшая рука́, покры́тая волоса́ми, натя́гивала армя́к на о́строе плечо́ в гря́зной руба́хе. — Дай испи́ть, брат; ты чаво́?

Па́рень по́дал ко́вшик с водо́й.

— Да что, Фе́дя, — сказа́л он, перемина́ясь, — тебе́, чай, сапо́г но́вых не на́до тепе́рь; отда́й мне, ходи́ть, чай, не бу́дешь.

Больно́й, припа́в уста́лой голово́й к глянцеви́тому ковшу́ и мака́я ре́дкие отви́сшие усы́ в тёмной воде́, сла́бо и жа́дно пил. Спу́танная борода́ его́ была́ нечиста́, впа́лые, ту́склые глаза́ с трудо́м подняли́сь на лицо́ па́рня. Отста́в от воды́, он хоте́л подня́ть ру́ку, чтобы отере́ть[10] мо́крые гу́бы, но не мог и отёрся о рука́в армяка́. Мо́лча и тяжело́ дыша́ но́сом, он смотре́л пря́мо в глаза́ па́рню, сбира́ясь с си́лами.[11]

---

4. "Coach-relay inn." 5. Substandard for Фёдор. 6. Substandard for чего́. 7. Dialectal — "scatterbrain." 8. Substandard for сноси́л. 9. Substandard for и́ли. 10. "Wipe." 11. "Gathering strength."

— Мо́же,[12] ты кому́ пообеща́л уже́, — сказа́л па́рень, — так да́ром.[13] Гла́вное де́ло, мо́креть[14] на дворе́, а мне с рабо́той е́хать, я и поду́мал себе́: дай у Фе́дьки сапо́г попрошу́, ему́, чай, не на́до. Мо́же, тебе́ самому́ на́добны, ты скажи́ . . . .

В груди́ больно́го что́-то ста́ло перелива́ться и бурча́ть; он перегну́лся и стал дави́ться горловы́м, неразреша́вшимся ка́шлем.[15]

— Уж где на́добны, — неожи́данно серди́то на всю избу́ затреща́ла куха́рка, — второ́й ме́сяц с пе́чи не слеза́ет. Вишь, надрыва́ется, да́же у само́й вну́тренность боли́т, как слы́шишь то́лько. Где ему́ сапоги́ на́добны? В но́вых сапога́х хорони́ть не ста́нут. А уж давно́ пора́, прости́ Го́споди согреше́нье. Вишь, надрыва́ется. Ли́бо переве́сть[16] его́, что ль, в избу́ в другу́ю, и́ли куда́! Таки́е больни́цы, слышь, в городу́[17] есть; а то ра́зве де́ло — за́нял весь у́гол, да и шаба́ш. Нет тебе́ просто́ру никако́го. А то́же, чистоту́ спра́шивают.

— Эй, Серёга! иди́ сади́сь, господа́ ждут, — кри́кнул в дверь почто́вый ста́роста.

Серёга хоте́л уйти́, не дожда́вшись отве́та, но больно́й глаза́ми, во вре́мя ка́шля, дава́л ему́ знать, что хо́чет отве́тить.

— Ты сапоги́ возьми́, Серёга, — сказа́л он, подави́в ка́шель и отдохну́в немно́го. — То́лько, слышь, ка́мень купи́, как помру́, — хрипя́, приба́вил он.

— Спаси́бо, дя́дя, так я возьму́, а ка́мень, ей-ей,[18] куплю́.

— Вот, ребя́та, слы́шали, — мог вы́говорить ещё больно́й и сно́ва перегну́лся вниз и стал дави́ться.

— Ла́дно, слы́шали, — сказа́л оди́н из ямщико́в. — Иди́, Серёга, сади́сь, а то вон опя́ть ста́роста бежи́т. Ба́рыня, вишь, ши́ркинская больна́я.

Серёга жи́во ски́нул свои́ проо́рванные, несоразме́рно больши́е сапоги́ и швырну́л под ла́вку. Но́вые сапоги́ дя́ди Фёдора пришли́сь как раз по нога́м, и Серёга, погля́дывая на них, вы́шел к каре́те.

— Эк[19] сапоги́ ва́жные! дай пома́жу, — сказа́л ямщи́к с пома́зкою в руке́, в то вре́мя как Серёга, влеза́я на ко́злы, подбира́л во́жжи. — Да́ром отда́л?

---

12. Substandard for мо́жет бы́ть. 13. Colloquial: "so forget about it." 14. Substandard for мокрота́ wetness. 15. "Cough without any relief." 16. Substandard for перевести́ transfer. 17. Substandard for в го́роде. 18. Colloquial for ей-Бо́гу "by God." 19. Interjection of admiration.

— Аль зави́дно, — отвеча́л Серёга, приподнима́ясь и повёртывая о́коло ног по́лы армяка́. — Пуща́й![20] Эх вы, любе́зные! — кри́кнул он на лошаде́й, взмахну́в кну́тиком; и каре́та и коля́ска с свои́ми седока́ми, чемода́нами и ва́жами,[21] скрыва́ясь в се́ром осе́ннем тума́не, ши́бко покати́лись по мо́крой доро́ге.

Больно́й ямщи́к оста́лся в ду́шной избе́ на печи́ и, не вы́кашлявшись, че́рез си́лу переверну́лся на друго́й бок и зати́х.

В избе́ до ве́чера приходи́ли, уходи́ли, обе́дали, — больно́го бы́ло не слы́шно. Пе́ред но́чью куха́рка вле́зла на печь и че́рез его́ но́ги доста́ла тулу́п.

— Ты на меня́ не серча́й,[22] Наста́сья, — проговори́л больно́й, — ско́ро опроста́ю у́гол-то твой.

— Ла́дно, ла́дно, что ж, ничаво́,[23] — пробормота́ла Наста́сья. — Да что у тебя́ боли́т-то, дя́дя? Ты скажи́.

— Нутро́ всё изны́ло. Бог его́ зна́ет что.

— Небо́сь, и гло́тка боли́т, как ка́шляешь?

— Везде́ бо́льно. Смерть моя́ пришла́ — вот что́. Ох, ох, ох! — простона́л больно́й.

— Ты но́ги-то укро́й вот так, — сказа́ла Наста́сья, по доро́ге натя́гивая на него́ армя́к и слеза́я с пе́чи.

Но́чью в избе́ сла́бо свети́л ночни́к. Наста́сья и челове́к де́сять ямщико́в с гро́мким хра́пом спа́ли на полу́ и по ла́вкам. Оди́н больно́й сла́бо кряхте́л, ка́шлял и воро́чался на печи́. К утру́ он зати́х соверше́нно.

— Чудно́ что́-то я ны́нче во сне ви́дела, — говори́ла куха́рка, в полусве́те потя́гиваясь на друго́е у́тро. — Ви́жу я, бу́дто дя́дя Хвё́дор с пе́чи слез и пошёл дрова́ руби́ть. Дай, говори́т, На́стя, я тебе́ подсоблю́,[24] а я ему́ говорю́: куда́ уж тебе́ дрова́ руби́ть, а он как схва́тит топо́р да и почнёт[25] руби́ть, так ши́бко, ши́бко, то́лько ще́пки летя́т. Что ж, я говорю́, ты ведь бо́лен был. Нет, говори́т, я здоро́в, да как замахнётся, на меня́ страх и нашёл. Как я закричу́, и просну́лась. Уж не помёр ли?.. Дя́дя Хвё́дор! а дя́дя!

Фёдор не отклика́лся.

— И то, не помёр ли? Пойти́ посмотре́ть, — сказа́л оди́н из просну́вшихся ямщико́в.

Сви́сшая с пе́чи худа́я рука́, покры́тая рыжева́тыми волоса́ми, была́ холодна́ и бледна́.

---

20. Substandard for пуска́й. 21. "Traveling boxes." 22. Colloquial for серди́сь. 23. Substandard for ничего́. 24. "Help." 25. Substandard for начнёт.

67

— Пойти смотрителю сказа́ть, кажи́сь, помёр, — сказа́л ямщи́к.

Родны́х у Фёдора не́ было — он был да́льний. На друго́й день его́ похорони́ли на но́вом кла́дбище, за ро́щей, и Наста́сья не́сколько дней расска́зывала всем про сон, кото́рый она́ ви́дела, и про то, что она́ пе́рвая хвати́лась дя́ди Фёдора.

## III

Пришла́ весна́. По мо́крым у́лицам го́рода, ме́жду наво́зными льди́нками, журча́ли торопли́вые ручьи́; цвета́ оде́жд и зву́ки го́вора дви́жущегося наро́да бы́ли я́рки. В са́диках за забо́рами пу́хнули по́чки дере́в,[26] и ве́тви их чуть слы́шно пока́чивались от све́жего ве́тра. Везде́ лили́сь и ка́пали прозра́чные ка́пли . . . Воробьи́ нескла́дно подпи́скивали и подпа́рхивали[27] на свои́х ма́леньких кры́льях. На со́лнечной стороне́, на забо́рах, дома́х и дере́вьях, всё дви́галось и блесте́ло. Ра́достно, мо́лодо бы́ло и на не́бе, и на земле́, и в се́рдце челове́ка.

На одно́й из гла́вных у́лиц, пе́ред больши́м ба́рским до́мом, была́ постле́на све́жая соло́ма; в до́ме была́ та са́мая умира́ющая больна́я, кото́рая спеши́ла за грани́цу.

У затво́ренных двере́й ко́мнаты стоя́ли муж больно́й и пожила́я же́нщина. На дива́не сиде́л свяще́нник, опусти́в глаза́ и держа́ что́-то завёрнутым в эпитрахи́ли.[28] В углу́, в вольте́ровском кре́сле, лежа́ла стару́шка — мать больно́й — и го́рько пла́кала. По́дле неё го́рничная держа́ла на руке́ чи́стый носово́й плато́к, дожида́ясь, чтобы стару́шка спроси́ла его́; друга́я чем-то тёрла виски́ стару́шки и ду́ла ей под че́пчик в седу́ю го́лову.

— Ну, Христо́с с ва́ми, мой друг, — говори́л муж пожило́й же́нщине, стоя́вшей с ним у две́ри, — она́ тако́е име́ет дове́рие к вам, вы так уме́ете говори́ть с ней, уговори́те её хороше́нько, голу́бушка, иди́те же. — Он хоте́л уже́ отвори́ть ей дверь; но кузи́на удержа́ла его́, приложи́ла не́сколько раз плато́к к глаза́м и встряхну́ла голово́й.

— Вот тепе́рь, ка́жется, я не запла́кана, — сказа́ла она́ и, сама́ отвори́в дверь, прошла́ в неё.

---

26. Substandard for дере́вьев.   27. "Chattered and flattered desultorily."
28. A priest's stole.

Муж был в си́льном волне́нии и каза́лся соверше́нно расте́рян. Он напра́вился бы́ло к стару́шке; но, не дойдя́ не́сколько шаго́в, поверну́лся, прошёл по ко́мнате и подошёл к свяще́ннику. Свяще́нник посмотре́л на него́, по́днял бро́ви к не́бу и вздохну́л. Густа́я с про́седью боро́дка то́же подняла́сь кве́рху и опусти́лась.

— Бо́же мой! Бо́же мой! — сказа́л муж.

— Что де́лать? — вздыха́я, сказа́л свяще́нник, и сно́ва бро́ви и боро́дка его́ подняли́сь кве́рху и опусти́лись.

— И ма́тушка тут! — почти́ с отча́яньем сказа́л муж. — Она́ не вы́несет э́того. Ведь так люби́ть, так люби́ть её, как она́ . . . я не зна́ю. Хоть бы вы, ба́тюшка, попыта́лись успоко́ить её и уговори́ть уйти́ отсю́да.

Свяще́нник встал и подошёл к стару́шке.

— То́чно-с, матери́нское се́рдце никто́ оцени́ть не мо́жет, — сказа́л он, — одна́ко Бог милосе́рд.

Лицо́ стару́шки вдруг ста́ло всё подёргиваться, и с ней сде́лалась истери́ческая ико́та.

— Бог милосе́рд, — продолжа́л свяще́нник, когда́ она́ успоко́илась немно́го. — Я вам доложу́, в моём прихо́де был оди́н больно́й, мно́го ху́же Ма́рьи Дми́триевны, и что же, просто́й меща́нин тра́вами вы́лечил в коро́ткое вре́мя. И да́же меща́нин э́тот са́мый тепе́рь в Москве́. Я говори́л Васи́лью Дми́триевичу — мо́жно бы испыта́ть. По кра́йности утеше́нье для больно́й бы бы́ло. Для Бо́га всё возмо́жно.

— Нет, уже́ ей не жить, — проговори́ла стару́шка, — чем бы меня́, а её Бог берёт. — И истери́ческая ико́та уси́лилась так, что чу́вства оста́вили её.

Муж больно́й закры́л лицо́ рука́ми и вы́бежал из ко́мнаты.

В коридо́ре пе́рвое лицо́, встре́тившее его́, был шестиле́тний ма́льчик, во весь дух догоня́вший мла́дшую де́вочку.

— Что ж дете́й-то, не прика́жете к мама́ше своди́ть? — спроси́ла ня́ня.

— Нет, она́ не хо́чет их ви́деть. Э́то расстро́ит её.

Ма́льчик останови́лся на мину́ту, при́стально всма́триваясь в лицо́ отца́, и вдруг подбры́кнул ного́й и с весёлым кри́ком побежа́л да́льше.

— Это она́ бу́дто бы ворона́я,[29] папа́ша! — прокрича́л ма́льчик, ука́зывая на сестру́.

---

29. Black (used in reference to a horse).

Между тем в другой комнате кузина сидела подле больной и искусно ведённым разговором старалась приготовить её к мысли о смерти. Доктор у другого окна мешал питьё.

Больная, в белом капоте, вся обложенная подушками, сидела на постели и молча смотрела на кузину.

— Ах, мой друг, — сказала она, неожиданно перебивая её, — не приготавливайте меня. Не считайте меня за дитя. Я христианка. Я всё знаю. Я знаю, что мне жить недолго, я знаю, что ежели бы муж мой раньше послушал меня, я бы была в Италии и, может быть, — даже наверно, — была бы здорова. Это все ему говорили. Но что ж делать, видно Богу было так угодно. На всех нас много грехов, я знаю это; но надеюсь на милость Бога, всем простится, должно быть, всем простится. Я стараюсь понять себя. И на мне было много грехов, мой друг. Но зато сколько я выстрадала. Я старалась сносить с терпеньем свои страданья . . .

— Так позвать батюшку, мой друг? вам будет ещё легче, причастившись, — сказала кузина.

Больная нагнула голову в знак согласья.

— Боже! прости меня грешную, — прошептала она.

Кузина вышла и мигнула батюшке.

— Это ангел! — сказала она мужу с слезами на глазах.

Муж заплакал, священник прошёл в дверь, старушка всё ещё была без памяти, и в первой комнате стало совершенно тихо. Чрез пять минут священник вышел из двери и, сняв эпитрахиль, оправил волосы.

— Слава Богу, оне[30] спокойнее теперь, — сказал он, — желают вас видеть.

Кузина и муж вышли. Больная тихо плакала, глядя на образ.

— Поздравляю тебя, мой друг, — сказал муж.

— Благодарствуй![31] Как мне теперь хорошо стало, какую непонятную сладость я испытываю, — говорила больная, и лёгкая улыбка играла на её тонких губах. — Как Бог милостив! Не правда ли, он милостив и всемогущ? — И она снова с жадной мольбой смотрела полными слёз глазами на образ.

Потом вдруг как будто что-то вспомнилось ей. Она знаками подозвала к себе мужа.

— Ты никогда не хочешь сделать, что я прошу, — сказала она слабым и недовольным голосом.

_____

30. Archaic feminine plural of она, used to show servile respect. 31. Old-fashioned for благодарю.

Муж, вы́тянув ше́ю, поко́рно слу́шал её.

— Что, мой друг?

— Ско́лько раз я говори́ла, что э́ти доктора́ ничего́ не зна́ют, есть просты́е лека́рки, они́ выле́чивают ... Вот ба́тюшка говори́л ... меща́ни́н ... Пошли́.

— За кем, мой друг? .

— Бо́же мой! ничего́ не хо́чет понима́ть! .. — И больна́я смо́рщилась и закры́ла глаза́.

До́ктор, подойдя́ к ней, взял её за́ руку. Пульс заме́тно би́лся слабе́е и слабе́е. Он мигну́л му́жу. Больна́я заме́тила э́тот жест и испу́ганно огляну́лась. Кузи́на отверну́лась и запла́кала.

— Не плачь, не мучь себя́ и меня́, — говори́ла больна́я, — э́то отнима́ет у меня́ после́днее споко́йствие.

— Ты а́нгел! — сказа́ла кузи́на, целу́я её ру́ку.

— Нет, сюда́ поцелу́й, то́лько мёртвых целу́ют в ру́ку. Бо́же мой! Бо́же мой!

В тот же ве́чер больна́я уже́ была́ те́ло, и те́ло в гробу́ стоя́ло в за́ле большо́го до́ма. В большо́й ко́мнате с затво́ренными дверя́ми сиде́л оди́н дьячо́к и в нос, ме́рным го́лосом, чита́л пе́сни Дави́да. Я́ркий восково́й свет с высо́ких сере́бряных подсве́чников па́дал на бле́дный лоб усо́пшей, на тяжёлые восковы́е ру́ки и окамене́лые скла́дки покро́ва, стра́шно поднима́ющегося на коле́нях и па́льцах ног. Дьячо́к, не понима́я свои́х слов, ме́рно чита́л, и в ти́хой ко́мнате стра́нно звуча́ли и замира́ли слова́. И́зредка из да́льней ко́мнаты долета́ли зву́ки де́тских голосо́в и их то́пота.

«Сокро́ешь лицо́ Твоё — смуща́ются, — гласи́л псалты́рь, — возьмёшь от них дух — умира́ют и в прах свой возвраща́ются. Пошлёшь дух Твой — созида́ются и обновля́ют лицо́ земли́. Да бу́дет Го́споду сла́ва вове́ки».[32]

Лицо́ усо́пшей бы́ло стро́го, споко́йно и велича́во. Ни в чи́стом холо́дном лбе, ни в твёрдо сло́женных уста́х ничто́ не дви́галось. Она́ вся была́ внима́ние. Но понима́ла ли она́ хоть тепе́рь вели́кие слова́ э́ти?


# IV


Че́рез ме́сяц над моги́лой усо́пшей воздви́глась ка́менная часо́вня. Над моги́лой ямщика́ всё ещё не́ было ка́мня, и то́лько

---

32. Quotation from the 103rd Psalm.

светло-зелёная трава́ пробива́ла над бугорко́м, служи́вшим еди́нст-
венным при́знаком проше́дшего существова́ния челове́ка.

— А грех тебе́ бу́дет, Серёга, — говори́ла раз куха́рка на
ста́нции, — ко́ли ты Хвёдору ка́мня не ку́пишь. То говори́л: зима́,
зима́, а ны́нче что ж сло́ва не де́ржишь? Ведь при мне бы́ло. Он
уж приходи́л к тебе́ раз проси́ть, не ку́пишь, ещё раз придёт,
души́ть ста́нет.

— Да что, я ра́зве отрека́юсь, — отвеча́л Серёга, — я ка́мень
куплю́, как сказа́л, куплю́, в полтора́ целко́вых куплю́. Я не
забы́л, да ведь привезть на́до. Как слу́чай в го́род бу́дет, так и
куплю́.

— Ты бы хошь крест поста́вил, вот что, — отозва́лся ста́рый
ямщи́к, — а то впрямь ду́рно. Сапоги́-то но́сишь.

— Где его́ возьмёшь, крест-то? из поле́на не вы́тешешь?

— Что говори́шь-то? Из поле́на не вы́тешешь, возьми́ топо́р
да в ро́щу пора́ньше сходи́, вот и вы́тешешь. Ясенку ли, что ли,
сру́бишь. Вот и голубе́ц[33] бу́дет. А то, поди́, ещё объе́здчика пой
во́дкой. За вся́кой дря́нью пойть не наготовишься. Вон я наме́дни
ва́гу слома́л, но́вую вы́рубил ва́жную, никто́ сло́ва не сказа́л.

Ра́нним у́тром, чуть зо́рька, Серёга взял топо́р и пошёл в
ро́щу.

На всём лежа́л холо́дный ма́товый покро́в ещё па́давшей, не
освещённой со́лнцем росы́. Восто́к незаме́тно ясне́л,[34] отража́я
свой сла́бый свет на подёрнутом то́нкими ту́чами сво́де не́ба. Ни
одна́ тра́вка внизу́, ни оди́н лист на ве́рхней ве́тви де́рева не
шевели́лись. То́лько и́зредка слы́шавшиеся зву́ки кры́льев в ча́ще
де́рева и́ли ше́леста по земле́ наруша́ли тишину́ ле́са. Вдруг
стра́нный, чу́ждый приро́де звук разнёсся и за́мер на опу́шке ле́са.
Но сно́ва послы́шался звук и равноме́рно стал повторя́ться
внизу́ о́коло ствола́ одного́ из неподви́жных дере́вьев. Одна́ из
маку́ш необыча́йно затрепета́ла, со́чные ли́стья её зашепта́ли
что́-то, и мали́новка, сиде́вшая на одно́й из ветве́й её, со сви́стом
перепорхну́ла два ра́за и, подёргивая хво́стиком, се́ла на друго́е
де́рево.

Топо́р ни́зом звуча́л глу́ше и глу́ше, со́чные бе́лые ще́пки
лете́ли на роси́стую траву́, и лёгкий треск послы́шался из-за
уда́ров. Де́рево вздро́гнуло всем те́лом, погну́лось и бы́стро
вы́прямилось, испу́ганно колеба́ясь на своём ко́рне. На мгнове́нье
всё зати́хло, но сно́ва погну́лось де́рево, сно́ва послы́шался треск

---

33. A wooden cross with a pitched roof.    34. "Grew more luminous."

в его стволе, и, ломая сучья и спустив ветви, оно рухнулось макушей на сырую землю. Звуки топора и шагов затихли. Малиновка свистнула и вспорхнула выше. Ветка, которую она зацепила своими крыльями, покачалась несколько времени и замерла, как и другие, со всеми своими листьями. Деревья ещё радостнее красовались на новом просторе своими неподвижными ветвями.

Первые лучи солнца, пробив сквозившую тучу, блеснули в небе и пробежали по земле и небу. Туман волнами стал переливаться в лощинах, роса, блестя, заиграла на зелени, прозрачные побелевшие тучки спеша разбегались по синевшему своду. Птицы гомозились[35] в чаще и, как потерянные, щебетали что-то счастливое; сочные листья радостно и спокойно шептались в вершинах, и ветви живых дерёв медленно, величаво зашевелились над мёртвым, поникшим деревом.

### Вопросы для обсуждения в классе

1. Кто ехал в карете и коляске? 2. Как выглядели госпожа и горничная? 3. Что раздражало больную? 4. Где остановились карета и коляска? 5. Что предложил муж доктору? 6. Что надо было сделать по мнению доктора и почему? 7. Как оправдывался муж? 8. Куда побежали Аксюша и дочь смотрителя? 9. Какое впечатление произвела на них больная? 10. Что предложил муж больной, и какое она приняла решение? 11. Кто лежал в ямской избе? 12. О чём просил ямщик больного? 13. Кто считал, что Фёдору сапоги больше не нужны? 14. Дал ли Фёдор сапоги Серёге? 15. Что обещал при свидетелях Серёга? 16. О чём попросил больной кухарку Настасью? 17. Что видела во сне кухарка? 18. Как умер ямщик, и где его похоронили? 19. Что происходило в доме больной в один из весенних дней? 20. О чём говорил священник с матерью больной? 21. К чему старалась приготовить больную кузина? 22. Как себя чувствовала больная после причастия? 23. О чём больная стала просить мужа? 24. Когда умерла больная и как она выглядела в гробу? 25. Какая разница была между могилами барыни и ямщика? 26. Что сказала однажды Настасья

---

35. "Fluttered."

Серёге и что он ей ответил? 27. Что посоветовал Серёге старый ямщик? 28. Что сделал Серёга ранним утром? 29. Как умирало дерево? 30. Почему этот рассказ называется «Три смерти»?

## Темы для письменных работ

1. Как выглядела больная, куда она ехала и на что надеялась? 2. Разговор на станции между больной и её мужем, мужем и доктором. 3. О чём говорил ямщик Сергей с больным Фёдором и чем окончился этот разговор? 4. Опишите болезнь и смерть Фёдора. 5. Последние часы жизни ширкинской барыни. 6 Как Сергей выполнил обещание, данное Фёдору? 7. Что хотел сказать Толстой, описывая эти три смерти?

# Антон Павлович Чехов

(1860–1904)

Антон Павлович Чехов родился в 1860 году в городе Таганроге, на юге России. У отца Чехова была бакалейная лавка, в которой будущий писатель проводил всё своё свободное время, помогая отцу. «В детстве у меня не было детства», — говорил впоследствии Чехов. В 1868 году он поступил в Таганрогскую гимназию — и уже в эти годы сотрудничал в рукописном журнале «Досуг».

Окончив гимназию, Чехов переехал в Москву и поступил на медицинский факультет Московского университета; в студенческие годы начал печатать свои юмористические рассказы за подписью Антоша Чехонте. Сборник этих первых рассказов вышел в 1884 году.

Закончив университет, Чехов некоторое время занимался медицинской практикой, но вскоре целиком отдался литературной деятельности.

В 1886 году вышел второй сборник рассказов Чехова — теперь уже признанного писателя, а в 1887 году его третий сборник, который принёс ему славу и известность.

В 1886 году Чехов совершил длительную и утомительную поездку на остров Сахалин, о чём впоследствии написал книгу.

У Чехова ещё в молодости обнаружился туберкулёз, и в 1899 году, по совету врачей, он поселился в Ялте.

В 1900 году он был избран членом Российской Академии наук.

В 1901 году Чехов женился на артистке Московского Художественного театра О. Л. Книпер.

В начале 1904 года здоровье Чехова резко ухудшилось, и он уехал в Германию лечиться.

Чехов умер 2 июля 1904 года в немецком курортном городе Баденвайлере. Тело его было перевезено в Россию и похоронено в Москве.

Чехов написал около тысячи коротких рассказов, шесть больших драматических произведений и ряд одноактных пьес. Его лучшие драмы — «Три сестры», «Вишнёвый сад», «Дядя Ваня» и «Чайка» — не только пользовались и пользуются огромным успехом в России, но и по настоящее время не сходят со сцен больших театров мира.

Из его многочисленных рассказов лучшими считаются: «Спать хочется», «Человек в футляре», «Моя жизнь», «Степь», «Дом с мезонином», «Палата N° 6», «Злоумышленник», «Мужики» и другие. Рассказы Чехова отличаются тонким юмором и острой наблюдательностью. Основная их тема — борьба с пошлостью, невежеством и мещанством. Его герои преимущественно маленькие люди — неудачники.

# ЧЕЛОВЕК В ФУТЛЯРЕ

На са́мом краю́ села́ Мироно́сицкого, в сара́е ста́росты Проко́фия, расположи́лись на ночле́г запозда́вшие охо́тники. Их бы́ло то́лько дво́е: ветерина́рный врач Ива́н Ива́ныч и учи́тель гимна́зии Бу́ркин. У Ива́на Ива́ныча была́ дово́льно стра́нная, двойна́я фами́лия — Чимша́-Гимала́йский, кото́рая совсе́м не шла ему́, и его́ во всей губе́рнии зва́ли про́сто по и́мени и о́тчеству; он жил о́коло го́рода на ко́нском заво́де и прие́хал тепе́рь на охо́ту, что́бы подыша́ть чи́стым во́здухом. Учи́тель же гимна́зии Бу́ркин ка́ждое ле́то гости́л у гра́фов П. и в э́той ме́стности давно́ уже́ был свои́м челове́ком.

Не спа́ли. Ива́н Ива́ныч, высо́кий худоща́вый стари́к с дли́нными уса́ми, сиде́л снару́жи у вхо́да и кури́л тру́бку; его́ освеща́ла луна́. Бу́ркин лежа́л внутри́ на се́не, и его́ не́ было ви́дно в потёмках.

Расска́зывали ра́зные исто́рии. Ме́жду про́чим, говори́ли о том, что жена́ ста́росты, Ма́вра, же́нщина здоро́вая и неглу́пая, во всю свою́ жизнь нигде́ не была́ да́льше своего́ родно́го села́, никогда́ не ви́дела ни го́рода, ни желе́зной доро́ги, а в после́дние де́сять лет всё сиде́ла за пе́чью и то́лько по ноча́м выходи́ла на у́лицу.

— Что же тут удиви́тельного! — сказа́л Бу́ркин. — Люде́й, одино́ких по нату́ре, кото́рые, как рак-отше́льник и́ли ули́тка, стара́ются уйти́ в свою́ скорлупу́, на э́том све́те нема́ло. Быть мо́жет, тут явле́ние атави́зма, возвраще́ние к тому́ вре́мени, когда́ пре́док челове́ка не́ был ещё обще́ственным живо́тным и жил одино́ко в свое́й берло́ге, а мо́жет быть, э́то про́сто одна́ из разно-ви́дностей челове́ческого хара́ктера, — кто зна́ет? Я не есте́ст-венник, и не моё де́ло каса́ться подо́бных вопро́сов; я то́лько хочу́ сказа́ть, что таки́е лю́ди, как Ма́вра, явле́ние не ре́дкое. Да вот, недалеко́ иска́ть, ме́сяца два наза́д у́мер у нас в го́роде не́кий Бе́ликов, учи́тель гре́ческого языка́, мой това́рищ. Вы о нём слы́шали, коне́чно. Он был замеча́телен тем, что всегда́, да́же в о́чень хоро́шую пого́ду, выходи́л в кало́шах и с зо́нтиком и непреме́нно в тёплом пальто́ на ва́те. И зо́нтик у него́ был в чехле́ и часы́ в чехле́ из се́рой за́мши, и когда́ вынима́л перочи́нный нож, что́бы очини́ть каранда́ш, то и нож у него́ был в чехо́льчике; и лицо́ каза́лось, то́же бы́ло в чехле́, так как он всё вре́мя пря́тал его в поднятый воротник. Он носил тёмные очки, фуфайку, уши закладывал ватой, и когда садился на извозчика, то приказывал поднимать верх. Одним словом, у этого человека наблюдалось постоянное и непреодолимое стремление окружить себя оболочкой, создать себе, так сказать, футляр, который уединил бы его, защитил бы от внешних влияний. Действительность раздражала его, пугала, держала в постоянной тревоге, и, быть может, для того, чтобы оправдать эту свою робость, своё отвращение к настоящему, он всегда хвалил прошлое и то, чего никогда не было; и древние языки, которые он преподавал, были для него, в сущности, те же калоши и зонтик, куда он прятался от действительной жизни.

— О, как звучен, как прекрасен греческий язык! — говорил он со сладким выражением; и, как бы в доказательство своих слов, прищуривал глаза и, подняв палец, произносил: — Антропос![1]

И мысль свою Беликов также старался запрятать в футляр. Для него были ясны только циркуляры и газетные статьи, в которых запрещалось что-нибудь. Когда в циркуляре запрещалось ученикам выходить на улицу после девяти часов вечера или в какой-нибудь статье запрещалась плотская любовь, то это было для него ясно, определённо; запрещено — и баста. В разрешении же и позволении скрывался для него всегда элемент сомнительный, что-то недосказанное и смутное. Когда в городе разрешали драматический кружок, или читальню, или чайную, то он покачивал головой и говорил тихо:

— Оно, конечно, так-то так, всё это прекрасно, да как бы чего не вышло.

Всякого рода нарушения, уклонения, отступления от правил приводили его в уныние, хотя, казалось бы, какое ему дело? Если кто из товарищей опаздывал на молебен, или доходили слухи о какой-нибудь проказе гимназистов, или видели классную даму поздно вечером с офицером, то он очень волновался и всё говорил, как бы чего не вышло. А на педагогических советах он просто угнетал нас своею осторожностью, мнительностью и своими чисто футлярными соображениями насчёт того, что вот-де в мужской и женской гимназиях молодёжь ведёт себя дурно, очень шумит в классах, — ах, как бы не дошло до начальства, ах, как бы чего не вышло, — и что если б из второго класса исключить Петрова, а из четвёртого — Егорова, то было бы очень хорошо.

---

1. "Man," in Greek.

И что же? Своими вздо́хами, нытьём, свои́ми тёмными очка́ми на бле́дном, ма́леньком лице́, — зна́ете, ма́леньком лице́, как у хорька́, — он дави́л нас всех, и мы уступа́ли, сбавля́ли Петро́ву и Его́рову балл по поведе́нию, сажа́ли их под аре́ст и в конце́ концо́в исключа́ли и Петро́ва и Его́рова. Бы́ло у него́ стра́нное обыкнове́ние — ходи́ть по на́шим кварти́рам. Придёт к учи́телю, ся́дет и молчи́т, и как бу́дто что́-то высма́тривает. Посиди́т э́так, мо́лча, час-друго́й и уйдёт. Это называ́лось у него́ «подде́рживать до́брые отноше́ния с това́рищами», и, очеви́дно, ходи́ть к нам и сиде́ть бы́ло для него́ тяжело́, и ходи́л он к нам то́лько потому́, что счита́л э́то свое́ю това́рищескою обя́занностью. Мы, учителя́, боя́лись его́. И да́же дире́ктор боя́лся. Вот поди́те же, на́ши учителя́ наро́д всё мы́слящий, глубоко́ поря́дочный, воспи́танный на Тургѐневе[2] и Щедринѐ,[3] одна́ко же э́тот челове́чек, ходи́вший всегда́ в кало́шах и с зо́нтиком, держа́л в рука́х всю гимна́зию це́лых пятна́дцать лет! Да что гимна́зию? Весь го́род! На́ши да́мы по суббо́там дома́шних спекта́клей не устра́ивали, боя́лись, как бы он не узна́л; и духове́нство стесня́лось при нём ку́шать скоро́мное и игра́ть в ка́рты. Под влия́нием таки́х люде́й, как Бе́ликов, за после́дние де́сять — пятна́дцать лет в на́шем го́роде ста́ли боя́ться всего́. Боя́тся гро́мко говори́ть, посыла́ть пи́сьма, знако́миться, чита́ть кни́ги, боя́тся помога́ть бе́дным, учи́ть гра́моте . . .

Ива́н Ива́ныч, жела́я что́-то сказа́ть, ка́шлянул, но снача́ла закури́л тру́бку, погляде́л на луну́ и пото́м уже́ сказа́л с расстано́вкой:

— Да. Мы́слящие, поря́дочные, чита́ют и Щедрина́, и Тургѐнева, ра́зных там Бо́клей[4] и про́чее, а вот подчини́лись же, терпе́ли . . . То́-то вот оно́ и есть.

— Бе́ликов жил в том же до́ме, где и я, — продолжа́л Бу́ркин, — в том же этаже́, дверь про́тив две́ри, мы ча́сто ви́делись, и я знал его́ дома́шнюю жизнь. И до́ма та же исто́рия: хала́т, колпа́к, ста́вни, задви́жки, це́лый ряд вся́ких запреще́ний, ограниче́ний, и — ах, как бы чего́ не вы́шло! По́стное есть вре́дно, а скоро́мное нельзя́, так как, пожа́луй, ска́жут, что Бе́ликов не исполня́ет посто́в, и он ел судака́ на коро́вьем ма́сле — пи́ща не по́стная, но и нельзя́ сказа́ть чтобы скоро́мная. Же́нской прислу́ги он не держа́л из стра́ха, что́бы о нём не ду́мали ду́рно, а держа́л

2. I. S. Turgenev, 1818–1883, Russian novelist.   3. M. E. Saltykov-Shchedrin, 1826–1889, Russian satirist.   4. H. T. Buckle, 1821–862, English historian.

пóвара Афанáсия, старикá лет шестúдесяти, нетрéзвого и полоýмного, котóрый когдá-то служúл в денщикáх и умéл кóе-кáк стрáпать. Этот Афанáсий стоя́л обыкновéнно у двéри, скрестúв рýки, и всегдá бормотáл однó и то же с глубóким вздóхом:

— Мнóго уж *их* нýнче развелóсь!

Спáльня у Бéликова былá мáленькая, тóчно я́щик, кровáть былá с пóлогом. Ложáсь спать, он укрывáлся с головóй; бы́ло жáрко, дýшно, в закры́тые двéри стучáлся вéтер, в пéчке гудéло; слы́шались вздóхи из кýхни, вздóхи зловéщие . . .

И емý бы́ло стрáшно под одея́лом. Он боя́лся, как бы чегó не вы́шло, как бы егó не зарéзал Афанáсий, как бы не забралúсь вóры, и потóм всю ночь вúдел тревóжные сны, а ýтром, когдá мы вмéсте шли в гимнáзию, был скýчен, блéден, и бы́ло вúдно, что многолю́дная гимнáзия, в котóрую он шёл, былá страшнá, протúвна всемý существý егó и что идтú ря́дом со мной емý, человéку по натýре одинóкому, бы́ло тя́жко.

— Очень уж шумя́т у нас в клáссах, — говорúл он, как бы старáясь отыскáть объяснéние своемý тяжёлому чýвству. — Ни на что не похóже.

И э́тот учúтель грéческого языкá, э́тот человéк в футля́ре, мóжете себé предстáвить, едвá не женúлся.

Ивáн Ивáныч бы́стро оглянýлся в сарáй и сказáл:

— Шýтите!

— Да, едвá не женúлся, как э́то ни стрáнно. Назнáчили к нам нóвого учúтеля истóрии и геогрáфии, нéкоего Ковалéнка, Михáйла Сáввича, из хохлóв.[5] Приéхал он не одúн, а с сестрóй Вáренькой. Он молодóй, высóкий, смýглый, с громáдными рукáми, и по лицý вúдно, что говорúт бáсом, и в сáмом дéле, гóлос как из бóчки: бу-бу-бу . . . А онá ужé не молодáя, лет тридцатú, но тóже высóкая, стрóйная, чернобрóвая, краснощёкая, — однúм слóвом, не девúца, а мармелáд, и такáя разбитнáя, шýмная, всё поёт малороссúйские ромáнсы и хохóчет. Чуть что, так и зальётся голосúстым смéхом: ха-ха-ха! Пéрвое, основáтельное знакóмство с Ковалéнками у нас, пóмню, произошлó на именúнах у дирéктора. Средú сурóвых, напряжённо скýчных педагóгов, котóрые и на именúны-то хóдят по обя́занности, вдруг вúдим, нóвая Афродúта возродúлась из пéны: хóдит подбочéнясь, хохóчет, поёт, пля́шет. . . Онá спéла с чýвством «Вúют вúтры»,[6] потóм ещё ромáнс,

---

5. Colloquial: of Ukrainian origin.   6. Ukrainian folk song "The Winds Are Blowing."

и ещё, и всех нас очаровала, — всех, даже Беликова. Он подсел к ней и сказал, сладко улыбаясь:

— Малороссийский[7] язык своею нежностью и приятною звучностью напоминает древнегреческий.

Это польстило ей, и она стала рассказывать ему с чувством и убедительно, что в Гадячском уезде у неё есть хутор, а на хуторе живёт мамочка, и там такие груши, такие дыни, такие кабаки! У хохлов тыквы называются кабаками, а кабаки шинками, и варят у них борщ с красненькими и с синенькими[8] «такой вкусный, такой вкусный, что просто — ужас!».

Слушали мы, слушали, и вдруг всех нас осенила одна и та же мысль.

— А хорошо бы их поженить, — тихо сказала мне директорша.

Мы все почему-то вспомнили, что наш Беликов не женат, и нам теперь казалось странным, что мы до сих пор как-то не замечали, совершенно упускали из виду такую важную подробность в его жизни. Как вообще он относится к женщине, как он решает для себя этот насущный вопрос? Раньше это не интересовало нас вовсе; быть может, мы не допускали даже и мысли, что человек, который во всякую погоду ходит в калошах и спит под пологом, может любить.

— Ему давно уже за сорок, а ей тридцать . . . — пояснила свою мысль директорша. — Мне кажется, она бы за него пошла.

Чего только не делается у нас в провинции от скуки, сколько ненужного, вздорного! И это потому, что совсем не делается то, что нужно. Ну, вот, к чему нам вдруг понадобилось женить этого Беликова, которого даже и вообразить нельзя было женатым? Директорша, инспекторша и все наши гимназические дамы ожили, даже похорошели, точно вдруг увидели цель жизни. Директорша берёт в театре ложу и смотрим — в её ложе сидит Варенька с этаким веером, сияющая, счастливая, и рядом с ней Беликов, маленький, скрюченный, точно его из дому клещами вытащили. Я даю вечеринку, и дамы требуют, чтобы я непременно пригласил и Беликова и Вареньку. Одним словом, заработала машина. Оказалось, что Варенька не прочь была замуж. Жить ей у брата было не очень-то весело, только и знали, что по целым дням спорили и ругались. Вот вам сцена: идёт Коваленко по улице, высокий, здоровый верзила, в вышитой сорочке, чуб из-под

---

7. Little-Russian or Ukrainian.    8. "With tomatoes and eggplant."

фура́жки па́дает на лоб; в одно́й руке́ па́чка книг, в друго́й то́лстая сукова́тая па́лка. За ним идёт сестра́, то́же с кни́гами.

— Да ты же, Миха́йлик, э́того не чита́л! — спо́рит она́ гро́мко. — Я же тебе́ говорю́, кляну́сь, ты не чита́л же э́того во́все!

— А я тебе́ говорю́, что чита́л! — кричи́т Ковале́нко, гремя́ па́лкой по тротуа́ру.

— Ах же, Бо́же ж мой, Ми́нчик! Чего́ же ты се́рдишься, ведь у нас же разгово́р принципиа́льный.

— А я тебе́ говорю́, что я чита́л! — кричи́т ещё гро́мче Ковале́нко.

А до́ма, как кто посторо́нний, так и перепа́лка. Така́я жизнь, вероя́тно, наску́чила, хоте́лось своего́ угла́, да и во́зраст приня́ть во внима́ние: тут уж перебира́ть не́когда, вы́йдешь за кого́ уго́дно, да́же за учи́теля гре́ческого языка́. И то сказа́ть, для большинства́ на́ших ба́рышень за кого́ ни вы́йти, лишь бы вы́йти. Как бы ни́ было, Ва́ренька ста́ла ока́зывать на́шему Бе́ликову я́вную благоскло́нность.

А Бе́ликов? Он и к Ковале́нку ходи́л так же, как к нам. Придёт к нему́, ся́дет и молчи́т. Он молчи́т, а Ва́ренька поёт ему́ «Ви́ют ви́тры», и́ли гляди́т на него́ заду́мчиво свои́ми тёмными глаза́ми, и́ли вдруг зальётся:

— Ха-ха-ха!

В любо́вных дела́х, а осо́бенно в жени́тьбе, внуше́ние игра́ет большу́ю роль. Все — и това́рищи и да́мы — ста́ли уверя́ть Бе́ликова, что он до́лжен жени́ться, что ему́ ничего́ бо́льше не остаётся в жи́зни, как жени́ться; все мы поздравля́ли его́, говори́ли с ва́жными ли́цами ра́зные по́шлости, вро́де того́-де, что брак есть шаг серьёзный; к тому́ же Ва́ренька была́ не дурна́ собо́й, интере́сна, она́ была́ дочь ста́тского сове́тника и име́ла ху́тор, а гла́вное, э́то была́ пе́рвая же́нщина, кото́рая отнесла́сь к нему́ ла́сково, серде́чно, — голова́ у него́ закружи́лась, и он реши́л, что ему́ в са́мом де́ле ну́жно жени́ться.

— Вот тут бы и отобра́ть у него́ кало́ши и зо́нтик, — проговори́л Ива́н Ива́ныч.

— Предста́вьте, э́то оказа́лось невозмо́жным. Он поста́вил у себя́ на столе́ портре́т Ва́реньки и всё ходи́л ко мне и говори́л о Ва́реньке, о семе́йной жи́зни, о том, что брак есть шаг серьёзный, ча́сто быва́л у Ковале́нков, но о́браза жи́зни не измени́л ни ско́лько. Да́же наоборо́т, реше́ние жени́ться поде́йствовало на него́ ка́к-то боле́зненно, он похуде́л, побледне́л и, каза́лось, ещё глу́бже ушёл в свой футля́р.

— Варва́ра Са́ввишна мне нра́вится, — говори́л он мне со слабой кривóй улы́бочкой, — и я зна́ю, жени́ться необходи́мо ка́ждому челове́ку, но . . . всё э́то, зна́ете ли, произошло́ ка́к-то вдруг . . . На́до поду́мать.

— Что же тут ду́мать? — говорю́ ему́. — Жени́тесь, вот и всё.

— Нет, жени́тьба — шаг серьёзный, на́до снача́ла взве́сить предстоя́щие обя́занности, отве́тственность . . . чтобы пото́м чего не вы́шло. Это меня́ так беспоко́ит, я тепе́рь все но́чи не сплю. И, призна́ться, я бою́сь: у неё с бра́том како́й-то стра́нный о́браз мы́слей, рассужда́ют они́ ка́к-то, зна́ете ли, стра́нно, и хара́ктер о́чень бо́йкий. Же́нишься, а пото́м чего до́брого попадёшь в каку́ю-нибудь исто́рию.

И он не де́лал предложе́ния, всё откла́дывал, к вели́кой доса́де дире́кторши и всех на́ших дам; всё взве́шивал предстоя́щие обя́занности и отве́тственность и ме́жду тем почти́ ка́ждый день гуля́л с Ва́ренькой, быть мо́жет ду́мал, что э́то так ну́жно в его́ положе́нии, и приходи́л ко мне, чтобы поговори́ть о семе́йной жи́зни. И, по всей вероя́тности, в конце́ концо́в он сде́лал бы предложе́ние и соверши́лся бы оди́н из тех нену́жных, глу́пых бра́ков, каки́х у нас от ску́ки и от не́чего де́лать соверша́ются ты́сячи, е́сли бы вдруг не произошёл kolossalische Scandal.[9] Ну́жно сказа́ть, что брат Ва́реньки, Ковале́нко, возненави́дел Бе́ликова с пе́рвого же дня знако́мства и терпе́ть его́ не мог.

— Не понима́ю, — говори́л он нам, пожима́я плеча́ми, — не понима́ю, как вы перева́риваете э́того фиска́ла, э́ту ме́рзкую ро́жу. Эх, господа́, как вы мо́жете тут жить! Атмосфе́ра у вас удуша́ющая, пога́ная. Ра́зве вы педаго́ги, учителя́? Вы чино-дра́лы,[10] у вас не храм нау́ки, а упра́ва благочи́ния,[11] и кисля́ти-ной воня́ет, как в полице́йской бу́дке. Нет, бра́тцы, поживу́ с ва́ми ещё немно́го и уе́ду к себе́ на ху́тор, и бу́ду там ра́ков лови́ть и хохля́т учи́ть. Уе́ду, а вы остава́йтесь тут со свои́м Иу́дой, неха́й вин ло́пне.[12]

Или он хохота́л, хохота́л до слёз то ба́сом, то то́нким пискля́вым го́лосом и спра́шивал меня́, разводя́ рука́ми:

— Шо он у меня́ сиди́ть?[13] Шо ему́ на́до?[14] Сиди́ть и смо́трить.[15]

---

9. German: "a great scandal." 10. Colloquial: "petty functionaries." 11. A kind of police station. 12. Ukrainian: "let him drop dead." 13. Ukrainian: "Why has he come?" 14. Ukrainian: "what does he want?" 15. Ukrainian: "he sits and stares."

Он даже название дал Беликову «глитай абож паук».[16] И, понятно, мы избегали говорить с ним о том, что сестра его Варенька собирается за «абож паука». И когда однажды директорша намекнула ему, что хорошо бы пристроить его сестру за такого солидного, всеми уважаемого человека, как Беликов, то он нахмурился и проворчал:

— Не моё это дело. Пускай она выходит хоть за гадюку, а я не люблю в чужие дела мешаться.

Теперь слушайте, что дальше. Какой-то проказник нарисовал карикатуру: идёт Беликов в калошах, в подсученных брюках, под зонтом, и с ним под руку Варенька; внизу подпись: «Влюблённый антропос». Выражение схвачено, понимаете ли, удивительно. Художник, должно быть, проработал не одну ночь, так как все учителя мужской и женской гимназий, учителя семинарии, чиновники — все получили по экземпляру. Получил и Беликов. Карикатура произвела на него самое тяжёлое впечатление.

Выходим мы вместе из дому, — это было как раз первое мая, воскресенье, и мы все, учителя и гимназисты, условились сойтись у гимназии и потом вместе идти пешком за город в рощу, — выходим мы, а он зелёный, мрачнее тучи.

— Какие есть нехорошие, злые люди! — проговорил он, и губы у него задрожали.

Мне даже жалко его стало. Идём и вдруг, можете себе представить, катит на велосипеде Коваленко, а за ним Варенька, тоже на велосипеде, красная, заморенная, но весёлая, радостная.

— А мы, — кричит она, — вперёд едем! Уже ж такая хорошая погода, такая хорошая, что просто ужас!

И скрылись оба. Мой Беликов из зелёного стал белым и точно оцепенел. Остановился и смотрит на меня . . .

— Позвольте, что же это такое? — спросил он. — Или, быть может, меня обманывает зрение? Разве преподавателям гимназии и женщинам прилично ездить на велосипеде?

— Что же тут неприличного? — сказал я. — И пусть катаются себе на здоровье.

— Да как же можно? — крикнул он, изумляясь моему спокойствию. — Что вы говорите?!

И он был так поражён, что не захотел идти дальше и вернулся домой.

---

16. Ukrainian: "kulak or spider."

На другой день он всё время нервно потирал руки и вздрагивал, и было видно по лицу, что ему нехорошо. И с занятий ушёл, что случилось с ним первый раз в жизни. И не обедал. А под вечер оделся потеплее, хотя на дворе стояла совсем летняя погода, и поплёлся к Коваленкам. Вареньки не было дома, застал он только брата.

— Садитесь, покорнейше прошу, — проговорил Коваленко холодно и нахмурил брови: лицо у него было заспанное, он только что отдыхал после обеда и был сильно не в духе.

Беликов посидел молча минут десять и начал:

— Я к вам пришёл, чтоб облегчить душу. Мне очень, очень тяжело. Какой-то пасквилянт нарисовал в смешном виде меня и ещё одну особу, нам обоим близкую. Считаю долгом уверить вас, что я тут ни при чём . . . Я не подавал никакого повода к такой насмешке, — напротив же, всё время вёл себя как вполне порядочный человек.

Коваленко сидел, надувшись, и молчал. Беликов подождал немного и продолжал тихо, печальным голосом:

— И ещё я имею кое-что сказать вам. Я давно служу, вы же только ещё начинаете службу, и я считаю долгом, как старший товарищ, предостеречь вас. Вы катаетесь на велосипеде, а эта забава совершенно неприлична для воспитателя юношества.

— Почему же? — спросил Коваленко басом.

— Да разве тут надо ещё объяснять, Михаил Саввич, разве это не понятно? Если учитель едет на велосипеде, то что же остаётся ученикам? Им остаётся только ходить на головах! И раз это не разрешено циркулярно, то и нельзя. Я вчера ужаснулся! Когда я увидел вашу сестрицу, то у меня помутилось в глазах. Женщина или девушка на велосипеде — это ужасно!

— Что же, собственно, вам угодно?

— Мне угодно только одно — предостеречь вас, Михаил Саввич. Вы — человек молодой, у вас впереди будущее, надо вести себя очень, очень осторожно, вы же так манкируете, ох, как манкируете! Вы ходите в вышитой сорочке, постоянно на улице с какими-то книгами, а теперь вот ещё велосипед. О том, что вы и ваша сестрица катаетесь на велосипеде, узнает директор, потом дойдёт до попечителя . . . Что же хорошего?

— Что я и сестра катаемся на велосипеде, никому нет до этого дела! — сказал Коваленко и побагровел. — А кто будет вме́шиваться в мои́ дома́шние и семе́йные дела́, того́ я пошлю́ к чертя́м соба́чьим.[17]

Бе́ликов побледне́л и встал.

— Е́сли вы говори́те со мной таки́м то́ном, то я не могу́ продолжа́ть, — сказа́л он. — И прошу́ вас никогда́ так не выража́ться в моём прису́тствии о нача́льниках. Вы должны́ с уваже́нием относи́ться к властя́м.

— А ра́зве я говори́л что дурно́е про власте́й? — спроси́л Ковале́нко, гля́дя на него́ со зло́бой. — Пожа́луйста, оста́вьте меня́ в поко́е. Я че́стный челове́к и с таки́м господи́ном, как вы, не жела́ю разгова́ривать. Я не люблю́ фиска́лов.

Бе́ликов не́рвно засуети́лся и стал одева́ться бы́стро, с выраже́нием у́жаса на лице́. Ведь э́то пе́рвый раз в жи́зни он слы́шал таки́е гру́бости.

— Мо́жете говори́ть, что вам уго́дно, — сказа́л он, выходя́ из пере́дней на площа́дку ле́стницы. — Я до́лжен то́лько предупреди́ть вас: мо́жет, нас слы́шал кто́-нибудь, и что́бы не перетолкова́ли на́шего разгово́ра и чего́-нибудь не вы́шло, я до́лжен бу́ду доложи́ть господи́ну дире́ктору содержа́ние на́шего разгово́ра... в гла́вных черта́х. Я обя́зан э́то сде́лать.

— Доложи́ть? Ступа́й докла́дывай!

Ковале́нко схвати́л его́ сза́ди за воротни́к и пихну́л, и Бе́ликов покати́лся вниз по ле́стнице, гремя́ свои́ми кало́шами. Ле́стница была́ высо́кая, крута́я, но он докати́лся до́низу благополу́чно, встал и потро́гал себя́ за́ нос: це́лы ли очки́? Но как раз в то вре́мя, когда́ он кати́лся по ле́стнице, вошла́ Ва́ренька и с не́ю две да́мы; они́ стоя́ли внизу́ и гляде́ли — и для Бе́ликова э́то бы́ло ужа́снее всего́. Лу́чше бы, ка́жется, слома́ть себе́ ше́ю, о́бе но́ги, чем стать посме́шищем: ведь тепе́рь узна́ет весь го́род, дойдёт до дире́ктора, попечи́теля, — ах, как бы чего́ не вы́шло! — нарису́ют но́вую карикату́ру, и ко́нчится всё э́то тем, что прика́жут пода́ть в отста́вку...

Когда́ он подня́лся, Ва́ренька узна́ла его́ и, гля́дя на его́ смешно́е лицо́, помя́тое пальто́, кало́ши, не понима́я, в чём де́ло, полага́я, что э́то он упа́л сам неча́янно, не удержа́лась и захохота́ла на весь дом:

— Ха-ха-ха!

И э́тим раска́тистым, зали́вчатым «ха-ха-ха» заверши́лось всё: и сватовство́ и земно́е существова́ние Бе́ликова. Уже́ он не

---

17. Colloquial: "to hell" (literally, "to the dogs' devils").

слышал, что говорила Варенька, и ничего не видел. Вернувшись к себе домой, он прежде всего убрал со стола портрет, а потом лёг и уже больше не вставал.

Дня через три пришёл ко мне Афанасий и спросил, не надо ли послать за доктором, так как-де с барином что-то делается. Я пошёл к Беликову. Он лежал под пологом, укрытый одеялом, и молчал: спросишь его, а он только да или нет — и больше ни звука. Он лежит, а возле бродит Афанасий, мрачный, нахмуренный, и вздыхает глубоко; а от него водкой, как из кабака.

Через месяц Беликов умер. Хоронили мы его все, то есть обе гимназии и семинария. Теперь, когда он лежал в гробу, выражение у него было кроткое, приятное, даже весёлое, точно он был рад, что наконец его положили в футляр, из которого он уже никогда не выйдет. Да, он достиг своего идеала! И как бы в честь его, во время похорон была пасмурная, дождливая погода, и все мы были в калошах и с зонтами. Варенька тоже была на похоронах и, когда гроб опускали в могилу, всплакнула. Я заметил, что хохлушки[18] только плачут или хохочут, среднего же настроения у них не бывает.

Признаюсь, хоронить таких людей, как Беликов, это большое удовольствие. Когда мы возвращались с кладбища, то у нас были скромные, постные физиономии; никому не хотелось обнаружить этого чувства удовольствия — чувства, похожего на то, какое мы испытывали давно-давно, ещё в детстве, когда старшие уезжали из дому, и мы бегали по саду час-другой, наслаждаясь полною свободой. Ах, свобода, свобода! Даже намёк, даже слабая надежда на её возможность даёт душе крылья, не правда ли?

Вернулись мы с кладбища в добром расположении. Но прошло не больше недели, и жизнь потекла по-прежнему, такая же суровая, утомительная, бестолковая, жизнь, не запрещённая циркулярно, но и не разрешённая вполне; не стало лучше. И в самом деле, Беликова похоронили, а сколько ещё таких человеков в футляре осталось, сколько их ещё будет!

— То-то вот оно и есть, — сказал Иван Иваныч и закурил трубку.

— Сколько их ещё будет! — повторил Буркин.

Учитель гимназии вышел из сарая. Это был человек небольшого роста, толстый, совершенно лысый, с чёрной бородой чуть не по пояс; и с ним вышли две собаки.

---

18. Colloquial: Ukrainian woman.

— Луна́-то, луна́! — сказа́л он, гля́дя вверх.

Была́ уже́ по́лночь. Напра́во ви́дно бы́ло всё село́, дли́нная у́лица тяну́лась далеко́, вёрст на́ пять. Всё бы́ло погружено́ в ти́хий, глубо́кий сон; ни движе́ния, ни зву́ка, да́же не ве́рится, что в приро́де мо́жет быть так ти́хо. Когда́ в лу́нную ночь ви́дишь широ́кую се́льскую у́лицу с её и́збами, стога́ми, усну́вшими и́вами, то на душе́ стано́вится ти́хо; в э́том своём поко́е, укры́вшись в ночны́х те́нях от трудо́в, забо́т и го́ря, она́ кротка́, печа́льна, прекра́сна, и ка́жется, что и звёзды смо́трят на неё ла́сково и с умиле́нием и что зла уже́ нет на земле́ и всё благополу́чно. Нале́во с кра́я села́ начина́лось по́ле; оно́ бы́ло ви́дно далеко́, до горизо́нта, и во всю ширь э́того по́ля, за́литого лу́нным све́том, то́же ни движе́ния, ни зву́ка.

— То́-то вот оно́ и есть, — повтори́л Ива́н Ива́ныч. — А ра́зве то, что мы живём в го́роде в духоте́, в тесноте́, пи́шем нену́жные бума́ги, игра́ем в винт — ра́зве э́то не футля́р? А то, что мы прово́дим всю жизнь среди́ безде́льников, сутя́г, глу́пых, пра́здных же́нщин, говори́м и слу́шаем ра́зный вздор — ра́зве э́то не футля́р? Вот, е́сли жела́ете, то я расскажу́ вам одну́ о́чень поучи́тельную исто́рию.

— Нет, уж пора́ спать, –- сказа́л Бу́ркин. — До за́втра.

Оба пошли́ в сара́й и легли́ на се́не. И уже́ о́ба укры́лись и задрема́ли, как вдруг послы́шались лёгкие шаги́: туп, туп . . . Кто́-то ходи́л недалеко́ от сара́я; пройдёт немно́го и остано́вится, а че́рез мину́ту опя́ть: туп, туп . . . Соба́ки заворча́ли.

— Э́то Ма́вра хо́дит, — сказа́л Бу́ркин.

Шаги́ зати́хли.

— Ви́деть и слы́шать, как лгут, — проговори́л Ива́н Ива́ныч, повора́чиваясь на друго́й бок, — и тебя́ же называ́ют дурако́м за то, что ты те́рпишь э́ту ложь; сноси́ть оби́ды, униже́ния, не сметь откры́то заяви́ть, что ты на стороне́ че́стных, свобо́дных люде́й, и самому́ лгать, улыба́ться, и всё э́то из-за куска́ хле́ба, из-за тёплого угла́, из-за како́го-нибудь чини́шка,[19] кото́рому грош цена́, — нет, бо́льше жить так невозмо́жно!

— Ну, уж э́то вы из друго́й о́перы, Ива́н Ива́ныч, — сказа́л учи́тель. — Дава́йте спать.

И мину́т че́рез де́сять Бу́ркин уже́ спал. А Ива́н Ива́ныч всё воро́чался с бо́ку на́ бок и вздыха́л, а пото́м встал, опя́ть вы́шел нару́жу и, се́вши у двере́й, закури́л тру́бочку.

---

19. Colloquial: "petty rank."

### Вопро́сы для обсужде́ния в кла́ссе

1. Как зва́ли охо́тников и где они́ ночева́ли? 2. Каки́е они́ расска́зывали исто́рии? 3. Что сказа́л Бу́ркин о таки́х лю́дях, как Ма́вра? 4. Кто тако́й Бе́ликов и чем он был замеча́телен? 5. Как относи́лся Бе́ликов к действи́тельности? 6. Что то́лько бы́ло я́сно Бе́ликову? 7. Как и о чём говори́л Бе́ликов на педагоги́ческих сове́тах? 8. Како́е у него́ бы́ло обыкнове́ние? 9. Како́е влия́ние ока́зывал Бе́ликов на жи́телей го́рода? 10. Где и как жил Бе́ликов? 11. Чего́ он всегда́ боя́лся? 12. Кого́ назна́чили но́вым учи́телем? 13. Кто така́я была́ Ва́ренька? 14. Где и как произошло́ знако́мство Бе́ликова с Ва́ренькой? 15. Како́е впечатле́ние произвела́ Ва́ренька на Бе́ликова? 16. О чём она́ ему́ расска́зывала? 17. Кака́я мысль вдруг всех осени́ла? 18. Что де́лали да́мы и учителя́, что́бы жени́ть Бе́ликова? 19. Почему́ Ва́ренька была́ гото́ва вы́йти за́муж? 20. Как ста́ла относи́ться Ва́ренька к Бе́ликову? 21. В чём ста́ли уверя́ть Бе́ликова това́рищи и да́мы? 22. К како́му заключе́нию пришёл Бе́ликов? 23. Измени́л ли Бе́ликов о́браз жи́зни, реши́в жени́ться? 24. Како́е собы́тие расстро́ило предполага́емый брак? 25. Как относи́лся Ковале́нко к Бе́ликову? 26. Как вы́глядела карикату́ра и како́е впечатле́ние она́ произвела́ на Бе́ликова? 27. Что сказа́л Бе́ликов, уви́дя Ковале́нков на велосипе́дах? 28. Как держа́л себя́ Бе́ликов на друго́й день? 29. Куда́ отпра́вился Бе́ликов и как он был при́нят? 30. О чём он хоте́л предостере́чь Ковале́нко? 31. Что отве́тил Ковале́нко Бе́ликову? 32. Как око́нчился визи́т Бе́ликова к Ковале́нко? 33. Кто ви́дел сце́ну на ле́стнице? 34. Как у́мер Бе́ликов? 35. Как он вы́глядел в гробу́? 36. Како́е чу́вство испы́тывали возвраща́ющиеся с похоро́н? 37. До́лго ли продолжа́лось до́брое настрое́ние в го́роде? 38. Что сказа́л Ива́н Ива́ныч о футля́ре в жи́зни челове́ка? 39. К како́му заключе́нию пришёл Ива́н Ива́ныч?

## Тёмы для письменных работ

1. О чём говорили охотники и что рассказал один из них о Беликове и его наружности? 2. Как относился Беликов к действительности и чего он всегда боялся? 3. Какое влияние оказывал Беликов на учителей гимназии и на жителей города? 4. Как выглядела домашняя жизнь Беликова? 5. Опишите приезд Коваленко с сестрой и знакомство Беликова с Варенькой. 6. Попытки женить Беликова на Вареньке и его отношение к этому. 7. История с карикатурой и встреча Беликова с Коваленко и Варенькой на велосипедах. 8. Опишите визит Беликова к Коваленко, о чём они говорили и чем это кончилось. 9. Как умер Беликов, и что все почувствовали после его смерти? 10. Какая основная мысль этого рассказа?

# Максим Горький

(1868–1936)

Максим Горький (Алексей Максимович Пешков) родился в 1868 году в Нижнем Новгороде (теперь это город Горький) в семье ремесленника.

Горький рано потерял отца и мать и воспитывался в семье деда, но уже с восьмилетнего возраста должен был работать, чтобы прокормить себя. Сперва он работал в обувном магазине, затем у чертёжника, иконописца, мыл посуду на волжском пароходе, был разносчиком, пекарем и наконец стал писателем. Горький рано пристрастился к чтению, и книги были его «университетами». В 1892 году был напечатан первый его рассказ «Макар Чудра», а в 1895 году второй рассказ — «Челкаш», обративший на себя внимание читателей.

После напечатания «Челкаша», Горький стал писать для лучших журналов России и быстро завоевал популярность не только на родине, но и за границей. Его пьесы «На дне» и «Мещане» в постановке Московского Художественного театра пользовались большим успехом у зрителей.

В 1898 году вышла первая книга рассказов Горького.

В 1905 году Горький уехал за границу и, побывав в Скандинавии, Италии и США, в 1907 году поселился на острове Капри; в 1913 году вернулся в Россию.

После Октябрьской революции он стал на сторону новой власти и играл большую роль в создании советской литературы.

По состоя́нию здоро́вья Го́рький в 1921 году́ сно́ва
уе́хал на Ка́при, но в 1929 году́ верну́лся в СССР, где
жил до свое́й сме́рти в 1936 году́.

Гла́вные произведе́ния Го́рького сле́дующие: «Де́т-
ство», «В лю́дях», «Мои́ университе́ты», рома́ны «Мать»,
«Фома́ Горде́ев», «Матве́й Кожемя́кин», «Жизнь Кли́ма
Са́мгина» и «Де́ло Артамо́новых».

Оди́н из его́ ра́нних расска́зов — «Одна́жды
о́сенью» — помещён в э́том сбо́рнике.

# ОДНА́ЖДЫ О́СЕНЬЮ

. . . Одна́жды о́сенью мне привело́сь стать в о́чень неприя́тное и неудо́бное положе́ние: в го́роде, куда́ я то́лько что прие́хал и где у меня́ не́ было ни одного́ знако́мого челове́ка, — я очути́лся без гроша́ в карма́не и без кварти́ры.

Прода́в в пе́рвые дни всё то из костю́ма, без чего́ мо́жно бы́ло обойти́сь, я ушёл из го́рода в ме́стность, называ́емую «Устье», где стоя́ли парохо́дные при́стани, и в навигацио́нное вре́мя кипе́ла бо́йкая трудова́я жизнь, а тепе́рь бы́ло пусты́нно и ти́хо — де́ло происходи́ло в после́дних чи́слах октября́.

Шлёпая нога́ми по сыро́му песку́ и упо́рно разгля́дывая его́ с жела́нием откры́ть в нём каки́е-нибудь оста́тки пита́тельных веще́ств, я броди́л одино́ко среди́ пусты́нных зда́ний и торго́вых ларе́й и ду́мал о том, как хорошо́ быть сы́тым . . .

При да́нном состоя́нии культу́ры го́лод души́ мо́жно удовлетвори́ть скоре́е, чем го́лод те́ла. Вы бро́дите по у́лицам, вас окружа́ют зда́ния, недурны́е по вне́шности и — мо́жно безоши́бочно сказа́ть — неду́рно обста́вленные внутри́, — э́то мо́жет возбуди́ть у вас отра́дные мы́сли об архитекту́ре, о гигие́не и ещё о мно́гом друго́м, му́дром и высо́ком; вам встреча́ются удо́бно и тепло́ оде́тые лю́ди, — они́ ве́жливы, всегда́ сторона́тся от вас, делика́тно не жела́я замеча́ть печа́льного фа́кта ва́шего существова́ния. Ей-Бо́гу, душа́ голо́дного челове́ка всегда́ пита́ется лу́чше и здоро́вее души́ сы́того, — вот положе́ние, из кото́рого мо́жно сде́лать о́чень остроу́мный вы́вод в по́льзу сы́тых! . .

. . . Наступа́л ве́чер, шёл дождь, с се́вера поры́висто дул ве́тер. Он свисте́л в пусты́х ларя́х и лавчёнках, бил в заколо́ченные доска́ми о́кна гости́ниц, и во́лны реки́ от его́ уда́ров пе́нились, шу́мно плеска́лись на песо́к бе́рега, высоко́ взме́тывая свои́ бе́лые хребты́, несли́сь одна́ за друго́й в му́тную даль, стреми́тельно пры́гая друг че́рез дру́га . . . Каза́лось, что река́ чу́вствовала бли́зость зимы́ и в стра́хе бежа́ла куда́-то от око́в льда, кото́рые мог в э́ту же ночь набро́сить на неё се́верный ве́тер. Не́бо тяжело́ и мра́чно, с него́ неуста́нно сы́пались е́ле ви́дные гла́зом ка́пельки дождя́, печа́льную эле́гию в приро́де вокру́г меня́ подчёркивали две обло́манные и уро́дливые ветлы́ и опроки́нутая вверх дном ло́дка у их корне́й.

Опроки́нутый чёлн с проло́мленным дном и огра́бленные холо́дным ве́тром дере́вья, жа́лкие и ста́рые . . . Всё круго́м

разру́шено, беспло́дно и мертво́, а не́бо то́чит неиссяка́емые слёзы.[1]
Пусты́нно и мра́чно бы́ло вокру́г — каза́лось, всё умира́ет, ско́ро оста́нусь в живы́х я оди́н, и меня́ то́же ждёт холо́дная смерть.

А мне тогда́ бы́ло семна́дцать лет — хоро́шая пора́!

Я ходи́л, ходи́л по холо́дному и сы́рому песку́, выбива́я зуба́ми тре́ли в честь го́лода и хо́лода, и вдруг, в тще́тных по́исках съестно́го зайдя́ за оди́н из ларе́й, — увида́л за ним ско́рченную на земле́ фигу́ру в же́нском пла́тье, мо́кром от дождя́ и пло́тно приста́вшем к склонённым плеча́м. Останови́вшись над ней, я присмотре́лся, что она́ де́лала? Оказа́лось, она́ ро́ет рука́ми я́му в песке́, подка́пываясь под оди́н из ларе́й.

— Это заче́м тебе́? — спроси́л я, приса́живаясь на ко́рточки о́коло неё.

Она́ ти́хо вскри́кнула и бы́стро вскочи́ла на́ ноги. Тепе́рь, когда́ она́ стоя́ла и смотре́ла на меня́ широко́ раскры́тыми се́рыми глаза́ми, по́лными боя́зни, — я ви́дел, что э́то де́вушка мои́х лет, с о́чень милови́дным ли́чиком, к сожале́нию, укра́шенным тремя́ больши́ми синяка́ми. Это его́ по́ртило, хотя́ синяки́ бы́ли располо́жены с замеча́тельной пропорциона́льностью — по одному́, ра́вной величины́, под глаза́ми и оди́н — побо́льше — на лбу, как раз над перено́сицей. В э́той симметри́и была́ видна́ рабо́та арти́ста, о́чень изощри́вшегося в де́ле по́рчи челове́ческих физионо́мий.

Де́вушка смотре́ла на меня́, и боя́знь в её глаза́х постепе́нно га́сла . . . Вот она́ отряхну́ла ру́ки от песка́, попра́вила си́тцевый плато́к на голове́, поёжилась и сказа́ла:

— Ты, чай, то́же есть хо́чешь? . . Ну́-ка, рой, — у меня́ ру́ки уста́ли. Там, — она́ кивну́ла голово́й на ларь, — наве́рно хлеб есть . . . Этот ларь торгу́ет ещё . . .

Я стал рыть. Она́ же, немно́го подожда́в и посмотре́в на меня́, присе́ла ря́дом и ста́ла помога́ть мне . . .

Мы рабо́тали мо́лча. Я не могу́ сказа́ть тепе́рь, по́мнил ли я в э́тот моме́нт об уголо́вном ко́дексе, о мора́ли, со́бственности и про́чих веща́х, о кото́рых, по мне́нию све́дущих люде́й, сле́дует по́мнить во все моме́нты жи́зни. Жела́я быть возмо́жно бли́же к и́стине, я до́лжен призна́ться, — ка́жется, я был насто́лько углублён в де́ло подко́па под ларь, что соверше́нно позабы́л о всём про́чем, кро́ме того́, что могло́ оказа́ться в э́том ларе́ . . .

Вечере́ло. Тьма — сыра́я, мо́зглая, холо́дная — всё бо́лее сгуща́лась вокру́г нас. Во́лны шуме́ли как бу́дто глу́ше, чем

---

1. "And the sky shed inexhaustible tears."

ра́ньше, а дождь бараба́нил о до́ски ларя́ всё звучне́е и ча́ще . . .
Где́-то уж продребезжа́ла трещо́тка ночно́го сто́рожа . . .

— Есть у него́ пол и́ли нет ? — ти́хо спроси́ла моя́ помо́щница.
Я не по́нял, о чём она́ говори́т, и промолча́л.

— Я говорю́ — есть пол у ларя́ ? Ко́ли есть, так мы напра́сно
лома́емся. Подро́ем я́му, — а там, мо́жет, то́лстые до́ски ещё . . .
Как их отдерёшь ? Лу́чше замо́к слома́ть . . . замо́к пло́хенький.

Хоро́шие иде́и ре́дко посеща́ют го́ловы же́нщин; но, как вы
ви́дите, они́ всё-таки посеща́ют их . . . Я всегда́ цени́л хоро́-
шие иде́и и всегда́ стара́лся по́льзоваться и́ми по ме́ре возмо́ж-
ности.

Найдя́ замо́к, я дёрнул его́ и вы́рвал вме́сте с ко́льцами . . .
Моя́ соуча́стница мгнове́нно изогну́лась и змее́й вильну́ла в
откры́вшееся четырёхуго́льное отве́рстие ларя́. Отту́да разда́лся
её одобри́тельный во́зглас.

— Молоде́ц !

Одна́ ма́ленькая похвала́ же́нщины для меня́ доро́же це́лого
дифира́мба со стороны́ мужчи́ны, будь мужчи́на сей красноречи́в,
как все дре́вние ора́торы, взя́тые вме́сте. Но тогда́ я был настро́ен
ме́нее любе́зно, чем тепе́рь, и, не обрати́в внима́ния на комплиме́нт
де́вушки, кра́тко и со стра́хом спроси́л её:

— Есть что́-нибудь ?

Она́ моното́нно приняла́сь перечисля́ть мне свои́ откры́тия.

— Корзи́на с буты́лками . . . Мешки́ пусты́е . . . Зо́нтик . . .
Ведро́ желе́зное.

Всё э́то бы́ло не съедо́бно. Я почу́вствовал, что мои́ наде́жды
га́снут . . . Но вдруг она́ оживлённо кри́кнула:

— Ага́ ! вот он . . .

— Кто ?

— Хлеб . . . Корова́й . . . То́лько мо́крый . . . Держи́ !

К нога́м мои́м вы́катился корова́й и за ним она́, моя́ до́блест-
ная соуча́стница. Я уже́ отломи́л кусо́чек, засу́нул его́ в рот и
жева́л.

— Ну́-ка, дай мне . . . Да отсю́да на́до и уходи́ть. Куда́
бы нам идти́ ? — Она́ пытли́во посмотре́ла во тьму́ на все четы́ре
стороны́ . . . Бы́ло темно́, мо́кро, шу́мно . . .

— Вон там ло́дка опроки́нута . . . айда́-ка туда́ ?

— Идём ! — И мы пошли́, обла́мывая на ходу́ на́шу добы́чу и
набива́я е́ю рты . . . Дождь уси́ливался, река́ реве́ла, отку́да-то
доноси́лся протя́жный насме́шливый свисто́к, — то́чно не́кто боль-
шо́й и никого́ не боя́щийся осви́стывал все земны́е поря́дки, и

этот скверный осенний вечер, и нас, двух его героев . . . Сердце болезненно ныло от этого свиста; тем не менее я жадно ел, в чём мне не уступала и девушка, шедшая с левой стороны от меня.

— Как тебя зовут? — зачем-то спросил я её.

— Наташа! — отвечала она, звучно чавкая.

Я посмотрел на неё — у меня больно сжалось сердце, я посмотрел во тьму впереди меня и — мне показалось, что ироническая рожа моей судьбы улыбается мне загадочно и холодно . . .

. . . По дереву лодки неугомонно стучал дождь, мягкий шум его наводил на грустные мысли, и ветер свистел, влетая в проломленное дно — в щель, где билась какая-то щепочка. билась и трещала беспокойным и жалобным звуком. Волны реки плескались о берег, они звучали так монотонно и безнадёжно, точно рассказывали о чём-то, невыносимо скучном и тяжёлом, надоевшем им до отвращения, о чём-то таком, от чего им хотелось бы убежать и о чём всё-таки необходимо говорить. Шум дождя сливался с их плеском, и над опрокинутой лодкой плавал протяжный, тяжёлый вздох земли, обиженной и утомлённой этими вечными сменами яркого и тёплого лета — осенью холодной, туманной и сырой. Ветер носился над пустынным берегом и вспененной рекой, носился и пел унылые песни . . .

Помещение под лодкой было лишено комфорта: в нём было тесно, сыро, в пробитое дно сыпались мелкие, холодные капли дождя, врывались струи ветра . . . Мы сидели молча и дрожали от холода. Мне хотелось спать, помню. Наташа прислонилась спиной к борту лодки, скорчившись в маленький комок. Обняв руками колени и положив на них подбородок, она упорно смотрела на реку, широко раскрыв свои глаза — на белом пятне её лица они казались громадными от синяков под ними. Она не двигалась, эта неподвижность и молчание — я чувствовал — постепенно родит во мне страх пред моей соседкой . . . Мне хотелось заговорить с ней, но я не знал, с чего начать.

Она заговорила сама.

— Экая окаянная жизнь! . . — внятно, раздельно, с глубоким убеждением в тоне произнесла она.

Но это не была жалоба. В этих словах было слишком много равнодушия для жалобы. Просто человек подумал, как умел, подумал и пришёл к известному выводу, который и высказал вслух и на который я не мог возразить, не противореча себе.

Поэтому я молчал. А она, как бы не замечая, продолжала сидеть неподвижно.

— Хоть бы сдохнуть, что ли ... — снова проговорила Наташа, на этот раз тихо и задумчиво. И снова в её словах не звучало ни одной ноты жалобы. Видно было, что человек, подумав про жизнь, посмотрел на себя и спокойно пришёл к убеждению, что для охранения себя от издевательств жизни он не в состоянии сделать что-либо другое, кроме того, как именно — «сдохнуть».

Мне стало невыразимо тошно от такой ясности мышления, и я чувствовал, что если буду молчать ещё, то наверное заплачу ... А это было бы стыдно пред женщиной, тем более, что вот — она не плакала. Я решил заговорить с ней.

— Кто это тебя избил? — спросил я, не придумав ничего умнее.

— Да всё Пашка же ... — ровно и громко ответила она.

— А он кто? ..

— Любовник ... Булочник один ...

— Часто он тебя бьёт? ..

— Как напьётся, так и бьёт ...

И вдруг, придвинувшись ко мне, она начала рассказывать о себе, Пашке и существующих между ними отношениях. Она — «девица из гуляющих,[2] которые» ... а он — булочник с рыжими усами и очень хорошо играет на гармонике. Ходил он к ней в «заведение» и ей очень понравился, потому что человек он весёлый и одевается чисто. Поддёвка в пятнадцать рублей и сапоги с «набором»[3] у него ... По этим причинам она в него влюбилась, и он стал её «кредитным».[4] А когда он стал её «кредитным», то занялся тем, что отбирал у неё те деньги, которые ей давали другие гости на конфеты, и, напиваясь на эти деньги, стал бить её, — это бы ещё ничего — а стал «путаться» с другими девицами на её глазах ...

— Али[5] это мне не обидно? Я не хуже других прочих ... Значит, это он издевается надо мной, подлец. Третьего дня я вот отпросилась у хозяйки гулять, пришла к нему, а у него Дунька пьяная сидит ... И он тоже под шефе.[6] Я говорю ему: «подлец ты, подлец! жулик ты!» Он избил меня всю. И пинками, и за волосы — всячески ...Это бы ещё ничего. А вот порвал всю ... это как теперь? Как я к хозяйке явлюсь? Всё порвал: и платье и

---

2. Colloquial: a prostitute.  3. Colloquial: boots with fancy tops.  4. Slang: pimp.  5. Substandard for или.  6. Slang: somewhat drunk (high).

кофточку — но́венькая ещё совсе́м . . . и плато́к сдёрнул с головы́ . . . Го́споди! Как мне тепе́рь быть? — вдруг взвы́ла она́ тоску́ющим, надо́рванным го́лосом.

И ве́тер выл, становя́сь всё кре́пче и холодне́е . . . У меня́ сно́ва зу́бы приняли́сь танцева́ть. А она́ то́же ёжилась от хо́лода, придви́нувшись насто́лько бли́зко ко мне, что я уже́ ви́дел сквозь тьму блеск её глаз . . .

— Каки́е все вы мерза́вцы, мужчи́ны! Растопта́ла бы я вас всех, изуве́чила. Издыха́й кото́рый из вас . . . плю́нула бы в мо́рду ему́, а не пожале́ла! По́длые ха́ри! . . Каню́чите, каню́чите, виля́ете хвосто́м, как по́длые соба́ки, а подда́стся вам ду́ра, и гото́во де́ло! Сейча́с вы её и по́д ноги себе́ . . . Шемато́ны[7] парши́вые . . .

Руга́лась она́ о́чень разнообра́зно, но в руга́тельствах её не́ было си́лы: ни зло́бы, ни не́нависти к «парши́вым шемато́нам» не слы́шал я в них. Вообще́ тон её ре́чи был несоотве́тственно содержа́нию споко́ен и го́лос гру́стно бе́ден но́тами.

Но всё э́то де́йствовало на меня́ сильне́е са́мых красноречи́вых и убеди́тельных пессимисти́ческих книг и рече́й, кото́рые я слы́шал нема́ло и ра́ньше, и поздне́е, и по сей день слы́шу и чита́ю. И э́то потому́, ви́дите ли, что аго́ния умира́ющего всегда́ гора́здо есте́ственнее и сильне́е са́мых то́чных и худо́жественных описа́ний сме́рти.

Мне бы́ло скве́рно, — наве́рное, бо́льше от хо́лода, чем от рече́й мое́й сосе́дки по кварти́ре. Я тихо́нько застона́л и заскрипе́л зуба́ми.

И почти́ в то же мгнове́ние ощути́л на себе́ две холо́дные ма́ленькие руки́, — одна́ из них косну́лась мое́й ше́и, друга́я легла́ мне на лицо́ и вме́сте с тем прозвуча́л трево́жный ти́хий ла́сковый вопро́с:

— Ты что?

Я гото́в был поду́мать, что э́то спра́шивает меня́ кто́-то друго́й, а не Ната́ша, то́лько что заяви́вшая, что все мужчи́ны мерза́вцы, и жела́вшая всем им ги́бели. Но она́ заговори́ла уже́ бы́стро и торопли́во . . .

— Что ты? а? Хо́лодно, что ли? Смерза́ешь?[8] Ах ты како́й! Сиди́т и молчи́т . . . как сыч! Да ты бы давно́ сказа́л мне, что хо́лодно, мол . . .[9] Ну . . . ложи́сь на зе́млю . . . протя́гивайся и

---

7. Slang: miserable loafers.   8. Substandard for замерза́ешь.   9. Colloquial: a particle used to indicate quoted speech.

я ля́гу . . . вот! Тепе́рь обнима́й меня́ рука́ми . . . кре́пче . . .
Ну вот, и должно́ быть тебе́ тепло́ тепе́рь . . . А пото́м — спи́нами
друг к дру́гу ля́жем . . . Ка́к-нибудь скорота́ем но́чь-то . . . Ты
что, за́пил, что ли ? С ме́ста прогна́ли ? . . Ничего́ ! . .

Она́ меня́ утеша́ла . . . Она́ меня́ ободря́ла . . .

Будь я три́жды про́клят! — Ско́лько бы́ло иро́нии надо мно́й
в э́том фа́кте! Поду́майте! — Ведь я в то вре́мя был серьёзно оза-
бо́чен су́дьбами челове́чества, мечта́л о реоргани́зации социа́льного
стро́я, о полити́ческих переворо́тах, чита́л ра́зные дья́вольски-
му́дрые кни́ги, глубина́ мы́сли кото́рых, наве́рное, недосяга́ема
была́ да́же для а́второв их, — я в то вре́мя вся́чески стара́лся
пригото́вить из себя́ «кру́пную акти́вную си́лу». И меня́-то
согрева́ла свои́м те́лом прода́жная же́нщина, несча́стное, изби́тое,
за́гнанное существо́, кото́рому нет ме́ста в жи́зни и нет цены́, и
кото́рому я не догада́лся помо́чь ра́ньше, чем она́ мне помогла́, а
е́сли б и догада́лся, то едва́ ли бы суме́л помо́чь ей чём-либо.

Ах, я гото́в был поду́мать, что всё э́то происхо́дит со мно́й во
сне, в неле́пом сне, в тяжёлом сне . . .

Но, увы́ ! мне нельзя́ бы́ло э́того ду́мать, и́бо на меня́ сы́пались
холо́дные ка́пли дождя́, кре́пко к мое́й груди́ прижима́лась
грудь же́нщины, в лицо́ мне ве́яло её тёплое дыха́ние, хотя́ и с
лёгоньким буке́том во́дки . . .[10] но — тако́е живи́тельное . . . Выл
и стона́л ве́тер, стуча́л до́ждь о ло́дку, плеска́лись во́лны, и о́ба
мы, кре́пко сжима́я друг дру́га, всё-таки дрожа́ли от хо́лода. Всё
э́то бы́ло вполне́ реа́льно, и я уве́рен, никто́ не вида́л тако́го
тяжёлого и скве́рного сна, как э́та действи́тельность.

А Ната́ша всё говори́ла о чём-то, говори́ла так ла́сково и
уча́стливо, как то́лько же́нщины мо́гут говори́ть. Под влия́нием
её рече́й, наи́вных и ла́сковых, внутри́ меня́ ти́хо зате́плился
не́кий огонёк, и от него́ что́-то раста́яло в моём се́рдце.

Тогда́ из мои́х глаз гра́дом полили́сь слёзы, смы́вшие с се́рдца
моего́ мно́го зло́бы, тоски́, глу́пости и гря́зи, накипе́вшей на нём
пред э́той но́чью . . . Ната́ша же угова́ривала меня́:

— Ну, по́лно, ми́ленький, не реви́! По́лно! Бог даст, попра́-
вишься, опя́ть на ме́сто посту́пишь . . . и всё тако́е . . .

И всё целова́ла меня́. Мно́го, без счёта, горячо́ . . .

Э́то бы́ли пе́рвые же́нские поцелу́и, преподнесённые мне
жи́знью, и э́то бы́ли лу́чшие поцелу́и, и́бо все после́дующие
стра́шно до́рого сто́или и почти́ ничего́ не дава́ли мне.

---

10. "With the delicate aroma of vodka."

— Ну, не реви́ же, чуда́к! Я тебя́ за́втра устро́ю, ко́ли тебе́ не́куда дева́ться . . . — как сквозь сон слы́шал я ти́хий, убеди́тельный шо́пот.

. . . До рассве́та мы лежа́ли в объя́тиях друг дру́га . . .

А когда́ рассвело́, вы́лезли из-под ло́дки и пошли́ в го́род . . . Пото́м дру́жески прости́лись и бо́лее не встреча́лись никогда́, хотя́ я с полго́да разы́скивал по всем трущо́бам э́ту ми́лую Ната́шу, с кото́рой провёл опи́санную мно́ю ночь, одна́жды о́сенью . . .

Е́сли она́ уже́ умерла́ — как э́то хорошо́ для неё! — в ми́ре да почиет![11] А е́сли жива́ — мир душе́ её! Да не проснётся в душе́ её созна́ние паде́ния . . . и́бо э́то бы́ло бы страда́нием изли́шним и беспло́дным для жи́зни . . .

### Вопро́сы для обсужде́ния в кла́ссе

1. В како́м положе́нии очути́лся а́втор одна́жды о́сенью? 2. Что иска́л а́втор, бродя́ по при́стани? 3. Что ду́мал а́втор о голо́дных и сы́тых? 4. Кого́ уви́дел а́втор о́коло одного́ из ларе́й? 5. Что де́лала де́вушка? 6. Как вы́глядела де́вушка и ско́лько ей бы́ло лет? 7. Что предложи́ла де́вушка а́втору? 8. Како́й ва́жный вопро́с задала́ де́вушка и что она́ предложи́ла сде́лать? 9. Что нашла́ де́вушка в ларе́? 10. Куда́ пошли́ де́вушка и а́втор? 11. Как зва́ли де́вушку? 12. Кака́я была́ пого́да, и как чу́вствовали себя́ Ната́ша и а́втор под ло́дкой? 13. О чём и как заговори́ла Ната́ша? 14. Что рассказа́ла Ната́ша о себе́ и Па́шке? 15. Что бы́ло оби́дно Ната́ше и почему́ она́ запла́кала? 16. Как отзыва́лась о мужчи́нах Ната́ша? 17. Что порази́ло а́втора в слова́х Ната́ши? 18. Кака́я переме́на произошла́ в Ната́ше, когда́ а́втор застона́л? 19. Как хоте́ла согре́ть Ната́ша а́втора? 20. О чём ду́мал а́втор и в чём он ви́дел иро́нию судьбы́? 21. Как говори́ла Ната́ша, стара́ясь успоко́ить а́втора? 22. Что случи́лось с а́втором под влия́нием рече́й Ната́ши? 23. Что сказа́л а́втор о поцелу́ях Ната́ши? 24. Как расста́лись Ната́ша и а́втор? 25. Что сказа́л а́втор в заключе́ние о Ната́ше?

---

11. Church Slavonic: "may she rest in peace."

### Тéмы для пи́сьменных рабо́т

1. В како́м положе́нии очути́лся а́втор одна́жды о́сенью?
2. Опиши́те встре́чу а́втора с Ната́шей и добы́чу хле́ба. 3. Что рассказа́ла Ната́ша о себе́ и свое́й жи́зни? 4. Как Ната́ша стара́лась согре́ть и успоко́ить а́втора и како́е впечатле́ние произвели́ на него́ её слова́? 5. Ва́ше мне́ние об э́том расска́зе.

## Иван Алексеевич Бунин

(1870–1953)

Иван Алексеевич Бунин родился в 1870 году в городе Воронеже в семье небогатого помещика; после окончания гимназии, он поступил в Московский университет.

Бунин много путешествовал по России и за границей; побывал в Европе, Азии и Африке.

После революции 1917 года Бунин эмигрировал во Францию, где и прожил до конца своей жизни. Умер в Париже в 1953 году.

Начиная с 1892 года, в печати стали появляться короткие рассказы Бунина. За первый сборник стихов «Листопад» он получил в 1903 году Пушкинскую премию.

В 1909 году Бунин был избран членом Российской Академии наук.

Бунин был не только поэтом и писателем, но и замечательным переводчиком Байрона, Теннисона и Лонгфелло.

В 1933 году Бунину была присуждена Нобелевская премия по литературе, и таким образом Бунин стал первым русским писателем, удостоившимся этой чести.

Самое большое произведение Бунина — его автобиографический роман «Жизнь Арсеньева». Он написал ещё прекрасный рассказ «Господин из Сан-Франциско», повести: «Деревня», «Дело корнета Елагина», «Митина любовь» и сборник рассказов «Тёмные аллеи».

Бу́нин — оди́н из лу́чших стили́стов в ру́сской литерату́ре. Его́ стиль отлича́ется я́сностью, то́чностью и чистото́й. Бу́ниным напи́сано ещё мно́го коро́тких расска́зов, основна́я те́ма кото́рых — любо́вь и смерть. Расска́з «Лёгкое дыха́ние», помещённый в э́том сбо́рнике, типи́чен в э́том отноше́нии.

# ЛЁГКОЕ ДЫХА́НИЕ

На кла́дбище, над све́жей гли́няной на́сыпью стои́т но́вый крест из ду́ба, кре́пкий, тяжёлый, гла́дкий.

Апре́ль, дни се́рые; па́мятники кла́дбища, просто́рного, уе́здного, ещё далеко́ видны́ сквозь го́лые дере́вья, и холо́дный ве́тер звени́т и звени́т фарфо́ровым венко́м у подно́жия креста́.

В са́мый же крест вде́лан дово́льно большо́й, вы́пуклый фарфо́ровый медалько́н, а в медалько́не — фотографи́ческий портре́т гимнази́стки с ра́достными, поразительно живы́ми глаза́ми.

Это Оля Меще́рская.

Де́вочкой она́ ниче́м не выделя́лась в толпе́ кори́чневых гимнази́ческих пла́тьиц: что мо́жно бы́ло сказа́ть о ней, кро́ме того́, что она́ из числа́ хоро́шеньких, бога́тых и счастли́вых де́вочек, что она́ спосо́бна, но шаловли́ва и о́чень беспе́чна к тем наставле́ниям, кото́рые ей де́лает кла́ссная да́ма?[1] Зате́м она́ ста́ла расцвета́ть, развива́ться не по дням, а по часа́м.[2] В четы́рнадцать лет у неё, при то́нкой та́лии и стро́йных но́жках, уже́ хорошо́ обрисо́вывались гру́ди и все те фо́рмы, очарова́ние кото́рых ещё никогда́ не вы́разило челове́ческое сло́во; в пятна́дцать она́ слыла́ уже́ краса́вицей. Как тща́тельно причёсывались не́которые её подру́ги, как чистопло́тны бы́ли, как следи́ли за свои́ми сде́ржанными движе́ниями! А она́ ничего́ не боя́лась — ни черни́льных пя́тен на па́льцах, ни раскрасне́вшегося лица́, ни растрёпанных воло́с, ни заголи́вшегося при паде́нии на бегу́ коле́на. Без вся́ких её забо́т и уси́лий и ка́к-то незаме́тно пришло́ к ней всё то, что так отлича́ло её в после́дние два го́да из всей гимна́зии, — изя́щество, наря́дность, ло́вкость, я́сный блеск глаз . . . Никто́ не танцева́л так на бала́х, как Оля Меще́рская, никто́ не бе́гал так на конька́х, как она́, ни за кем на бала́х не уха́живали сто́лько, ско́лько за ней, и почему́-то никого́ не люби́ли так мла́дшие кла́ссы, как её. Незаме́тно ста́ла она́ де́вушкой, и незаме́тно упро́чилась её гимнази́ческая сла́ва, и уже́ пошли́ то́лки, что она́ ве́трена, не мо́жет жить без покло́нников, что в неё безу́мно влюблён гимнази́ст Шеншин, что бу́дто бы и она́ его́ лю́бит, но так изме́нчива в обраще́нии с ним, что он покуша́лся на самоуби́йство . . .

---

1. The teacher in charge of all affairs pertaining to one grade in the old Russian high school. 2. Colloquial: "very rapidly."

Последнюю свою зиму Оля Мещерская совсем сошла с ума от веселья, как говорили в гимназии. Зима была снежная, солнечная, морозная, рано опускалось солнце за высокий ельник снежного гимназического сада, неизменно погожее, лучистое, обещающее и на завтра мороз и солнце, гулянье на Соборной улице, каток в городском саду, розовый вечер, музыку и эту во все стороны скользящую на катке толпу, в которой Оля Мещерская казалась самой беззаботной, самой счастливой. И вот, однажды, на большой перемене, когда она вихрем носилась по сборному залу от гонявшихся за ней и блаженно визжавших первоклассниц, её неожиданно позвали к начальнице. Она с разбегу остановилась, сделала только один глубокий вздох, быстрым и уже привычным женским движением оправила волосы, дёрнула уголки передника к плечам и, сияя глазами, побежала наверх. Начальница, моложавая, но седая, спокойно сидела с вязаньем в руках за письменным столом, под царским портретом.

— Здравствуйте, m-lle Мещерская, — сказала она по-французски, не поднимая глаз от вязанья. — Я, к сожалению, уже не первый раз принуждена призывать вас сюда, чтобы говорить с вами относительно вашего поведения.

— Я слушаю, madame, — ответила Мещерская, подходя к столу, глядя на неё ясно и живо, но без всякого выражения на лице, и присела так легко и грациозно, как только она одна умела.

— Слушать вы меня будете плохо, я, к сожалению, убедилась в этом, — сказала начальница и, потянув нитку и завертев на лакированном полу клубок, на который с любопытством посмотрела Мещерская, подняла глаза: — Я не буду повторяться, не буду говорить пространно, — сказала она.

Мещерской очень нравился этот необыкновенно чистый и большой кабинет, так хорошо дышавший в морозные дни теплом блестящей голландки[3] и свежестью ландышей на письменном столе. Она посмотрела на молодого царя, во весь рост написанного среди какой-то блистательной залы, на ровный пробор в молочных, аккуратно гофрированных волосах начальницы и выжидательно молчала.

— Вы уже не девочка, — многозначительно сказала начальница, втайне начиная раздражаться.

— Да, madame, — просто, почти весело ответила Мещерская.

---

3. "Dutch stove."

— Но и не жéнщина, — ещё многозначи́тельнее сказáла начáльница, и её мáтовое лицó слегкá заалéло. — Прéжде всегó, — что э́то за причёска? Это жéнская причёска!

— Я не виновáта, madame, что у меня́ хорóшие вóлосы, — отвéтила Мещéрская и чуть трóнула обéими рукáми свою́ краси́во у́бранную гóлову.

— Ах, вот как, вы не виновáты! — сказáла начáльница. — Вы не виновáты в причёске, не виновáты в э́тих дороги́х гребня́х, не виновáты, что разоря́ете свои́х роди́телей на ту́фельки в двáдцать рублéй! Но, повторя́ю вам, вы совершéнно упускáете и́з виду,[4] что вы покá тóлько гимнази́стка . . .

И тут Мещéрская, не теря́я простоты́ и спокóйствия, вдруг вéжливо переби́ла её:

— Прости́те, madame, вы ошибáетесь: я жéнщина. И винóват в э́том — знáете кто? Друг и сосéд пáпы, а ваш брат Алексéй Михáйлович Малю́тин. Это случи́лось прóшлым лéтом в дерéвне . . .

А чéрез мéсяц пóсле э́того разговóра казáчий офицéр, некраси́вый и плебéйского ви́да, не имéвший рóвно ничегó óбщего с тем кру́гом, к котóрому принадлежáла Оля Мещéрская, застрели́л её на платфóрме вокзáла, среди́ большóй толпы́ нарóда, тóлько что прибы́вшей с пóезда. И невероя́тное, ошеломи́вшее начáльницу призна́ние Оли Мещéрской совершéнно подтверди́лось: офицéр заяви́л судéбному слéдователю, что Мещéрская завлеклá егó, былá с ним близкá, поклялáсь быть егó женóй, а на вокзáле, в день уби́йства, провожáя егó в Новочеркáсск, вдруг сказáла ему́, что онá и не ду́мала никогдá люби́ть егó, что все э́ти разговóры о брáке — однó её издевáтельство над ним, и далá ему́ прочéсть ту страни́чку дневникá, где говори́лось о Малю́тине.

— Я пробежáл э́ти стрóки и тут же, на платфóрме, где онá гуля́ла, поджидáя, покá я кóнчу читáть, вы́стрелил в неё, — сказáл офицéр. — Дневни́к э́тот вот он, взгляни́те, что бы́ло напи́сано в нём деся́того ию́ля прóшлого гóда.

В дневникé бы́ло напи́сано слéдующее:

«Сейчáс вторóй час нóчи. Я крéпко заснýла, но тóтчас же проснýлась . . . Ны́нче я стáла жéнщиной! Пáпа, мáма и Тóля, все уéхали в гóрод, я остáлась однá. Я былá так счáстлива, что однá! Я у́тром гуля́ла в садý, в пóле, былá в лесý, мне казáлось, что

_____

4. "Losing sight of the fact."

106

я одна во всём мире, и я думала так хорошо, как никогда в жизни. Я и обедала одна, потом целый час играла, под музыку у меня было такое чувство, что я буду жить без конца и буду так счастлива, как никто. Потом заснула у папы в кабинете, а в четыре часа меня разбудила Катя, сказала, что приехал Алексей Михайлович. Я ему очень обрадовалась, мне было так приятно принять его и занимать. Он приехал на паре своих вяток,[5] очень красивых, и они всё время стояли у крыльца, он остался, потому что был дождь, и ему хотелось, чтобы к вечеру просохло. Он жалел, что не застал папу, был очень оживлён и держал себя со мной кавалером, много шутил, что он давно влюблён в меня. Когда мы гуляли перед чаем по саду, была опять прелестная погода, солнце блестело через весь мокрый сад, хотя стало совсем холодно, и он вёл меня под руку и говорил, что он Фауст с Маргаритой. Ему пятьдесят шесть лет, но он ещё очень красив и всегда хорошо одет — мне не понравилось только, что он приехал в крылатке,[6] — пахнет английским одеколоном, и глаза совсем молодые, чёрные, а борода изящно разделена на две длинные части и совершенно серебряная. За чаем мы сидели на стеклянной веранде, я почувствовала себя как будто нездоровой и прилегла на тахту, а он курил, потом пересел ко мне, стал опять говорить какие-то любезности, потом рассматривать и целовать мою руку. Я закрыла лицо шёлковым платком, и он несколько раз поцеловал меня в губы через платок . . . Я не понимаю, как это могло случиться, я сошла с ума, я никогда не думала, что я такая! Теперь мне один выход . . . Я чувствую к нему такое отвращение, что не могу пережить этого! . .»

Город за эти апрельские дни стал чист, сух, камни его побелели, и по ним легко и приятно идти. Каждое воскресенье, после обедни, по Соборной улице, ведущей к выезду из города, направляется маленькая женщина в трауре, в чёрных лайковых перчатках, с зонтиком из чёрного дерева. Она переходит по шоссе грязную площадь, где много закопчённых кузниц и свежо дует полевой воздух; дальше, между мужским монастырём и острогом, белеет облачный склон неба и сереет весеннее поле, а потом, когда проберёшься среди луж под стеной монастыря и повернёшь налево, увидишь как бы большой низкий сад, обнесённый белой оградой, над воротами которой написано

---

5. A Russian breed of horses.   6. "A cape."

Успе́ние Бо́жией Ма́тери. [7] Ма́ленькая же́нщина ме́лко кре́стится [8] и привы́чно идёт по гла́вной алле́е. Дойдя́ до скамьи́ про́тив дубо́вого креста́, она́ сиди́т на ветру́ и на весе́ннем хо́лоде час, два, пока́ совсе́м не зазя́бнут её но́ги в лёгких боти́нках и рука́ в у́зкой ла́йке. [9] Слу́шая весе́нних птиц, сла́дко пою́щих и в хо́лод, слу́шая звон ве́тра в фарфо́ровом венке́, она́ ду́мает иногда́, что отдала́ бы полжи́зни, лишь бы не́ было пе́ред её глаза́ми э́того мёртвого венка́. Э́тот вено́к, э́тот буго́р, дубо́вый крест! Возмо́жно ли, что под ним та, чьи глаза́ так бессме́ртно сия́ют из э́того вы́пуклого фарфо́рового медальо́на на кресте́, и как совмести́ть с э́тим чи́стым взгля́дом то ужа́сное, что соединено́ тепе́рь с и́менем Оли Меще́рской? — Но в глубине́ души́ ма́ленькая же́нщина сча́стлива, как все пре́данные како́й-нибудь стра́стной мечте́ лю́ди.

Же́нщина э́та — кла́ссная да́ма Оли Меще́рской, немолода́я де́вушка, давно́ живу́щая како́й-нибудь вы́думкой, заменя́ющей ей действи́тельную жизнь. Сперва́ тако́й вы́думкой был её брат, бе́дный и ниче́м не замеча́тельный пра́порщик, — она́ соедини́ла всю свою́ ду́шу с ним, с его́ бу́дущностью, кото́рая почему́-то представля́лась ей блестя́щей. Когда́ его́ уби́ли под Мукде́ном, она убежда́ла себя́, что она́ — иде́йная тру́женица. Смерть Оли Меще́рской плени́ла её но́вой мечто́й. Тепе́рь Оля Меще́рская — предме́т её неотсту́пных дум и чувств. Она́ хо́дит на её моги́лу ка́ждый пра́здник, по часа́м не спуска́ет глаз с дубо́вого креста́, вспомина́ет бле́дное ли́чико Оли Меще́рской в гробу́, среди́ цвето́в — и то, что одна́жды подслу́шала: одна́жды, на большо́й переме́не, [10] гуля́я по гимнази́ческому са́ду, Оля Меще́рская бы́стро, бы́стро говори́ла свое́й люби́мой подру́ге, по́лной, высо́кой Суббо́тиной:

—Я в одно́й па́пиной кни́ге, — у него́ мно́го стари́нных, смешны́х книг, — прочла́, кака́я красота́ должна́ быть у же́нщины... Там, понима́ешь, сто́лько наска́зано, что всего́ не упо́мнишь: ну, коне́чно, чёрные, кипя́щие смоло́й глаза́, [11] — ей-Бо́гу, так и напи́сано: кипя́щие смоло́й! — чёрные, как ночь, ресни́цы, не́жно игра́ющий румя́нец, то́нкий стан, длинне́е обыкнове́нного ру́ки, — понима́ешь, длинне́е обыкнове́нного! — ма́ленькая но́жка, в ме́ру больша́я грудь, пра́вильно округлённая

---

7. "Assumption of the Holy Virgin." 8. "Crosses herself rapidly." 9. Soft leather glove. 10. The midday break from classes in the Russian high school. 11. "Eyes like boiling pitch."

икра́, коле́на цве́та ра́ковины, пока́тые пле́чи, — я мно́гое почти́ наизу́сть вы́учила, так всё э́то ве́рно! — но гла́вное, зна́ешь ли что? — Лёгкое дыха́ние! А ведь оно́ у меня́ есть, — ты послу́шай, как я вздыха́ю, — ведь пра́вда, есть?

Тепе́рь э́то лёгкое дыха́ние сно́ва рассе́ялось в ми́ре, в э́том о́блачном не́бе, в э́том холо́дном весе́ннем ве́тре.

### Вопро́сы для обсужде́ния в кла́ссе

1. Как вы́глядела моги́ла Оли Меще́рской? 2. Что мо́жно бы́ло сказа́ть об Оле, когда́ она́ была́ де́вочкой? 3. Кака́я переме́на произошла́ с ней, когда́ она́ ста́ла де́вушкой? 4. Каки́е ходи́ли о ней слу́хи? 5. Как проводи́ла Оля свою́ после́днюю зи́му? 6. К кому́ её одна́жды позва́ли? 7. Как вы́глядела нача́льница и что она сказа́ла Оле? 8. Что нра́вилось Оле в кабине́те нача́льницы? 9. Что критикова́ла нача́льница в Оле? 10. Что вдруг заяви́ла Оля нача́льнице? 11. Что случи́лось на вокза́ле че́рез ме́сяц? 12. Како́е заявле́ние сде́лал каза́чий офице́р суде́бному сле́дователю? 13. Каку́ю страни́цу дневника́ дала́ Оля прочесть офице́ру? 14. В како́м настрое́нии была́ Оля, и кто прие́хал к её отцу́? 15. Что изве́стно об Алексе́е Миха́йловиче и что он говори́л Оле в э́тот день? 16. Чем конча́ется за́пись в дневнике́? 17. Кто хо́дит на моги́лу Оли ка́ждое воскресе́нье? 18. Каки́ми мечта́ми жила́ кла́ссная да́ма? 19. Како́й разгово́р одна́жды подслу́шала кла́ссная да́ма? 20. Что расска́зывала Оля свое́й подру́ге Суббо́тиной?

### Те́мы для пи́сьменных рабо́т

1. Что вы зна́ете о гимнази́ческой жи́зни Оли Меще́рской? 2. Опиши́те разгово́р нача́льницы с Олей Меще́рской и происше́ствие на вокза́ле. 3. Что записа́ла в своём дневнике́ Оля Меще́рская 10-го июля? 4. Кто и почему́ ча́сто посеща́ет моги́лу Оли Меще́рской? 5. Како́й разгово́р одна́жды подслу́шала кла́ссная да́ма?

## Алекса́ндр Ива́нович Купри́н

(1870–1938)

Алекса́ндр Ива́нович Купри́н роди́лся в семье́ чино́вника в Наровча́те, небольшо́м городке́ Пе́нзенской губе́рнии, в 1870 году́. Когда́ Куприну́ бы́ло два го́да, оте́ц его́ у́мер, и воспита́нием ма́льчика заняла́сь мать, оказа́вшая большо́е влия́ние на бу́дущего писа́теля.

Око́нчив ю́нкерское учи́лище в Москве́, Купри́н стал офице́ром и прослужи́в не́сколько лет, по́дал в отста́вку.

В свое́й автобиогра́фии Купри́н перечисля́ет все профе́ссии, кото́рыми он занима́лся, вы́йдя из а́рмии: был репортёром, писа́л в провинциа́льных газе́тах, был управля́ющим, псало́мщиком, землеме́ром, заводски́м рабо́чим и так да́лее.

По́сле револю́ции Купри́н уе́хал из Росси́и и жил в Пари́же. В 1937 году́, больно́й и ста́рый, он верну́лся в Москву́, где и у́мер в 1938 году́.

Свой пе́рвый расска́з Купри́н напеча́тал ещё в ю́нкерском учи́лище. Бо́лее по́здние расска́зы и рома́ны, как «Моло́х» и «Поеди́нок», принесли́ писа́телю заслу́женную сла́ву. Он написа́л ещё автобиографи́ческий рома́н «Ю́нкера», рома́н «Пра́порщик арме́йский» и таки́е произведе́ния, как: «Я́ма», «Грана́товый брасле́т», «Штабс-капита́н Ры́бников», «Оле́ся», «Суламифь».

В э́том сбо́рнике помещён его́ расска́з «Allez».

Купри́н — представи́тель ру́сского реали́зма 20 ве́ка. В свои́х произведе́ниях он воспева́ет ра́дость жи́зни, красоту́ приро́ды и теплоту́ челове́ческих чувств.

Купри́н был наблюда́тельным худо́жником, чу́тким к страда́ниям ма́леньких люде́й.

# ALLEZ!

Этот отры́вистый, повели́тельный во́зглас был пе́рвым воспомина́нием mademoiselle Но́ры из её тёмного, однообра́зного, бродя́чего де́тства. Это сло́во ра́ньше всех други́х слов вы́говорил её сла́бый, младе́нческий язычо́к, и всегда́, да́же в сновиде́ниях, вслед за э́тим кри́ком встава́ли в па́мяти Но́ры: хо́лод нето́пленной аре́ны ци́рка, за́пах коню́шни, тяжёлый гало́п ло́шади, сухо́е щёлканье дли́нного бича́ и жгу́чая боль уда́ра, внеза́пно заглуша́ющая мину́тное колеба́ние стра́ха.

— Allez!..

В пусто́м ци́рке темно́ и хо́лодно Ко́е-где́, едва́ проре́завшись сквозь стекля́нный ку́пол, лучи́ зи́мнего со́лнца ложа́тся сла́быми пя́тнами на мали́новый ба́рхат и позоло́ту лож, на щиты́ с ко́нскими голова́ми и на фла́ги, украша́ющие столбы́; они́ игра́ют на ма́товых стёклах электри́ческих фонаре́й и скользя́т по ста́ли турнико́в и трапе́ций там, на стра́шной высоте́, где перепу́тались маши́ны и верёвки. Глаз едва́ различа́ет то́лько пе́рвые ряды́ кре́сел, ме́жду тем как места́ за ло́жами и галере́я совсе́м утону́ли во мра́ке.

Идёт дневна́я рабо́та. Пять и́ли шесть арти́стов в шу́бах и ша́пках сидя́т в кре́слах пе́рвого ря́да о́коло вхо́да в коню́шни и ку́рят воню́чие сига́ры. Посреди́ мане́жа стои́т корена́стый, коротконо́гий мужчи́на с цили́ндром на заты́лке и с чёрными уса́ми, тща́тельно закру́ченными в ни́точку. Он обвя́зывает дли́нную верёвку вокру́г по́яса стоя́щей пе́ред ним кро́шечной пятиле́тней де́вочки, дрожа́щей от волне́ния и сту́жи. Грома́дная бе́лая ло́шадь, кото́рую ко́нюх во́дит вдоль барье́ра, гро́мко фы́ркает, мотая́ вы́гнутой ше́ей, и из её ноздре́й стреми́тельно вылета́ют стру́и бе́лого па́ра. Ка́ждый раз, проходя́ ми́мо челове́ка в цили́ндре, ло́шадь коси́тся на хлыст, торча́щий у него́ из-под мы́шки и трево́жно храпи́т и, пря́дая, влечёт за собо́ю упира́ющегося ко́нюха. Ма́ленькая Но́ра слы́шит за свое́й спино́й её не́рвные движе́ния и дрожи́т ещё бо́льше.

Две мо́щные руки́ обхва́тывают её за та́лию и легко́ взбра́сывают на́ спину ло́шади, на широ́кий ко́жаный матра́ц. Почти́ в тот же моме́нт и сту́лья, и бе́лые столбы́, и ти́ковые занаве́ски у вхо́дов — всё слива́ется в оди́н пёстрый круг, бы́стро бегу́щий навстре́чу ло́шади. Напра́сно ру́ки замира́ют, су́дорожно вцепи́вшись в жёсткую волну́ гри́вы, а глаза́ пло́тно сжима́ются, ослеплённые бе́шеным мелька́нием му́тного кру́га. Мужчи́на в цили́ндре хо́дит внутри́ мане́жа, де́ржит у головы́ ло́шади коне́ц дли́нного бича́ и оглуши́тельно щёлкает им . . .

— Allez! . .

А вот она́, в коро́ткой га́зовой ю́бочке, с обнажёнными худы́ми, полуде́тскими рука́ми, стои́т в электри́ческом све́те под са́мым ку́полом ци́рка на си́льно кача́ющейся трапе́ции. На той же трапе́ции, у ног де́вочки, виси́т вниз голово́ю, уцепи́вшись коле́нами за шта́нгу, друго́й корена́стый мужчи́на, в ро́зовом трико́ с золоты́ми блёстками и бахромо́й, завито́й, напома́женный и жесто́кий. Вот он по́днял кве́рху опу́щенные ру́ки, развёл их, устреми́л в глаза́ Но́ры о́стрый, прице́ливающийся и гипнотизи́рующий взгляд акроба́та и . . . хло́пнул в ладо́ни. Но́ра де́лает бы́строе движе́ние вперёд, чтобы ри́нуться вниз, пря́мо в э́ти си́льные, безжа́лостные ру́ки (о, с каки́м испу́гом вздохну́т сейча́с со́тни зри́телей!), но се́рдце вдруг холоде́ет и перестаёт би́ться от у́жаса, и она́ то́лько кре́пче сти́скивает то́нкие верёвки. Опу́щенные безжа́лостные ру́ки подыма́ются опя́ть, взгляд акроба́та стано́вится ещё напряжённее . . . Простра́нство внизу́, под нога́ми, ка́жется бе́здной.

— Allez! . .

Она́ баланси́рует, едва́ переводя́ дух, на са́мом верху́ «живо́й пирами́ды» из шестеры́х люде́й. Она́ скользи́т, извива́ясь ги́бким, как у змей, те́лом, ме́жду перекла́динами дли́нной бе́лой ле́стницы, кото́рую внизу́ кто-то де́ржит на голове́. Она́ перевёртывается в во́здухе, взбро́шенная наве́рх си́льными и стра́шными, как сталь́ные пружи́ны, нога́ми жонглёра в «икари́йских и́грах». Она́ идёт высоко́ над землёй по то́нкой, дрожа́щей про́волоке, невыноси́мо ре́жущей но́ги . . . И везде́ те же глу́по краси́вые ли́ца, напома́женные пробо́ры, взби́тые ко́ки, закру́ченные усы́, за́пах сига́р и по́тного челове́ческого те́ла, и везде́ всё тот же страх и тот же неизбе́жный, роково́й крик, одина́ковый для люде́й, для лошаде́й и для дрессиро́ванных соба́к:

— Allez! . .

Ей то́лько что мину́ло шестна́дцать лет, и она́ была́ о́чень хороша́ собо́ю, когда́ одна́жды во вре́мя представле́ния она́ сорвала́сь с возду́шного турника́ и, пролете́в ми́мо се́тки, упа́ла на песо́к мане́жа. Её то́тчас же, бесчу́вственную, унесли́ за кули́сы и там, по дре́внему обы́чаю ци́рков, ста́ли изо всех сил трясти́ за пле́чи, что́бы привести́ в себя́. Она́ очну́лась и застона́ла

от бо́ли, кото́рую ей причини́ла вы́вихнутая рука́. «Пу́блика вол-
ну́ется и начина́ет расходи́ться, — говори́ли вокру́г неё, — иди́те
и покажи́тесь пу́блике!..» Она́ послу́шно сложи́ла гу́бы в
привы́чную улы́бку, улы́бку «грацио́зной нае́здницы», но, сде́лав
два шага́, закрича́ла и зашата́лась от невыноси́мого страда́ния.
Тогда́ деся́тки рук подхвати́ли её и наси́льно вы́толкнули за
занаве́ски вхо́да, к пу́блике.

— Allez!..

В э́тот сезо́н в ци́рке «рабо́тал» в ка́честве гастролёра кло́ун
Мено́тти, — не просто́й, дешёвый бедня́га кло́ун, валя́ющийся по
песку́, получа́ющий пощёчины и уме́ющий, ничего́ не е́вши со
вчера́шнего дня, смеши́ть пу́блику це́лый ве́чер неистощи́мыми
шу́тками, — а кло́ун-знамени́тость, пе́рвый со́ло-кло́ун и подра-
жа́тель в све́те, всеми́рно изве́стный дрессиро́вщик, получи́вший
почётные призы́ и так да́лее и так да́лее. Он носи́л на груди́
тяжёлую цепь из золоты́х меда́лей, брал по две́сти рубле́й за
вы́ход, горди́лся тем, что вот уже́ пять лет не надева́ет други́х
костю́мов, кро́ме муа́ровых, неизбе́жно чу́вствовал себя́ по́сле
вечеро́в «разби́тым»[1] и с припо́днятой го́речью говори́л про себя́:
«Да! Мы — шуты́, мы должны́ смеши́ть *сы́тую* пу́блику!» На
аре́не он фальши́во и претенцио́зно пел ста́рые купле́ты, и́ли
деклами́ровал стихи́ своего́ сочине́ния, и́ли продёргивал ду́му[2] и
канализа́цию, что, в о́бщем, производи́ло на пу́блику, привлечён-
ную в цирк бесшаба́шной рекла́мой, впечатле́ние напы́щенного,
ску́чного и неуме́стного кривля́нья. В жи́зни же он име́л вид
то́мно-покрови́тельственный и люби́л с таи́нственным, небре́жным
ви́дом намека́ть на свои́ свя́зи с необыкнове́нно краси́выми,
стра́шно бога́тыми, но соверше́нно наску́чившими ему́ графи́нями.

Когда́, излечи́вшись от вы́виха руки́, Но́ра впервы́е пока-
за́лась в цирк, на у́треннюю репети́цию, Мено́тти задержа́л,
здоро́ваясь, её ру́ку в свое́й, сде́лал уста́ло-вла́жные глаза́ и
рассла́бленным го́лосом спроси́л её о здоро́вье. Она́ смути́лась,
покрасне́ла и отняла́ свою́ ру́ку. Э́тот моме́нт реши́л её у́часть.

Че́рез неде́лю, провожа́я Но́ру с большо́го вече́рнего пред-
ставле́ния, Мено́тти попроси́л её зайти́ с ним поу́жинать в рестора́н
той великоле́пной гости́ницы, где всеми́рно знамени́тый, пе́рвый
со́ло-кло́ун всегда́ остана́вливался.

Отде́льные кабине́ты помеща́лись в ве́рхнем этаже́, и, взойдя́
наве́рх, Но́ра на мину́ту останови́лась — ча́стью от уста́лости,

---

1. "Worn out."  2. "Made fun of the Municipal Council."

частью от волнения и последней целомудренной нерешимости. Но Менотти крепко сжал её локоть. В его голосе прозвучала звериная страсть и жестокое приказание бывшего акробата, когда он прошептал:

— Allez!..

И она пошла ... Она видела в нём необычайное, верховное существо, почти бога ... Она пошла бы в огонь, если бы ему вздумалось приказать.

В течение года она ездила за ним из города в город. Она стерегла брильянты и медали Менотти во время его выходов, надевала на него и снимала трико, следила за его гардеробом, помогала ему дрессировать крыс и свиней, растирала на его физиономии кольд-крем и — что всего важнее — верила с пылом идолопоклонника в его мировое величие. Когда они оставались одни, он не находил о чём с ней говорить и принимал её страстные ласки с преувеличенно скучающим видом человека пресыщенного, но милостиво позволяющего обожать себя.

Через год она ему надоела. Его расслабленный взор обратился на одну из сестёр Вильсон, совершавших «воздушные полёты». Теперь он совершенно не стеснялся с Норой и нередко в уборной, перед глазами артистов и конюхов, колотил её по щекам за непришитую пуговицу. Она переносила это с тем же смирением, с каким принимает побои от своего хозяина старая, умная и преданная собака.

Наконец однажды, ночью, после представления, на котором первый в свете дрессировщик был освистан за то, что чересчур сильно ударил хлыстом собаку, Менотти прямо сказал Норе, чтобы она немедленно убиралась от него ко всем чертям. Она послушалась, но у самой двери номера остановилась и обернулась назад с умоляющим взглядом. Тогда Менотти быстро подбежал к двери, бешеным толчком ноги распахнул её и закричал:

— Allez!..

Но через два дня её, как побитую и выгнанную собаку, опять потянуло к хозяину. У неё потемнело в глазах, когда лакей гостиницы с наглой усмешкой сказал ей: «К ним нельзя-с,[3] они в кабинете, заняты с барышней-с».

Нора взошла наверх и безошибочно остановилась перед дверью того самого кабинета, где год тому назад она была с

---

3. Obsequious: "you may not go up to him."

Менотти. Да, он был там: она узнала его томный голос переутоми́вшейся знамени́тости, и́зредка прерыва́емый счастли́вым сме́хом ры́жей англича́нки. Она́ бы́стро отвори́ла дверь.

Мали́новые с зо́лотом обо́и, я́ркий свет двух канделя́бров, блеск хрусталя́, гора́ фру́ктов и буты́лки в сере́бряных ва́зах, Мено́тти, лежа́щий без сюртука́ на дива́не и Ви́льсон с расстёгнутым корса́жем, за́пах духо́в, вина́, сига́ры, пу́дры — всё э́то снача́ла ошеломи́ло её; пото́м она́ ки́нулась на Ви́льсон и не́сколько раз уда́рила её кулако́м в лицо́. Та завизжа́ла, — и начала́сь сва́лка . . .

Когда́ Мено́тти удало́сь с трудо́м растащи́ть обе́их же́нщин, Но́ра стреми́тельно бро́силась пе́ред ним на коле́ни и, осыпа́я поцелу́ями его́ сапоги́, умоля́ла возврати́ться к ней, Мено́тти с трудо́м оттолкну́л её от себя́ и, кре́пко сдави́в её за ше́ю си́льными па́льцами, сказа́л:

— Е́сли ты сейча́с не уйдёшь, дрянь, то я прикажу́ лаке́ям вы́тащить тебя́ отсю́да!

Она́ вста́ла, задыха́ясь, и зашепта́ла:

— А-а! В тако́м слу́чае . . . в тако́м слу́чае . . .

Взгляд её упа́л на откры́тое окно́. Бы́стро и легко́, как привы́чная гимна́стка, она́ очути́лась на подоко́ннике и наклони́лась вперёд, держа́сь рука́ми за о́бе нару́жные ра́мы.

Глубоко́ внизу́ на мостово́й грохота́ли экипа́жи, каза́вшиеся све́рху ма́ленькими и стра́нными живо́тными, тротуа́ры блесте́ли по́сле дождя́, и в лу́жах колеба́лись отраже́ния у́личных фонаре́й.

Па́льцы Но́ры похолоде́ли, и се́рдце переста́ло би́ться от мину́тного у́жаса . . . Тогда́, закры́в глаза́ и глубоко́ переведя́ дыха́ние, она́ подняла́ ру́ки над голово́й и, поборо́в привы́чным уси́лием свою́ сла́бость, кри́кнула, то́чно в ци́рке:

— Allez! . .

### Вопро́сы для обсужде́ния в кла́ссе

1. Что бы́ло свя́зано у Но́ры с во́згласом "Allez"? 2. Како́е бы́ло у неё де́тство? 3. Как вы́глядел цирк во вре́мя репети́ций? 4. Что де́лала 5-ле́тняя Но́ра на бе́лой ло́шади и на трапе́ции? 5. Что с ней случи́лось, когда́ ей испо́лнилось 16 лет? 6. Кем был Мено́тти и каку́ю роль он игра́л в ци́рке? 7. Что он ча́сто говори́л о себе́ и как держа́л себя́ на сце́не? 8. Как произошло́

знакомство Норы с Менотти? 9. Что случилось через неделю? 10. Что делала Нора в течение года? 11. Как относился Менотти к Норе и к её обожанию? 12. На кого обратил Менотти внимание через год? 13. Что он однажды сделал с Норой? 14. Почему Нора вернулась в кабинет Менотти и что ей сказал лакей? 15. Что увидела Нора, войдя в кабинет? 16. Что сделала Нора, увидев Вильсон? 17. О чём умоляла Нора Менотти и что он ей ответил? 18. Что прошептала Нора и куда она взглянула? 19. Что чувствовала и видела Нора, стоя на подоконнике? 20. Как Нора прыгнула из окна?


### Темы для письменных работ

1. Какие воспоминания детства связаны у Норы с повелительным окриком "Allez"? 2. Кем был Менотти и как Нора с ним познакомилась? 3. Как начался роман между Норой и Менотти и как долго он продолжался? 4. Что произошло в кабинете Менотти и как погибла Нора?

## Михаил Михайлович Зощенко

(1895–1958)

Михаил Михайлович Зощенко родился в Полтаве в семье художника в 1895 году. После окончания гимназии, Зощенко поступил на юридический факультет Петербургского университета, но не окончил его, так как в 1915 году пошёл добровольцем на фронт.

После революции Зощенко скитался по всей России, служил в Красной армии, работал плотником, сапожником, актёром и так далее. Начал печататься в 1921 году и принадлежал к известной литературной группе «Серапионовы братья». После опубликования рассказа «Приключения обезьяны», Зощенко подвёргся партийной критике и был исключён из союза писателей в 1946 году. После этого Зощенко мало писал. Умер он в 1958 году.

Известные сборники его рассказов: «О чём пел соловей», «Рассказы Назара Ильича господина Синебрюхова», «Голубая книга» и другие.

Зощенко — мастер короткого юмористического рассказа. Его главная тема — сатира на мещанский послереволюционный быт, но в то же время он выражает сочувствие и жалость к людям, которых он высмеивает. За свой неистощимый юмор Зощенко пользовался большой популярностью в СССР, а его слова и меткие выражения стали обиходными в разговорной речи.

Один из его многих коротких рассказов, «Письмо», напечатан в этом сборнике.

# ПИСЬМÓ

Жи́ли себе́ в Ленингра́де муж и жена́.

Муж был отве́тственный сове́тский рабо́тник. Он был неста́-
рый челове́к, кре́пкий, развито́й и вообще́, зна́ете ли, энерги́чный,
пре́данный де́лу социали́зма и так да́лее.

И хотя́ он был челове́к просто́й, из дере́вни, и никако́го
тако́го в своё вре́мя вы́сшего образова́ния не получи́л, но за го́ды
пребыва́ния в го́роде он поднаторе́л[1] во всём, мно́го чего́ знал и
мог в любо́й аудито́рии ре́чи произноси́ть. И да́же вполне́ мог
вступа́ть в спо́ры с учёными ра́зных специа́льностей — от физио́-
логов до эле́ктриков включи́тельно.

А жена́ его́, Пелаге́я, ме́жду тем была́ же́нщина негра́мотная.
И хотя́ она́ прие́хала из дере́вни вме́сте с ним, но ничему́ тако́му
не научи́лась, оста́лась негра́мотной, и да́же свою́ фами́лию она́
не могла́ подпи́сывать.

А муж Пелаге́и, ви́дя таку́ю ситуа́цию, ужа́сно огорча́лся,
страда́л и не понима́л, как ему́ вы́йти из беды́. Тем бо́лее, он сам
был чересчу́р за́нят и не име́л свобо́дного вре́мени на перепод-
гото́вку[2] свое́й супру́ги.

Он ей не раз говори́л:

— Ты бы, Пелаге́юшка, ка́к-нибудь научи́лась чита́ть и́ли
хотя́ бы фами́лию подпи́сывать. На́ша страна́, — говори́т, —
постепе́нно выхо́дит из веково́й темноты́ и некульту́рности. Мы
круго́м ликвиди́руем се́рость и негра́мотность. А тут вдруг
супру́га дире́ктора хлебозаво́да не мо́жет ни чита́ть, ни писа́ть,
ни понима́ть, что напи́сано! И я от э́того терплю́ невозмо́жные
страда́ния.

А Пелаге́я на э́то, быва́ло, руко́й махнёт и так отвеча́ет:

— Ах, — отвеча́ет, — Ива́н Никола́евич, об чём вы хлопо́чете!
Мне э́тим не́ к чему занима́ться. В своё вре́мя я за э́то не взяла́сь,
а тепе́рь мои́ го́ды постепе́нно прохо́дят, и моя́ мо́лодость исчеза́ет,
и мои́ ру́ки специа́льно не гну́тся, что́бы, наприме́р, каранда́ш
держа́ть. На что мне учи́ться и бу́квы выводи́ть? Пуща́й[3]
лу́чше э́тим молоды́е пионе́ры занима́ются, а я и так до ста́рости
лет доживу́.

---

1. He became proficient. 2. Bureaucratic jargon for retraining. 3. Substandard for пуска́й.

А муж Пелагеи, конечно, вздыхает с огорчением и говорит:

— Эх, эх, Пелагея Максимовна, как это политически неправильно ты выражаешься.

И вот однажды Иван Николаевич принёс домой учебник.

— Ну, — говорит, — Поля, вот тебе новейший букварь-самоучитель, составленный по последним данным науки. Я, — говорит, — сам тебе буду показывать. И просьба — мне не противоречить.

А Пелагея усмехнулась тихо, взяла букварь в руки, повертела его и в комод спрятала: пущай, дескать,[4] лежит, может быть, в дальнейшем потомкам пригодится.

Но вот однажды днём присела Пелагея за работу. Пиджак Ивану Николаевичу надо было починить, рукав протёрся.

И села Пелагея за стол. Взяла иголку. Сунула руку под пиджак — шуршит что-то.

«Не деньги ли ?» — подумала Пелагея.

Посмотрела — письмо. Чистый такой, аккуратный конверт, тоненькие буковки на нём, и бумага вроде как духами или одеколоном попахивает.

Ёкнуло у Пелагеи сердце.

«Неужели же, — думает, — Иван Николаевич меня зря обманывает ? Неужели же он сердечную переписку ведёт с порядочными дамами и надо мной же, неграмотной дурой, насмехается ?»

Поглядела Пелагея на конверт, вынула письмо, развернула, а разобрать его по неграмотности не может.

Первый раз в жизни пожалела Пелагея, что читать она не умеет.

«Хоть, — думает, — и чужое письмо, а должна я знать, чего[5] в нём пишут. Может, от этого вся моя жизнь переменится, и мне лучше в деревню ехать, на мужицкие работы».

И у самой в груди закипело от обиды и досады. И сердце перевернулось от огорчения.

«Должно быть, — думает, — я Ивана Николаевича очень люблю, если через это письмо я настолько страдаю, мучаюсь и ревную. Ах, как обидно, — думает, — что я этого письма прочесть не могу ! Я бы сразу узнала, в чём тут дело».

И вот она заплакала. Стала вспоминать разные мелочи про Ивана Николаевича. Да, он действительно как будто

---

4. To indicate reported speech.   5. Substandard for что.

119

переменился в последнее время. Стал об усиках своих заботиться — причёсывает их. И руки часто моет. И надевает новую кепку. И сапоги чистит до блеска.

Сидит Пелагея, думает эти мысли, смотрит на письмо и ревёт белугой.[6] А прочесть письма не может. Поскольку даже не понимает буквы. А чужому человеку ей показать, конечно, совестно, неудобно. Может быть, там такие слова, которые не следует знать посторонним.

После она, поплакав, спрятала письмо в комод, дошила пиджак и стала поджидать Ивана Николаевича.

И когда пришёл он, Пелагея и виду не показала. Напротив того: она ровным и спокойным тоном разговаривала с мужем и даже намекнула ему, что она не прочь бы поучиться и что ей чересчур надоело быть неграмотной бабой.

Очень этому обрадовался Иван Николаевич.

— Ну и отлично! — сказал он. — Я тебе сам буду показывать.

— Что ж, показывай! — сказала Пелагея.

И сама в упор посмотрела на ровные, подстриженные усики Ивана Николаевича. И снова сердце сжалось у неё в груди и перевернулось от досады и огорчения.

Два месяца подряд Пелагея изо дня в день училась читать. Она терпеливо по складам[7] составляла слова, выводила буквы и заучивала фразы. И каждый вечер вынимала из комода заветное письмо и пыталась разгадать его таинственный смысл.

Однако это было очень нелегко.

Только на третий месяц Пелагея одолела науку.

Утром, когда Иван Николаевич ушёл на работу, Пелагея вынула из комода письмо и принялась читать его.

Она с трудом разбирала тонкий почерк. И только еле уловимый запах духов от бумаги подбадривал её.

Письмо было адресовано Ивану Николаевичу.

Пелагея читала:

«Уважаемый товарищ Кучкин.

Посылаю вам обещанный букварь. Я думаю, что ваша жена в два-три месяца вполне может одолеть премудрость. Заставьте, голубчик, её это сделать. Внушите ей, объясните, как в сущности отвратительно быть неграмотной бабой.

---

6. Colloquial: yells her head off.   7. Syllable by syllable.

Сейчас, к этой годовщине, мы ликвидируем неграмотность по всей республике, а о своих близких почему-то забываем.

Обещайте, Иван Николаевич, это сделать.

С комприветом[8] *Мария Блохина».*

Пелагея два раза прочитала это письмо и, чувствуя какую-то новую обиду, заплакала.

Но потом, подумав об Иване Николаевиче и о том, что в её супружеской жизни всё в порядке, успокоилась и спрятала в комод букварь и злополучное письмо.

Так в короткое время, подгоняемая любовью и ревностью, наша Пелагея научилась читать и писать и стала грамотной.

### Вопросы для обсуждения в классе

1. Кем был муж Пелагеи? 2. Какое у него было образование и что он умел? 3. Что мы знаем о Пелагее? 4. Как относился муж к неграмотности жены? 5. Что он ей часто говорил и что она ему отвечала? 6. Что предложил однажды Николай Иванович жене? 7. Что сделала с букварём Пелагея? 8. Как Пелагея нашла письмо? 9. Что подумала Пелагея, понюхав письмо? 10. О чём она пожалела и почему? 11. Какие чувства и мысли возбудило в ней найденное письмо? 12. Что стала припоминать Пелагея? 13. Почему она никому не дала прочесть письма? 14. Как встретила Пелагея мужа и что она ему заявила? 15. Как отнёсся к этому заявлению муж? 16. Как училась читать Пелагея? 17. Что прочла Пелагея в письме? 18. Почему Пелагея заплакала, прочитав письмо? 19. Какие мысли успокоили Пелагею? 20. Благодаря чему Пелагея стала грамотной?

### Темы для письменных работ

1. Что вы знаете об Иване Николаевиче и его жене Пелагее? 2. О чём часто говорил Иван Николаевич Пелагее и что она ему отвечала? 3. Какие чувства вызвало в Пелагее найденное письмо? 4. Почему и каким образом научилась Пелагея читать и что она прочла в письме?

---

8. Abbreviation for с коммунистическим приветом.

## Илья́ Ильф и Евге́ний Петро́в

(1897–1937) (1903–1942)

Илья́ Арно́льдович Ильф роди́лся в 1897 году́ в го́роде Оде́ссе в семье́ ба́нковского слу́жащего. Око́нчив техни́ческую шко́лу, Ильф рабо́тал в чертёжном бюро́, на телефо́нной ста́нции, на авиацио́нном заво́де, а та́кже редакти́ровал юмористи́ческие журна́лы.

В 1923 году́ Ильф прие́хал в Москву́, где продолжа́л свою́ рабо́ту в газе́тах и журна́лах. Умер в 1937 году́.

Евге́ний Петро́вич Петро́в роди́лся в Оде́ссе в 1903 году́ в семье́ преподава́теля. Око́нчив класси́ческую гимна́зию, рабо́тал сперва́ корреспонде́нтом телегра́фного аге́нства, а пото́м служи́л инспе́ктором уголо́вного ро́зыска. В 1923 году́ он перее́хал в Москву́, где заня́лся журнали́стикой. Петро́в поги́б во вре́мя войны́.

Знако́мство писа́телей произошло́ в 1925 году́, а в 1927 году́ начина́ется литерату́рное содру́жество Ильфа и Петро́ва.

Гла́вные произведе́ния совме́стно рабо́тавших писа́телей-юмори́стов — рома́ны: «Двена́дцать сту́льев» и «Золото́й телёнок», а та́кже путевы́е о́черки «Одно-эта́жная Аме́рика».

Произведе́ния Ильфа и Петро́ва — э́то о́страя сати́ра, напра́вленная про́тив разнообра́зных представи́телей совреме́нного сове́тского меща́нства.

Ильфом и Петро́вым напи́сан ещё це́лый ряд юмористи́ческих фельето́нов и расска́зов, оди́н из кото́рых — «Колу́мб причаливает к бе́регу» — помещён в э́том сбо́рнике.

# КОЛУМБ ПРИЧАЛИВАЕТ К БЕРЕГУ

— Земля, земля! — радостно закричал матрос, сидевший на верхушке мачты.

Тяжёлый, полный тревог и сомнений путь Христофора Колумба был окончен. Впереди виднелась земля. Колумб дрожащими руками схватил подзорную трубу.

— Я вижу большую горную цепь, — сказал он товарищам по плаванию. — Но вот странно: там прорублены окна. Первый раз вижу горы с окнами.

— Пирога с туземцами! — раздался крик.

Размахивая шляпами со страусовыми перьями и волоча за собой длинные плащи, открыватели новых земель бросились к подветренному борту.

Два туземца в странных зелёных одеждах поднялись на корабль и молча сунули Колумбу большой лист бумаги.

— Я хочу открыть вашу землю, — гордо сказал Колумб. — Именем испанской королевы Изабеллы объявляю эти земли принадлежа́ . . .

— Всё равно. Сначала заполните анкету, — устало сказал туземец. — Напишите своё имя и фамилию печатными буквами, потом национальность, семейное положение, сообщите, нет ли у вас трахомы, не собираетесь ли свергнуть американское правительство, а также не идиот ли вы.

Колумб схватился за шпагу. Но так как он не был идиотом, то сразу успокоился.

— Нельзя раздражать туземцев, — сказал он спутникам. — Туземцы — как дети. У них иногда бывают очень странные обычаи. Я это знаю по опыту.

— У вас есть обратный билет и пятьсот долларов? — продолжал туземец.

— А что такое доллар? — с недоумением спросил великий мореплаватель.

— Как же вы только что указали в анкете, что вы не идиот, если не знаете, что такое доллар? Что вы хотите здесь делать?

— Хочу открыть Америку.

— А публисити[1] у вас будет?

— Публисити? В первый раз слышу такое слово.

---

1. Anglicism.

Тузе́мец до́лго смотре́л на Колу́мба проникнове́нным взо́ром и наконе́ц сказа́л:

— Вы не зна́ете, что тако́е публи́сити?

— Н-нет.

— И вы собира́етесь откры́ть Аме́рику? Я не хоте́л бы быть на ва́шем ме́сте, ми́стер Колу́мб.

— Как? Вы счита́ете, что мне не уда́стся откры́ть э́ту бога́тую и плодоро́дную страну́? — забеспоко́ился вели́кий генуэ́зец.

Но тузе́мец уже́ удаля́лся, ворча́ себе́ под нос:

— Без публи́сити нет проспе́рити.[2]

В э́то вре́мя караве́ллы[3] уже́ входи́ли в га́вань. Осень в э́тих широ́тах была́ прекра́сная. Свети́ло со́лнце, и ча́йка кружи́лась за кормо́й. Глубоко́ взволно́ванный, Колу́мб вступи́л на но́вую зе́млю, держа́ в одно́й руке́ скро́мный паке́тик с бу́сами, кото́рые он собира́лся вы́годно сменя́ть на зо́лото и слоно́вую кость, а в друго́й — грома́дный испа́нский флаг. Но куда́ бы он ни посмо-тре́л, нигде́ не́ было ви́дно земли́, по́чвы, травы́, дере́вьев, к кото́рым он привы́к в ста́рой, споко́йной Евро́пе. Всю́ду бы́ли ка́мень, асфа́льт, бето́н, сталь.

Огро́мная толпа́ тузе́мцев несла́сь ми́мо него́ с карандаша́ми, записны́ми кни́жками и фотоаппара́тами. Они́ окружа́ли соше́д-шего с сосе́днего корабля́ знамени́того борца́, джентльме́на с расплю́щенными уша́ми и неимове́рно то́лстой ше́ей. На Колу́мба никто́ не обраща́л внима́ния. Подошли́ то́лько две тузе́мки с раскра́шенными ли́цами.

— Что э́то за чуда́к с фла́гом? — спроси́ла одна́ из них.

— Э́то, наве́рно, рекла́ма испа́нского рестора́на, — сказа́ла друга́я.

И они́ то́же побежа́ли смотре́ть на знамени́того джентльме́на с расплю́щенными уша́ми.

Водрузи́ть флаг на америка́нской по́чве Колу́мбу не удало́сь. Для э́того её пришло́сь предвари́тельно бури́ть пневмати́ческим сверло́м. Он до тех пор ковыря́л мостову́ю свое́й шпа́гой, пока́ её не слома́л. Так и пришло́сь идти́ по у́лицам с тяжёлым фла́гом, расши́тым зо́лотом. К сча́стью, уже́ не на́до бы́ло нести́ бу́сы. Их отобра́ли на тамо́жне за неупла́ту по́шлины.

Со́тни ты́сяч тузе́мцев мча́лись по свои́м дела́м, ныря́ли под зе́млю, пи́ли, е́ли, торгова́ли, да́же не подозрева́я о том, что они́ откры́ты.

---

2. Anglicism.   3. Small sailing vessel.

Колумб с горечью подумал: «Вот. Старался, добывал деньги на экспедицию, переплывал бурный океан, рисковал жизнью — и никто не обращает внимания».

Он подошёл к туземцу с добрым лицом и гордо сказал:

— Я Христофор Колумб.

— Как вы говорите?

— Христофор Колумб.

— Скажите по буквам, — нетерпеливо молвил туземец.

Колумб сказал по буквам.

— Что-то припоминаю, — ответил туземец. — Торговля портативными механическими изделиями?

— Я открыл Америку, — неторопливо сказал Колумб.

— Что вы говорите! Давно?

— Только что. Какие-нибудь пять минут тому назад.

— Это очень интересно. Так что же вы, собственно, хотите, мистер Колумб?

— Я думаю, — скромно сказал великий мореплаватель, — что имею право на некоторую известность.

— А вас кто-нибудь встречал на берегу?

— Меня никто не встречал. Ведь туземцы не знали, что я собираюсь их открыть.

— Надо было дать кабо́ль.[4] Кто же так поступает? Если вы собираетесь открывать новую землю, надо вперёд послать телеграмму, приготовить несколько весёлых шуток в письменной форме, чтобы раздать репортёрам, приготовить сотню фотографий. А так у вас ничего не выйдет. Нужно публисити.

— Я уже второй раз слышу это странное слово — публисити. Что это такое? Какой-нибудь религиозный обряд, языческое жертвоприношение?

Туземец с сожалением посмотрел на пришельца.

— Не будьте ребёнком, — сказал он. — Публисити — это публисити, мистер Колумб. Я постараюсь что-нибудь для вас сделать. Мне вас жалко.

Он отвёл Колумба в гостиницу и поселил его на тридцать пятом этаже. Потом оставил его одного в номере, заявив, что постарается что-нибудь для него сделать.

Через полчаса дверь отворилась, и в комнату вошёл добрый туземец в сопровождении ещё двух туземцев. Один из них что-то

---

4. Substandard for кабель (telegram).

беспрерывно жевал, а другой расставил треножник, укрепил на нём фотографический аппарат и сказал:

— Улыбнитесь! Смейтесь! Ну! Не понимаете? Ну, сделайте так: «Га-га-га!» — и фотограф с деловым видом оскалил зубы и заржал, как конь.

Нервы Христофора Колумба не выдержали, и он засмеялся истерическим смехом. Блеснула вспышка, щёлкнул аппарат, и фотограф сказал: «Спасибо».

Тут за Колумба взялся другой туземец. Не переставая жевать, он вынул карандаш и сказал:

— Как ваша фамилия?

— Колумб.

— Скажите по буквам. Ка, О, Эл, У, Эм, Бэ? Очень хорошо, главное — не перепутать фамилии. Как давно вы открыли Америку, мистер Кólман? Сегодня? Очень хорошо. Как вам понравилась Америка?

— Видите, я ещё не могу получить полного представления об этой плодородной стране.

Репортёр тяжело задумался.

— Так. Тогда скажите мне, мистер Кólман, какие четыре вещи вам больше всего понравились в Нью-Йорке?

— Видите ли, я затрудняюсь . . .

Репортёр снова погрузился в тяжёлые размышления: он привык интервьюировать боксёров и кинозвёзд, и ему трудно было иметь дело с таким неповоротливым и туповатым типом, как Колумб. Наконец он собрался с силами и выжал из себя новый, блещущий оригинальностью вопрос:

— Тогда скажите, мистер Колумб, две вещи, которые вам не понравились.

Колумб издал ужасный вздох. Так тяжело ему ещё никогда не приходилось. Он вытер пот и робко спросил своего друга-туземца:

— Может быть, можно всё-таки обойтись без публисити?

— Вы с ума сошли, — сказал добрый туземец, бледнея. — То, что вы открыли Америку, — ещё ничего не значит. Важно, чтобы Америка открыла вас.

Репортёр произвёл гигантскую умственную работу, в результате которой был произведён на свет экстравагантный вопрос: «Как вам нравятся американки?»

Не дожидаясь ответа, он стал что-то быстро записывать. Иногда он вынимал изо рта горящую папиросу и закладывал её за́ ухо. В освободи́вшийся рот он клал каранда́ш и вдохнове́нно смотре́л на потоло́к. Пото́м сно́ва продолжа́л писа́ть. Пото́м он сказа́л «о-кэй», похло́пал растеря́вшегося Колу́мба по ба́рхатной, расши́той галуна́ми спине́, потря́с его́ ру́ку и ушёл.

— Ну, тепе́рь всё в поря́дке, — сказа́л до́брый тузе́мец, — пойдём, погуля́ем по го́роду. Раз уж вы откры́ли страну́, на́до её посмотре́ть. То́лько с э́тим фла́гом вас в Бродве́й не пу́стят. Оста́вьте его́ в но́мере.

Прогу́лка по Бродве́ю зако́нчилась посеще́нием тридцатипятиценто́вого бурле́ска,[5] отку́да вели́кий и засте́нчивый Христофо́р вы́скочил, как ошпа́ренный кот. Он бы́стро помча́лся по у́лицам, задева́я прохо́жих по́лами плаща́ и гро́мко чита́я моли́твы. Пробра́вшись в свой но́мер, он сра́зу бро́сился в посте́ль и под гро́хот надзе́мной желе́зной доро́ги засну́л тяжёлым сном.

Ра́но у́тром прибежа́л покрови́тель Колу́мба, ра́достно разма́хивая газе́той. На во́семьдесят пя́той страни́це морепла́ватель с у́жасом уви́дел свою́ оска́ленную физионо́мию. Под физионо́мией он прочёл, что ему́ безу́мно понра́вились америка́нки, что он счита́ет их са́мыми элега́нтными же́нщинами в ми́ре, что он явля́ется лу́чшим дру́гом эфио́пского не́гуса Сола́сси, а та́кже собира́ется чита́ть в Га́рвардском университе́те ле́кции по геогра́фии.

Благоро́дный генуэ́зец раскры́л бы́ло рот, что́бы покля́сться в том, что он никогда́ э́того не говори́л, но тут появи́лись но́вые посети́тели.

Они́ не ста́ли теря́ть вре́мени на любе́зности и сра́зу приступи́ли к де́лу. Публи́сити на́чало ока́зывать своё маги́ческое де́йствие: Колу́мба пригласи́ли в Голливу́д.

— Понима́ете, ми́стер Колу́мб, — втолко́вывали но́вые посети́тели, — мы хоти́м, что́бы вы игра́ли гла́вную роль в истори́ческом фи́льме «Ами́риго Веспу́ччи». Понима́ете, настоя́щий Христофо́р Колу́мб в ро́ли Ами́риго Веспу́ччи — э́то мо́жет быть о́чень интере́сно. Пу́блика на тако́й фильм пойдёт. Вся соль в том, что диало́г бу́дет вести́сь на бродве́йском жарго́не. Понима́ете? Не понима́ете? Тогда́ мы вам сейча́с всё объясни́м подро́бно. У нас есть сцена́рий. Сцена́рий сде́лан по рома́ну Алекса́ндра Дюма́ «Граф Мо́нте-Кри́сто», но э́то нева́жно, мы ввели́ туда́ элеме́нты откры́тия Аме́рики.

---

5. English word of French origin.

Колу́мб пошатну́лся и беззву́чно пошевели́л губа́ми, очеви́дно чита́я моли́твы. Но тузе́мцы из Голливу́да бо́йко продолжа́ли:

— Таки́м о́бразом, ми́стер Колу́мб, вы игра́ете роль Амери́го Веспу́ччи, в кото́рого безу́мно влюблена́ испа́нская короле́ва. Он, в свою́ о́чередь, так же безу́мно влюблён в ру́сскую княги́ню Гри́шку.[6] Но кардина́л Ришелье́ подкупа́ет Ва́ско де Га́му и при по́мощи ле́ди Гамильто́н добива́ется посы́лки вас в Аме́рику. Его́ а́дский план прост и поня́тен. В мо́ре на вас напада́ют пира́ты. Вы сража́етесь, как лев. Сце́на на три́ста ме́тров. Игра́ть вы, наве́рно, не уме́ете, но э́то нева́жно.

— Что же ва́жно? — застона́л Колу́мб.

— Ва́жно публи́сити. Тепе́рь вас пу́блика уже́ зна́ет, и ей бу́дет о́чень интере́сно, как тако́й почте́нный и учёный челове́к сража́ется с пира́тами. Конча́ется тем, что вы открыва́ете Аме́рику. Но э́то нева́жно. Гла́вное — э́то бой с пира́тами. Понима́ете, алеба́рды, секи́ры, катапу́льты, гре́ческий ого́нь, ятага́ны, — в о́бщем, средневеко́вого реквизи́та в Голливу́де хва́тит. То́лько вам на́до бу́дет побри́ться. Никако́й бороды́ и усо́в! Пу́блика уже́ ви́дела сто́лько боро́д и усо́в в фи́льмах из ру́сской жи́зни, что бо́льше не смо́жет э́того вы́нести. Зна́чит, снача́ла вы побре́етесь, пото́м мы подпи́сываем контра́кт на шесть неде́ль. Согла́сны?

— О-кэй! — сказа́л Колу́мб, дрожа́ всем те́лом.

По́здно ве́чером он сиде́л за столо́м и писа́л письмо́ короле́ве Испа́нской:

«Я объе́хал мно́го море́й, но никогда́ ещё не встреча́л таки́х оригина́льных тузе́мцев. Они́ соверше́нно не выно́сят тишины́ и, для того́ чтобы как мо́жно ча́ще наслажда́ться шу́мом, постро́или во всём го́роде на желе́зных столба́х осо́бые доро́ги, по кото́рым день и ночь мча́тся желе́зные каре́ты, производя́ столь люби́мый тузе́мцами гро́хот.

Занима́ются ли они́ людое́дством, я ещё не вы́яснил то́чно, но, во вся́ком слу́чае, они́ едя́т горя́чих соба́к.[7] Я свои́ми глаза́ми ви́дел мно́го съестны́х ла́вок, где призыва́ют прохо́жих пита́ться горя́чими соба́ками и восхваля́ют их вкус.

От всех люде́й здесь па́хнет осо́бым благово́нием, кото́рое на тузе́мном языке́ называ́ется «бензи́н». Все у́лицы напо́лнены э́тим за́пахом, о́чень неприя́тным для европе́йского но́са. Да́же зде́шние краса́вицы па́хнут бензи́ном.

---

6. The Hollywood producer thinks that Grishka (diminutive for Grigory) is a woman's name.   7. A literal translation of "hot dogs."

Мне пришлось установить, что туземцы являются язычниками: у них много богов, имена которых написаны огнём на их хижинах. Больше всего поклоняются, очевидно, богине Кока Кола, богу Драгист Сода, богине Кафетерии и великому богу бензиновых благовоний — Форду. Он тут, кажется, вроде Зевса.

Туземцы очень прожорливы и всё время что-то жуют.

К сожалению, цивилизация их ещё не коснулась. По сравнению с бешеным темпом современной испанской жизни американцы чрезвычайно медлительны. Даже хождение пешком кажется им чрезмерно быстрым способом передвижения. Чтобы замедлить этот процесс, они завели огромное количество так называемых автомобилей. Теперь они передвигаются со скоростью черепахи, и это им чрезвычайно нравится.

Меня поразил один обряд, который совершается каждый вечер в местности, называемой Бродвей. Большое число туземцев собирается в большой хижине, называемой бурлеск. Несколько туземок по очереди подымаются на возвышение и под варварский грохот тамтамов и саксофонов постепенно снимают с себя одежды. Присутствующие бьют в ладоши, как дети. Когда женщина уже почти голая, а туземцы в зале накалены до последней степени, происходит самое непонятное в этом удивительном обряде: занавес почему-то опускается, и все расходятся по своим хижинам.

Я надеюсь продолжить исследование этой замечательной страны и двинуться в глубь материка. Моя жизнь находится вне опасности. Туземцы очень добры, приветливы и хорошо относятся к чужестранцам».


## Вопросы для обсуждения в классе

1. Что поразило Колумба, когда он приблизился к Америке? 2. Встреча с туземцами в зелёной одежде. 3. Что должен был написать Колумб в анкете? 4. О чём заявил Колумб с гордостью туземцам? 5. Ответы Колумба на вопросы туземцев. 6. Знал ли Колумб, что такое «публисити»? 7. Как вступил Колумб на новую землю и что его удивило? 8. Куда неслись туземцы мимо Колумба? 9. Что подумали две туземки, увидя Колумба с флагом? 10. Что воспрепятствовало Колумбу водрузить флаг на американской почве? 11. О чём с горечью подумал Колумб, видя безразличие туземцев? 12. Как Колумб познакомился

с добрым туземцем и о чём они говорили? 13. Что сделал для Колумба добрый туземец? 14. Как был сделан снимок Колумба? 15. Вопросы репортёра и ответы Колумба. 16. Чем окончилась прогулка по Бродвею? 17. Что прочёл о себе Колумб в газете на следующее утро? 18. Что предложили Колумбу представители Голливуда? 19. Как выглядел сценарий фильма «Америго Веспуччи»? 20. Что написал Колумб об обычаях, нравах и религии туземцев?

## Темы для письменных работ

1. Впечатления и встречи Колумба по прибытии в Америку. 2. Разговор с добрым туземцем. 3. Интервью Колумба с репортёром, и что прочёл о себе Колумб на следующее утро? 4. Как начало действовать «публисити»? 5. Что написал Колумб испанской королеве об Америке и американцах?

# Константи́н Гео́ргиевич Паусто́вский

## (1892–     )

Константи́н Гео́ргиевич Паусто́вскй роди́лся в Москве́ в 1892 году́ в семье́ железнодоро́жного слу́жащего. Око́нчив гимна́зию, Паусто́вский поступи́л сперва́ в Ки́евский, а зате́м в Моско́вский университе́т, но до́лжен был прерва́ть уче́ние — начала́сь война́, и Паусто́вский поступи́л доброво́льцем в а́рмию и почти́ всю войну́ провёл в санита́рных поезда́х в ка́честве санита́ра.

Во вре́мя гражда́нской войны́ Паусто́вский сража́лся в ряда́х Кра́сной а́рмии. По́сле войны́ он мно́го е́здил по Росси́и, рабо́тая то трамва́йным конду́ктором, то заводски́м рабо́чим и, наконе́ц, реда́ктором газе́т, что и описа́л впосле́дствии в своём автобиографи́ческом произведе́нии «Кни́га скита́ний». Во вре́мя Второ́й мирово́й войны́ Паусто́вский был вое́нным корреспонде́нтом на ю́жном фро́нте.

Свою́ литерату́рную де́ятельность Паусто́вский на́чал ещё в гимнази́ческие го́ды. Его́ пе́рвая кни́га вы́шла в 1926 году́, и с э́того вре́мени он посвяти́л себя́ исключи́тельно литерату́рной де́ятельности. Его́ заслу́гой явля́ется введе́ние моти́вов рома́нтики в сове́тскую литерату́ру.

С больши́м мастерство́м и любо́вью Паусто́вский опи́сывает ру́сскую приро́ду.

После́дние го́ды он рабо́тал над «По́вестью о жи́зни», больши́м автобиографи́ческим произведе́нием, кото́рое впервы́е бы́ло напеча́тано в журна́ле «Но́вый мир».

Кро́ме ря́да книг, Паусто́вский написа́л мно́го коро́тких расска́зов и пьес. В э́том сбо́рнике помещён его́ расска́з «Дождли́вый рассве́т».

# ДОЖДЛИ́ВЫЙ РАССВЕ́Т

В На́волоки парохо́д пришёл но́чью. Майо́р Кузьми́н вы́шел на па́лубу. Мороси́л дождь. На при́стани бы́ло пу́сто, — горе́л то́лько оди́н фона́рь.

«Где же го́род? — поду́мал Кузьми́н. — Тьма, дождь — чёрт зна́ет что!»

Он поёжился, застегну́л шине́ль. С реки́ задува́л холо́дный ве́тер. Кузьми́н разыска́л помо́щника капита́на, спроси́л, до́лго ли парохо́д простои́т в На́волоках.

— Часа́ три, — отве́тил помо́щник. — Смотря́ по погру́зке. А вам заче́м? Вы же е́дете да́льше.

— Письмо́ на́до переда́ть. От сосе́да по го́спиталю. Его́ жене́. Она́ здесь, в На́волоках.

— Да, зада́ча! — вздохну́л помо́щник. — Хоть глаз вы́коли! Гудки́ слу́шайте, а то оста́нетесь.

Кузьми́н вы́шел на при́стань, подня́лся по ско́льзкой ле́стнице на круто́й бе́рег. Бы́ло слы́шно, как шурши́т в куста́х дождь. Кузьми́н постоя́л, что́бы глаза́ привы́кли к темноте́, уви́дел пону́рую ло́шадь, криву́ю изво́зчичью пролётку. Верх пролётки был по́днят. Из-под него́ слы́шался храп.

— Эй, прия́тель, — гро́мко сказа́л Кузьми́н, — Ца́рство Бо́жие проспи́шь!

Изво́зчик заворо́чался, вы́лез, вы́сморкался, вы́тер нос поло́й армяка́ и то́лько тогда́ спроси́л:

— Пое́дем, что ли?

— Пое́дем, — согласи́лся Кузьми́н.

— А куда́ везти́?

Кузьми́н назва́л у́лицу.

— Далеко́, — забеспоко́ился изво́зчик. — На горе́. Не ме́ньше как на четверти́нку[1] взять на́до.

Он задёргал вожжа́ми, зачмо́кал. Пролётка не́хотя тро́нулась.

— Ты что же, еди́нственный в На́волоках изво́зчик? — спроси́л Кузьми́н.

— Дво́е нас, старико́в. Остальны́е сража́ются. А вы к кому́?

— К Баши́ловой.

---

1. Colloquial: approximately half a pint of vodka.

— Зна́ю, — изво́зчик жи́во оберну́лся. — К О́льге Андре́-евне, до́ктора Андре́я Петро́вича до́чке. Про́шлой зимо́й из Москвы́ прие́хала, посели́лась в отцо́вском до́ме. Сам Андре́й Петро́вич два го́да как по́мер, а дом и́хний[2] . . .

Проле́тка качну́лась, заля́згала и вы́лезла из уха́ба.

— Ты на доро́гу смотри́, — посове́товал Кузьми́н. — Не огля́дывайся.

— Доро́га действи́тельно . . . — пробормота́л изво́зчик. — Тут днём е́хать, коне́чно, сробе́ешь. А но́чью ничего́. Но́чью ям не ви́дно.

Изво́зчик замолча́л. Кузьми́н закури́л, отки́нулся в глубь проле́тки. По по́днятому ве́рху бараба́нил дождь. Далеко́ ла́яли соба́ки. Па́хло укро́пом, мо́крыми забо́рами, речно́й сы́ростью. «Час но́чи, не ме́ньше», — поду́мал Кузьми́н. То́тчас где́-то на колоко́льне надтре́снутый ко́локол действи́тельно проби́л оди́н уда́р.

«Оста́ться бы здесь на весь о́тпуск, — поду́мал Кузьми́н. — От одного́ во́здуха всё пройдёт, все неприя́тности по́сле ране́ния. Снять ко́мнату в доми́шке с о́кнами в сад. В таку́ю ночь откры́ть на́стежь о́кна, лечь, укры́ться и слу́шать, как дождь стучи́т по лопуха́м».

— А вы не муж и́хний ? — спроси́л изво́зчик.

Кузьми́н не отве́тил. Изво́зчик поду́мал, что вое́нный не расслы́шал его́ вопро́са, но второ́й раз спроси́ть не реши́лся. «Я́сно, муж, — сообрази́л изво́зчик. — А лю́ди болта́ют, что она́ му́жа бро́сила ещё до войны́. Врут, на́до полага́ть».

— Но, сатана́! — кри́кнул он и хлестну́л вожжо́й костля́вую ло́шадь. — Наняла́сь те́сто меси́ть !

«Глу́по, что парохо́д опозда́л и пришёл но́чью, — поду́мал Кузьми́н. — Почему́ Баши́лов — его́ сосе́д по пала́те, когда́ узна́л, что Кузьми́н бу́дет проезжа́ть ми́мо На́волок, попроси́л переда́ть письмо́ жене́ непреме́нно из рук в ру́ки ? Придётся буди́ть люде́й, Бог зна́ет что ещё мо́гут поду́мать !»

Баши́лов был высо́кий насме́шливый офице́р. Говори́л он охо́тно и мно́го. Пе́ред тем как сказа́ть что́-нибудь о́строе, он до́лго и беззву́чно смея́лся. До призы́ва в а́рмию Баши́лов рабо́тал помо́щником режиссёра в кино́. Ка́ждый ве́чер он подро́бно расска́зывал сосе́дям по пала́те о знамени́тых фи́льмах. Ра́неные люби́ли расска́зы Баши́лова, жда́ли их и удивля́лись

---

2. Obsequious for его́.

его памяти. В своих оценках людей, событий, книг Башилов был резок, очень упрям и высмеивал каждого, кто пытался ему возражать. Но высмеивал хитро — намёками, шутками, — и высмеянный обыкновенно только через час-два спохватывался, соображал, что Башилов его обидел, и придумывал ядовитый ответ. Но отвечать, конечно, было уже поздно.

За день до отъезда Кузьмина Башилов передал ему письмо для своей жены, и впервые на лице у Башилова Кузьмин заметил растерянную улыбку. А потом ночью Кузьмин слышал, как Башилов ворочался на койке и сморкался. «Может быть, он и не такой уж сухарь, — подумал Кузьмин. — Вот, кажется, плачет. Значит любит. И любит сильно».

Весь следующий день Башилов не отходил от Кузьмина, поглядывал на него, подарил офицерскую флягу, а перед самым отъездом они выпили вдвоём бутылку припрятанного Башиловым вина.

— Что вы на меня так смотрите? — спросил Кузьмин.

— Хороший вы человек, — ответил Башилов. — Вы могли бы быть художником, дорогой майор.

— Я топограф, — ответил Кузьмин. — А топографы по натуре — те же художники.

— Почему?

— Бродяги, — неопределённо ответил Кузьмин.

— «Изгнанники, бродяги и поэты, — насмешливо продекламировал Башилов, — кто жаждал быть, но стать ничем не смог».

— Это из кого?

— Из Волошина.[3] Но не в этом дело. Я смотрю на вас потому, что завидую. Вот и всё.

— Чему завидуете?

Башилов повертел стакан, откинулся на спинку стула и усмехнулся. Сидели они в конце госпитального коридора у плетёного столика. За окном ветер гнул молодые деревья, шумел листьями, нёс пыль. Из-за реки шла на город дождевая туча.

— Чему завидую? — переспросил Башилов и положил свою красную руку на руку Кузьмина. — Всему. Даже вашей руке.

— Ничего не понимаю, — сказал Кузьмин и осторожно убрал свою руку. Прикосновение холодной руки Башилова было ему неприятно. Но чтобы Башилов этого не заметил, Кузьмин взял бутылку и начал наливать вино.

---

3. M. Voloshin, 1877–1932, Russian poet.

— Ну и не понимайте! — ответил Башилов сердито. Он помолчал и заговорил, опустив глаза: — Если бы мы могли поменяться местами! Но, в общем, всё это чепуха! Через два дня вы будете в Наволоках. Увидите Ольгу Андреевну. Она пожмёт вам руку. Вот я и завидую. Теперь-то вы понимаете?

— Ну что вы! — сказал, растерявшись, Кузьмин. — Вы тоже увидите вашу жену.

— Она мне не жена! — резко ответил Башилов. — Хорошо ещё, что вы не сказали «супруга».

— Ну, извините, — пробормотал Кузьмин.

— Она мне не жена! — так же резко повторил Башилов. — Она — всё! Вся моя жизнь. Ну, довольно об этом!

Он встал и протянул Кузьмину руку:

— Прощайте. А на меня не сердитесь. Я не хуже других.

Пролётка въехала на дамбу. Темнота стала гуще. В старых вётлах сонно шумел, стекал с листьев дождь. Лошадь застучала копытами по настилу моста.

«Далеко всё-таки!» — вздохнул Кузьмин и сказал извозчику:

— Ты меня подожди около дома. Отвезёшь обратно на пристань . . .

— Это можно, — тотчас согласился извозчик и подумал: «Нет, видать, не муж. Муж бы наверняка остался на день-другой. Видать, посторонний».

Началась булыжная мостовая. Пролётка затряслась, задребезжала железными подножками. Извозчик свернул на обочину. Колёса мягко покатились по сырому песку. Кузьмин снова задумался.

Вот Башилов позавидовал ему. Конечно, никакой зависти не было. Просто Башилов сказал не то слово. После разговора с Башиловым у окна в госпитале, наоборот, Кузьмин начал завидовать Башилову. «Опять не то слово?» — с досадой сказал про себя Кузьмин. Он не завидовал. Он просто жалел. О том, что вот ему сорок лет, но не было у него ещё такой любви, как у Башилова. Всегда он был один.

«Ночь, дождь шумит по пустым садам, чужой городок, с лугов несёт туманом, — так и жизнь пройдёт», — почему-то подумал Кузьмин.

Снова ему захотелось остаться здесь. Он любил русские городки, где с крылечек видны заречные луга, широкие взвозы, телеги с сеном на паромах. Эта любовь удивляла его самого. Вырос он на юге, в морской семье. От отца осталось у него

135

пристрастие к изысканиям, географическим картам, скитальчеству. Поэтому он и стал топографом. Профессию эту Кузьмин считал всё же случайной и думал, что если бы родился в другое время, то был бы охотником, открывателем новых земель. Ему нравилось так думать о себе, но он ошибался. В характере у него не было ничего, что свойственно таким людям. Кузьмин был застенчив, мягок с окружающими. Лёгкая седина выдавала его возраст. Но, глядя на этого худенького, невысокого офицера, никто бы не дал ему больше тридцати лет.

Пролётка въехала, наконец, в тёмный городок. Только в одном доме, должно быть в аптеке, горела за стеклянной дверью синяя лампочка. Улица пошла в гору. Извозчик слез с козел, чтобы лошади было легче. Кузьмин тоже слез. Он шёл, немного отстав, за пролёткой и вдруг почувствовал всю странность своей жизни. «Где я? — подумал он. — Какие-то Наволоки, глушь, лошадь высекает искры подковами. Где-то рядом — неизвестная женщина. Ей надо передать ночью важное и, должно быть, невесёлое письмо. А два месяца назад были фронт, Польша, широкая тихая Висла. Странно как-то! И хорошо».

Гора окончилась. Извозчик свернул в боковую улицу. Тучи кое-где разошлись, и в черноте над головой то тут, то там зажигалась звезда. Поблестев в лужах, она гасла.

Пролётка остановилась около дома с мезонином.

— Приехали! — сказал извозчик. — Звонок у калитки, с правого боку.

Кузьмин ощупью нашёл деревянную ручку звонка и потянул её, но никакого звонка не услышал — только завизжала ржавая проволока.

— Шибче тяните! — посоветовал извозчик.

Кузьмин снова дёрнул за ручку. В глубине дома заболтал колокольчик. Но в доме было по-прежнему тихо, — никто, очевидно, не проснулся.

— Ох-хо-хо! — зевнул извозчик. — Ночь дождливая — самый крепкий сон.

Кузьмин подождал, позвонил сильнее. На деревянной галерейке послышались шаги. Кто-то подошёл к двери, остановился, послушал, потом недовольно спросил:

— Кто такие? Чего надо?

Кузьмин хотел ответить, но извозчик его опередил:

— Отворяй, Марфа, — сказал он. — К Ольге Андреевне приехали. С фронта.

— Кто с фро́нта? — так же нела́сково спроси́л за две́рью го́лос. — Мы никого́ не ждём.

— Не ждёте, а дожда́лись!

Дверь приоткры́лась на цепо́чке. Кузьми́н сказа́л в темноту́, кто он и заче́м прие́хал.

— Ба́тюшки! — испу́ганно сказа́ла же́нщина за две́рью. — Беспоко́йство вам како́е! Сейча́с отомкну́. О́льга Андре́евна спит. Вы зайди́те, я её разбужу́.

Дверь отвори́лась, и Кузьми́н вошёл в тёмную галере́йку.

— Тут ступе́ньки, — предупреди́ла же́нщина уже́ други́м, ла́сковым го́лосом. — Ночь-то кака́я, а вы прие́хали! Обожди́те, не ушиби́тесь. Я сейча́с ла́мпу засвечу́, — у нас по ноча́м огня́ не́ту.

Она́ ушла́, а Кузьми́н оста́лся на галере́йке. Из ко́мнат тяну́ло за́пахом ча́я и ещё каки́м-то сла́бым и прия́тным за́пахом. На галере́йку вы́шел кот, потёрся о но́ги Кузьмина́, промурлы́кал и ушёл обра́тно в ночны́е ко́мнаты, как бы приглаша́я Кузьмина́ за собо́й.

За приоткры́той две́рью задрожа́л сла́бый свет.

— Пожа́луйте, — сказа́ла же́нщина.

Кузьми́н вошёл. Же́нщина поклони́лась ему́. Э́то была́ высо́кая стару́ха с тёмным лицо́м. Кузьми́н, стара́ясь не шуме́ть, снял шине́ль, фура́жку, пове́сил на ве́шалку о́коло две́ри.

— Да вы не беспоко́йтесь, всё равно́ О́льгу Андре́евну буди́ть придётся, — улыбну́лась стару́ха.

— Гудки́ с при́стани здесь слы́шно? — вполго́лоса спроси́л Кузьми́н.

— Слы́шно, ба́тюшка! Хорошо́ слы́шно. Неу́жто с парохо́да да на парохо́д! Вот тут сади́тесь, на дива́н.

Стару́ха ушла́. Кузьми́н сел на дива́н с деревя́нной спи́нкой, поколеба́лся, доста́л папиро́су, закури́л. Он волнова́лся, и непоня́тное э́то волне́ние его́ серди́ло. Им овладе́ло то чу́вство, како́е всегда́ быва́ет, когда́ попада́ешь но́чью в незнако́мый дом, в чужу́ю жизнь, по́лную тайн и дога́док. Э́та жизнь лежи́т как кни́га, забы́тая на столе́ на како́й-нибудь шестьдеся́т пя́той страни́це. Загля́дываешь на э́ту страни́цу и стара́ешься угада́ть: о чём напи́сана кни́га, что в ней?

На столе́ действи́тельно лежа́ла раскры́тая кни́га. Кузьми́н встал, наклони́лся над ней и, прислу́шиваясь к торопли́вому шёпоту за две́рью и ше́лесту пла́тья, прочёл про себя́ давно́ забы́тые слова́:

И невозмо́жное возмо́жно,
Доро́га да́льняя легка́,
Когда́ блеснёт в дали́ доро́жной
Мгнове́нный взор из-под платка́ . . .

Кузьми́н по́днял го́лову, осмотре́лся. Ни́зкая тёплая ко́мната опя́ть вы́звала у него́ жела́ние оста́ться в э́том городке́.

Есть осо́бенный простоду́шный ую́т в таки́х ко́мнатах с вися́чей ла́мпой над обе́денным столо́м, с её бе́лым ма́товым абажу́ром, с оле́ньими рога́ми над карти́ной, изобража́ющей соба́ку о́коло посте́ли больно́й де́вочки. Таки́е ко́мнаты вызыва́ют улы́бку — так всё старомо́дно, давно́ позабы́то.

Всё вокру́г, да́же пе́пельница из ро́зовой ра́ковины, говори́ло о ми́рной и до́лгой жи́зни, и Кузьми́н сно́ва поду́мал о том, как хорошо́ бы́ло бы оста́ться здесь и жить так, как жи́ли обита́тели ста́рого до́ма — неторопли́во, в чередова́нии труда́ и о́тдыха, зим, вёсен, дождли́вых и со́лнечных дней.

Но среди́ ста́рых веще́й в ко́мнате бы́ли и други́е. На столе́ стоя́л буке́т полевы́х цвето́в — рома́шки, медуни́цы, ди́кой ряби́нки. Буке́т был со́бран, должно́ быть, неда́вно. На ска́терти лежа́ли но́жницы и отре́занные и́ми ли́шние сте́бли цвето́в.

И ря́дом — раскры́тая кни́га Бло́ка[4] «Доро́га да́льняя легка́». И чёрная ма́ленькая же́нская шля́па на роя́ле, на си́нем плю́шевом альбо́ме для фотогра́фий. Совсе́м не стари́нная, а о́чень совреме́нная шля́па. И небре́жно бро́шенные на столе́ ча́сики в ни́келевом браслете́. Они́ шли бесшу́мно и пока́зывали полови́ну второ́го. И всегда́ немно́го печа́льный, осо́бенно в таку́ю по́зднюю ночь, за́пах духо́в.

Одна́ ство́рка окна́ была́ откры́та. За ней, за вазо́нами с бего́нией, поблёскивал от нея́ркого све́та, па́давшего из окна́, мо́крый куст сире́ни. В темноте́ перешёптывался сла́бый дождь. В жестяно́м жёлобе торопли́во стуча́ли тяжёлые ка́пли.

Кузьми́н прислу́шался к сту́ку ка́пель. Века́ми му́чившая люде́й мысль о необрати́мости ка́ждой мину́ты пришла́ ему́ в го́лову и́менно сейча́с, но́чью, в незнако́мом до́ме, отку́да че́рез не́сколько мину́т он уйдёт и куда́ никогда́ не вернётся.

«Ста́рость э́то, что ли ?» — поду́мал Кузьми́н и оберну́лся.

На поро́ге ко́мнаты стоя́ла молода́я же́нщина в чёрном пла́тье. Очеви́дно, она́ торопи́лась вы́йти к нему́ и пло́хо причеса́лась. Одна́ коса́ упа́ла ей на плечо́, и же́нщина, не спуска́я

---

4. A. A. Blok, 1880–1921, Russian symbolist poet.

глаз с Кузьмина и смущённо улыбаясь, подняла её и приколола шпилькой к волосам на затылке. Кузьмин поклонился.

— Извините, — сказала женщина и протянула Кузьмину руку. — Я вас заставила ждать.

— Вы Ольга Андреевна Башилова?

— Да.

Кузьмин смотрел на женщину. Его удивили её молодость и блеск глаз — глубокий и немного туманный.

Кузьмин извинился за беспокойство, достал из кармана кителя письмо Башилова, подал женщине. Она взяла письмо, поблагодарила и, не читая, положила его на рояль.

— Что же мы стоим! — сказала она. — Садитесь! Вот сюда, к столу. Здесь светлее.

Кузьмин сел к столу, попросил разрешения закурить.

— Курите, конечно, — сказала женщина. — Я тоже, пожалуй, закурю.

Кузьмин предложил ей папиросу, зажёг спичку. Когда она закурила, на лицо её упал свет спички, и сосредоточенное это лицо с чистым лбом показалось Кузьмину знакомым.

Ольга Андреевна села против Кузьмина. Он ждал расспросов, но она молчала и смотрела за окно, где всё так же однотонно шумел дождь.

— Марфуша, — сказала Ольга Андреевна и обернулась к двери. — Поставь, милая, самовар.

— Нет, что вы! — испугался Кузьмин. — Я тороплюсь. Извозчик ждёт на улице. Я должен был только передать вам письмо и рассказать кое-что . . . о вашем муже.

— Что рассказывать! — ответила Ольга Андреевна, вытащила из букета цветок ромашки и начала безжалостно обрывать на нём лепестки. — Он жив — и я рада.

Кузьмин молчал.

— Не торопитесь, — просто, как старому другу, сказала Ольга Андреевна. — Гудки мы услышим. Пароход отойдёт, конечно, не раньше рассвета.

— Почему?

— А у нас, батюшка, пониже Наволок, — сказала из соседней комнаты Марфа, — перекат большой на реке. Его ночью проходить опасно. Вот капитаны и ждут до света.

— Это правда, — подтвердила Ольга Андреевна. — Пешком до пристани всего четверть часа. Если идти через городской сад. Я вас провожу. А извозчика вы отпустите. Кто вас привёз? Василий?

— Вот этого я не знаю, — улыбнулся Кузьмин.

— Тимофей их[5] привёз, — сообщила из-за двери Марфа. Было слышно, как она гремит самоварной трубой. — Хоть чайку попейте. А то что же — из дождя да под дождь.

Кузьмин согласился, вышел к воротам, расплатился с извозчиком. Извозчик долго не уезжал, топтался около лошади, поправлял шлею.

Когда Кузьмин вернулся, стол уже был накрыт. Стояли синие старые чашки с золотыми ободками, кувшин с топлёным молоком, мёд, начатая бутылка вина. Марфа внесла самовар.

Ольга Андреевна извинилась за скудное угощение, рассказала, что собирается обратно в Москву, а сейчас пока что работает в Наволоках, в городской библиотеке. Кузьмин всё ждал, что она, наконец, спросит о Башилове, но она не спрашивала. Кузьмин испытывал от этого всё большее смущение. Он догадывался ещё в госпитале, что у Башилова разлад с женой. Но сейчас, после того как она, не читая, отложила письмо на рояль, он совершенно убедился в этом, и ему уже казалось, что он не выполнил своего долга перед Башиловым и очень в этом виноват. «Очевидно, она прочтёт письмо позже», — подумал он. Одно было ясно: письмо, которому Башилов придавал такое значение и ради которого Кузьмин появился в неурочный час в этом доме, уже ненужно здесь и неинтересно. В конце концов Башилову Кузьмин не помог и только поставил себя в неловкое положение. Ольга Андреевна как будто догадалась об этом и сказала:

— Вы не сердитесь. Есть почта, есть телеграф, — я не знаю, зачем ему понадобилось вас затруднять.

— Какое же затруднение! — поспешно ответил Кузьмин и добавил, помолчав: — Наоборот, это очень хорошо.

— Что хорошо?

Кузьмин покраснел.

— Что хорошо? — громче переспросила Ольга Андреевна и подняла на Кузьмина глаза. Она смотрела на него, как бы стараясь догадаться, о чём он думает, — строго, подавшись вперёд, ожидая ответа. Но Кузьмин молчал.

— Но всё же, что хорошо? — опять спросила она.

— Как вам сказать, — ответил, раздумывая, Кузьмин. — Это особый разговор. Всё, что мы любим, редко с нами случается.

---

5. Obsequious for его.

Не зна́ю, как у други́х, но я сужу́ по себе́. Всё хоро́шее почти́ всегда́ прохо́дит ми́мо. Вы понима́ете?

— Не о́чень, — отве́тила Ольга Андре́евна и нахму́рилась.

— Как бы вам объясни́ть, — сказа́л Кузьми́н, сердя́сь на себя́. — С ва́ми то́же так, наве́рное, быва́ло. Из окна́ ваго́на вы вдруг уви́дите поля́ну в берёзовом лесу́, уви́дите, как осе́нняя паути́на заблести́т на со́лнце и вам захо́чется вы́скочить на ходу́ из по́езда и оста́ться на э́той поля́не. Но по́езд прохо́дит ми́мо. Вы высо́вываетесь из окна́ и смо́трите наза́д, куда́ уно́сятся все э́ти ро́щи, луга́, лошадёнки, просёлочные доро́ги, и слы́шите нея́сный звон. Что звени́т — непоня́тно. Мо́жет быть, лес и́ли во́здух. Или гудя́т телегра́фные провода́. А мо́жет быть, ре́льсы звеня́т от хо́да по́езда. Мелькнёт вот так, на мгнове́ние, а по́мнишь об э́том всю жизнь.

Кузьми́н замолча́л. Ольга Андре́евна пододви́нула ему́ стака́н с вино́м.

— Я в жи́зни, — сказа́л Кузьми́н и покрасне́л, как всегда́ красне́л, когда́ ему́ случа́лось говори́ть о себе́, — всегда́ ждал вот таки́х неожи́данных и просты́х веще́й. И е́сли находи́л их, то быва́л сча́стив. Ненадо́лго, но быва́л.

— И сейча́с то́же? — спроси́ла Ольга Андре́евна.

— Да!

Ольга Андре́евна опусти́ла глаза́.

— Почему́? — спроси́ла она́.

— Не зна́ю то́чно. Тако́е у меня́ ощуще́ние. Я был ра́нен на Ви́сле, лежа́л в го́спитале. Все получа́ли пи́сьма, а я не получа́л. Про́сто мне не́ от кого бы́ло их получа́ть. Лежа́л, выду́мывал, коне́чно, как все выду́мывают, своё бу́дущее по́сле войны́. Обяза́тельно счастли́вое и необыкнове́нное. Пото́м вы́лечился, и меня́ реши́ли отпра́вить на о́тдых. Назна́чили го́род.

— Како́й? — спроси́ла Ольга Андре́евна.

Кузьми́н назва́л го́род. Ольга Андре́евна ничего́ не отве́тила.

— Сел на парохо́д, — продолжа́л Кузьми́н. — Дере́вни на берега́х, при́стани. И очерт́е́вшее созна́ние одино́чества. Ра́ди Бо́га, не поду́майте, что я жа́луюсь. В одино́честве то́же мно́го хоро́шего. Пото́м На́волоки. Я боя́лся их проспа́ть. Вы́шел на па́лубу глухо́й но́чью и поду́мал: как стра́нно, что в э́той огро́мной, закры́вшей всю Росси́ю темноте́, под дождли́вым не́бом споко́йно спят ты́сячи ра́зных люде́й. Пото́м я е́хал сюда́ на изво́зчике и всё гада́л, кого́ я встре́чу.

141

— Чем же вы всё-таки счастливы? — спросила Ольга Андреевна.

— Так... — спохватился Кузьмин. — Вообще хорошо.

Он замолчал.

— Что же вы? Говорите!

— О чём? Я и так разболтался, наговорил лишнего.

— Обо всём, — ответила Ольга Андреевна. Она как будто не расслышала его последних слов. — О чём хотите, — добавила она. — Хотя всё это немного странно.

Она встала, подошла к окну, отодвинула занавеску. Дождь не стихал.

— Что странно? — спросил Кузьмин.

— Всё дождь! — сказала Ольга Андреевна и обернулась. — Такая вот встреча. И весь этот наш ночной разговор, — разве это не странно?

Кузьмин смущённо молчал.

В сыром мраке за окном, где-то под горой, загудел пароход.

— Ну, что ж, — как будто с облегчением сказала Ольга Андреевна. — Вот и гудок!

Кузьмин встал. Ольга Андреевна не двигалась.

— Погодите, — сказала она спокойно. — Давайте сядем перед дорогой. Как в старину.

Кузьмин снова сел. Ольга Андреевна тоже села, задумалась, даже отвернулась от Кузьмина. Кузьмин, глядя на её высокие плечи, на тяжёлые косы, заколотые узлом на затылке, на чистый изгиб шеи, подумал, что если бы не Башилов, то он никуда бы не уехал из этого городка, остался бы здесь до конца отпуска и жил бы, волнуясь и зная, что рядом живёт эта милая и очень грустная сейчас женщина.

Ольга Андреевна встала. В маленькой прихожей Кузьмин помог ей надеть плащ. Она накинула на голову платок.

Они вышли, молча пошли по тёмной улице.

— Скоро рассвет, — сказала Ольга Андреевна.

Над заречной стороной синело водянистое небо. Кузьмин заметил, что Ольга Андреевна вздрогнула.

— Вам холодно? — встревожился он. — Зря вы пошли меня провожать. Я бы и сам нашёл дорогу.

— Нет, не зря, — коротко ответила Ольга Андреевна.

Дождь прошёл, но с крыш ещё падали капли, постукивали по дощатому тротуару.

В конце́ у́лицы тяну́лся городско́й сад. Кали́тка была́ откры́та. За ней сра́зу начина́лись густы́е, запу́щенные алле́и. В саду́ па́хло ночны́м хо́лодом, сыры́м песко́м. Это был ста́рый сад, чёрный от высо́ких лип. Ли́пы уже́ отцвета́ли и сла́бо па́хли. Оди́н то́лько раз ве́тер прошёл по са́ду, и весь он зашуме́л, бу́дто над ним проли́лся и то́тчас стих кру́пный и си́льный ли́вень.

В конце́ са́да был обры́в над реко́й, а за обры́вом — предрас-све́тные дождли́вые да́ли, ту́склые огни́ ба́кенов внизу́, тума́н, вся грусть ле́тнего нена́стья.

— Как же мы спу́стимся ? — спроси́л Кузьми́н.

— Иди́те сюда́ !

Ольга Андре́евна сверну́ла по тропи́нке пря́мо к обры́ву и подошла́ к деревя́нной ле́стнице, уходи́вшей вниз, в темноту́.

— Да́йте ру́ку ! — сказа́ла Ольга Андре́евна. — Здесь мно́го гнилы́х ступе́нек.

Кузьми́н по́дал ей ру́ку, и они́ осторо́жно на́чали спуска́ться. Ме́жду ступе́нек росла́ мо́края от дождя́ трава́.

На после́дней площа́дке ле́стницы они́ останови́лись. Бы́ли уже́ видны́ при́стань, зелёные и кра́сные огни́ парохо́да. Свисте́л пар. Се́рдце у Кузьмина́ сжа́лось от созна́ния, что сейча́с он расста́нется с этой незнако́мой и тако́й бли́зкой ему́ же́нщиной и ничего́ ей не ска́жет — ничего́ ! Да́же не поблагодари́т за то, что она́ встре́тилась ему́ на пути́, подала́ ма́ленькую кре́пкую ру́ку в сыро́й перча́тке, осторо́жно свела́ его́ по ве́тхой ле́стнице, и ка́ждый раз, когда́ над пери́лами све́шивалась мо́края ве́тка и могла́ заде́ть его́ по лицу́, она́ ти́хо говори́ла: «Нагни́те го́лову !» И Кузьми́н поко́рно наклоня́л го́лову.

— Попроща́емся здесь, — сказа́ла Ольга Андре́евна. — Да́льше я не пойду́.

Кузьми́н взгляну́л на неё. Из-под платка́ смотре́ли на него́ трево́жные, стро́гие глаза́. Неуже́ли вот сейча́с, сию́ мину́ту, всё уйдёт в про́шлое и ста́нет одни́м из томи́тельных воспомина́ний и в её и в его́ жи́зни ?

Ольга Андре́евна протяну́ла Кузьмину́ ру́ку. Кузьми́н поцелова́л её и почу́вствовал тот же сла́бый за́пах духо́в, что впервы́е услы́шал в тёмной ко́мнате под шо́рох дождя́.

Когда́ он по́днял го́лову, Ольга Андре́евна что́-то сказа́ла, но так ти́хо, что Кузьми́н не расслы́шал. Ему́ показа́лось, что она́ сказа́ла одно́ то́лько сло́во: «Напра́сно . . .». Мо́жет быть, она́ сказа́ла ещё что́-нибудь, но с реки́ серди́то закрича́л парохо́д, жалуясь на промозглый рассвет, на свою бродячую жизнь в дождях, в туманах.

Кузьмин сбежал, не оглядываясь, на берег, прошёл через пахнущую рогожками и дёгтем пристань, вошёл на пароход и тотчас же поднялся на пустую палубу. Пароход уже отваливал, медленно работая колёсами. Кузьмин прошёл на корму, посмотрел на обрыв, на лестницу — Ольга Андреевна была ещё там. Чуть светало, и её трудно было разглядеть. Кузьмин поднял руку, но Ольга Андреевна не ответила.

Пароход уходил всё дальше, гнал на песчаные берега длинные волны, качал бакены, и прибрежные кусты лозняка отвечали торопливым шумом на удары пароходных колёс.

### Вопросы для обсуждения в классе

1. Когда Кузьмин приехал в Наволоки? 2. О чём он говорил с помощником капитана? 3. Что Кузьмин сказал извозчику? 4. Что узнал Кузьмин от извозчика об Ольге Башиловой? 5. За кого принял извозчик Кузьмина? 6. О чём думал Кузьмин, сидя в пролётке? 7. Кем был Башилов и как он относился к людям? 8. О чём Башилов попросил Кузьмина? 9. О чём говорили Башилов и Кузьмин за бутылкой вина? 10. Чему завидовал Башилов? 11. Чем была жена для Башилова? 12. Почему Кузьмин начал завидовать Башилову? 13. Что любил Кузьмин и какой был у него характер? 14. Как выглядел дом Башиловой, и о чём говорил извозчик с Марфой? 15. Кто встретил Кузьмина и что он чувствовал, сидя в комнате? 16. Как выглядела Ольга Андреевна и что передал ей Кузьмин? 17. Что удивило Кузьмина в поведении Ольги Андреевны? 18. Почему Кузьмин стал отказываться от чая? 19. Что предложила ему Ольга Андреевна? 20. Какое угощение увидел Кузьмин на столе? 21. Что рассказала о себе Ольга Андреевна? 22. Что удивило Кузьмина и что он подумал о супругах Башиловых? 23. Догадалась ли Ольга Анреевна, о чём думал Кузьмин и что ему сказала? 24. Что было «хорошо» по мнению Кузьмина? 25. Чего ожидал всегда в жизни Кузьмин? 26. Что рассказал о себе Кузьмин? 27. Что хотела узнать Ольга Андреевна от Кузьмина? 28. О чём думал Кузьмин, глядя на

144

Ольгу Андре́евну? 29. Как провожа́ла Ольга Андре́евна Кузь-
мина́ и как они́ прости́лись? 30. Как уе́хал Кузьми́н из
На́волок?


## Те́мы для пи́сьменных рабо́т

1. Опиши́те прие́зд Кузьмина́ в На́волоки. 2. Кто тако́й
Баши́лов и о чём он говори́л с Кузьмины́м пе́ред отъе́здом
после́днего? 3. О чём ду́мал Кузьми́н, проезжа́я по тёмным
у́лицам го́рода? 4. Опиши́те прие́зд Кузьмина́ к Ольге Ан-
дре́евне. 5. Как встре́тила Кузьмина́ Ольга Андре́евна и что его́
удиви́ло? 6. Разгово́р Кузьмина́ с Ольгой Андре́евной о том,
что «хорошо́». 7. Что рассказа́л Кузьми́н Ольге Андре́евне о себе́
и свое́й жи́зни? 8. Отъе́зд Кузьмина́ и его́ мы́сли на пути́ к
при́стани. 9. Как вам понра́вился э́тот расска́з?

# Алекса́ндр Иса́евич Солжени́цын

## (1918–)

Алекса́ндр Иса́евич Солжени́цын роди́лся в 1918 году́. Его́ оте́ц ра́но у́мер, и ма́льчик жил с ма́терью в Росто́ве на Дону́. Там он око́нчил десятиле́тку и поступи́л на фи́зико-математи́ческий факульте́т. Когда́ ему́ испо́лнился 21 год, он был при́нят на зао́чное отделе́ние филологи́ческого факульте́та Моско́вского университе́та.

С 1941 го́да Солжени́цын был на фро́нте, где в тече́ние трёх лет кома́ндовал батаре́ей и два́жды был награждён за хра́брость. В 1945 году́ он был аресто́ван и приговорён к восьми́ года́м концентрацио́нного ла́геря.

В 1953 году́ его́ освободи́ли, а в 1957 году́ по́лностью реабилити́ровали. Он посели́лся в Ряза́ни, жени́лся и стал преподава́телем матема́тики в ме́стной десятиле́тке.

«Оди́н день Ива́на Дени́совича» — автобиографи́ческая по́весть Солжени́цына о жи́зни в концентрацио́нном ла́гере — была́ напеча́тана в «Но́вом ми́ре» в 1962 году́ и сра́зу же ста́ла как в Росси́и, так и за грани́цей полити́ческой и литерату́рной сенса́цией.

Солжени́цын написа́л ещё три расска́за: «Слу́чай на ста́нции Кречето́вка», «Для по́льзы де́ла» и «Матрёнин двор», кото́рый помещён в э́том сбо́рнике.

Всё напи́санное Солжени́цыным прони́кнуто большо́ю любо́вью к Росси́и, к ру́сской приро́де и к просто́му ру́сскому челове́ку.

# МАТРЁНИН ДВОР

На сто во́семьдесят четвёртом киломе́тре от Москвы́ ещё с до́брых полго́да по́сле того́ все поезда́ замедля́ли свой ход почти́ как бы до о́щупи. Пассажи́ры льну́ли к стёклам, выходи́ли в та́мбур: чи́нят пути́, что ли? Из гра́фика вы́шел?[1]

Нет. Пройдя́ переé́зд, по́езд опя́ть набира́л ско́рость, пасса-жи́ры уса́живались.

То́лько машини́сты зна́ли и по́мнили, отчего́ э́то всё.

Да я.

## I

Ле́том 1953 го́да из пы́льной горя́чей пусты́ни я возвраща́лся наугад — про́сто в Росси́ю. Ни в одно́й то́чке её никто́ меня́ не ждал и не звал, потому́ что я задержа́лся с возвра́том го́диков на́ де́сять. Мне про́сто хоте́лось в сре́днюю полосу́ — без жары́, с ли́ственным ро́котом ле́са. Мне хоте́лось затеса́ться и затеря́ться в самой нутряно́й Росси́и[2] — е́сли така́я где́-то была́, жила́.

За́ год до того́ по сю сто́рону Ура́льского хребта́ я мог наня́ться ра́зве таска́ть носи́лки. Да́же эле́ктриком на поря́дочное строи́тельство меня́ бы не взя́ли. А меня́ тяну́ло — учи́тельст-вовать. Говори́ли мне зна́ющие лю́ди, что не́чего и на биле́т тра́титься, впусту́ю прое́зжу.

Но что́-то начина́ло уже́ стра́гиваться.[3] Когда́ я подня́лся по ле́стнице . . . . ского обло́но[4] и спроси́л, где отде́л ка́дров, то с удивле́нием уви́дел, что ка́дры уже́ не сиде́ли здесь за чёрной ко́жаной две́рью, а за остеклённой перегоро́дкой, как в апте́ке. Я подошёл к око́шечку ро́бко, поклони́лся и попроси́л:

— Скажи́те, не нужны́ ли вам матема́тики где́-нибудь пода́льше от желе́зной доро́ги? Я хочу́ посели́ться там навсегда́.

Ка́ждую бу́кву в мои́х докуме́нтах перещу́пали, походи́ли из ко́мнаты в ко́мнату и куда́-то звони́ли. То́же и для них ре́дкость была́ — все ведь про́сятся в го́род, да покрупне́й. И вдру́г-таки

---

1. "Was the train off schedule?"  2. "In the innermost heart of Russia."
3. "But some things were changing already."  4. Abbreviation for областно́й отде́л наро́дного образова́ния (District Board of Education).

дáли мне местéчко — Высóкое Пóле. От одногó назвáния веселéла душá.

Назвáние не лгáло. На взгóрке мéжду ложкóв,[5] а потóм другúх взгóрков, цéльно-обóмкнутое лéсом,[6] с прудóм и плотúнкой, Высóкое Пóле бы́ло тем сáмым мéстом, где не обúдно бы и жить и умерéть. Там я дóлго сидéл в рóщице на пне и дýмал, что от душú бы хотéл не нуждáться кáждый день зáвтракать и обéдать, тóлько бы остáться здесь и ночáми слýшать, как вéтви шуршáт по кры́ше — когда́ ниоткýда не слы́шно рáдио и всё в мúре молчúт.

Увы́, там не пеклú хлéба. Там не торговáли ничéм съестны́м. Вся дерéвня волоклá снедь мешкáми из областнóго гóрода.

Я вернýлся в отдéл кáдров и взмолúлся пéред окóшечком. Спервá и разговáривать со мной не хотéли. Потóм всё ж походúли из кóмнаты в кóмнату, позвонúли, поскрипéли и отпечáтали мне в прикáзе: «Торфопродýкт».

Торфопродýкт? Ах, Тургéнев[7] не знал, что мóжно по-рýсски состáвить такóе!

На стáнции Торфопродýкт, состáрившемся врéменном сéро-деревя́нном барáке, висéла стрóгая нáдпись: «На пóезд садúться тóлько со стороны́ вокзáла!» Гвоздём по доскáм бы́ло доцарáпано: «И без билéтов». А у кáссы с тем же меланхолúческим остроýмием бы́ло навсегдá вы́резано ножóм: «Билéтов нет». Тóчный смысл э́тих добавлéний я оценúл пóзже. В Торфопродýкт легкó бы́ло приéхать. Но не уéхать.

А и на э́том мéсте стоя́ли прéжде и перестоя́ли револю́цию дремýчие, непрохóжие лесá. Потóм их вы́рубили — торфоразрабóтчики и сосéдний колхóз. Председáтель егó, Шáшков, свёл под кóрень[8] изря́дно гектáров лéса и вы́годно сбыл в Одéсскую óбласть.

Меж торфяны́ми низúнами беспоря́дочно разбросáлся посёлок — однообрáзные барáки тридцáтых годóв и, с резьбóй по фасáду, с остеклёнными верáндами, дóмики пятидеся́тых. Но внутрú э́тих дóмиков нельзя́ бы́ло увúдеть перегорóдки, доходя́щей до потолкá, так что не снять мне бы́ло кóмнаты с четырьмя́ настоя́щими стенáми.

Над посёлком дымúла фабрúчная трубá. Тудá и сюдá сквозь посёлок пролóжена былá узкоколéйка, и паровóзики, тóже гýсто-дымя́щие, пронзúтельно свистя́, таскáли по ней поездá с бýрым

---

5. "Hollows."  6. "Completely surrounded by woods."  7. I. S. Turgenev (1818–1883) Russian novelist.  8. "Cut down."

торфом, торфяны́ми пли́тами и брике́тами. Без оши́бки я мог предположи́ть, что ве́чером над дверьми́ клу́ба бу́дет надрыва́ться радио́ла, а по у́лице побра́живать пья́ные — не без того́, что́бы пырну́ть друг дру́га ножо́м.

Вот куда́ завела́ меня́ мечта́ о ти́хом уголке́ Росси́и. А ведь там, отку́да я прие́хал, мог я жить в глиноби́тной ха́тке, глядя́щей в пусты́ню. Там дул тако́й све́жий ве́тер ноча́ми и то́лько звёздный свод распа́хивался над голово́й.

Мне не спало́сь на станцио́нной скамье́, и я чуть свет опя́ть побрёл по посёлку. Тепе́рь я уви́дел кро́хотный база́рец. По ра́ни еди́нственная же́нщина стоя́ла там, торгу́я молоко́м. Я взял буты́лку, стал пить тут же.

Меня́ порази́ла её речь. Она́ не говори́ла, а напева́ла уми́льно, и слова́ её бы́ли те са́мые, за кото́рыми потяну́ла меня́ тоска́ из Азии:

— Пей, пей с душо́ю жела́дной.[9] Ты, пота́й, прие́зжий?[10]

— А вы отку́да? — просветле́л я.

И я узна́л, что не всё вокру́г торфоразрабо́тки, что есть за полотно́м желе́зной доро́ги — буго́р, а за бугро́м — дере́вня, и дере́вня э́та — Та́льново, испоко́н она́ здесь, ещё когда́ была́ ба́рыня-«цыга́нка» и круго́м лес лихо́й стоя́л. А да́льше це́лый край идёт дереве́нь: Ча́слицы, Ови́нцы, Спу́дни, Ше́вертни, Шести-ми́рово — все поглу́ше, от желе́зной доро́ги пода́ле,[11] к озёрам.

Ве́тром успокое́ния потяну́ло на меня́ от э́тих назва́ний. Они́ обеща́ли мне кондо́вую Росси́ю.[12]

И я попроси́л мою́ но́вую знако́мую отвести́ меня́ по́сле база́ра в Та́льново и подыска́ть избу́, где бы стать мне квартира́нтом.

Я каза́лся квартира́нтом вы́годным: сверх пла́ты сули́ла шко́ла за меня́ ещё маши́ну то́рфа на́ зиму. По лицу́ же́нщины прошли́ забо́ты уже́ не уми́льные. У само́й у неё ме́ста не́ было (они́ с му́жем воспи́тывали её престаре́лую мать), оттого́ она́ повела́ меня́ к одни́м свои́м родны́м и ещё к други́м. Но и здесь не нашло́сь ко́мнаты отде́льной, бы́ло те́сно и шу́мно.

Так мы дошли́ до высыха́ющей подпру́женной речу́шки с мо́стиком. Миле́й э́того ме́ста мне не пригляну́лось во всей дере́вне; две-три и́вы, избу́шка перекособо́ченная,[13] а по пруду́ пла́вали у́тки, и выходи́ли на́ берег гу́си, отряха́ясь.[14]

---

9. Dialectal: "to your heart's content."   10. Dialectal: "you arrived secretly?"
11. Substandard for пода́льше.   12. "The very core of Russia."
13. "Crooked."   14. "Shaking themselves."

— Ну, ра́зве что к Матрёне зайдём, — сказа́ла моя́ проводни́ца, уже́ устава́я от меня́. — То́лько у неё не так убо́рно,[15] в за́пущи[16] она́ живёт, боле́ет.

Дом Матрёны стоя́л тут же, неподалёку, с четырьмя́ око́нцами в ряд на холо́дную некра́сную[17] сто́рону, кры́тый щепо́ю, на́ два ска́та и с укра́шенным под теремо́к чарда́чным око́шком. Одна́ко изгнива́ла щепа́, посере́ли от ста́рости брёвна сру́ба и воро́та, когда́-то могу́чие, и прореди́лась их обве́ршка.[18]

Кали́тка была́ на запо́ре, но проводни́ца моя́ не ста́ла стуча́ть, а просу́нула ру́ку под ни́зом и отверну́ла завёртку[19] — нехи́трую зате́ю про́тив скота́. Дво́рик не́ был крыт, но в до́ме мно́гое бы́ло под одно́й свя́зью. За входно́й две́рью вну́тренние ступе́ньки поднима́лись на просто́рные мосты́,[20] высоко́ осенённые кры́шей. Нале́во ещё ступе́ньки вели вверх в го́рницу — отде́льный сруб без пе́чи, и ступе́ньки вниз, в подкле́ть.[21] А напра́во шла сама́ изба́, с чердако́м и подпо́льем.

Стро́ено бы́ло давно́ и добро́тно, на большу́ю семью́, а жила́ тепе́рь одино́кая же́нщина лет под шестьдеся́т.

Когда́ я вошёл в избу́, она́ лежа́ла на ру́сской печи́, тут же, у вхо́да, накры́тая неопределённым тёмным тряпьём, таки́м бесце́нным в жи́зни рабо́чего челове́ка.

Просто́рная изба́ и осо́бенно лу́чшая приоко́нная её часть была́ уста́влена по табуре́ткам и ла́вкам — горшка́ми и ка́дками с фи́кусами. Они́ запо́лнили одино́чество хозя́йки безмо́лвной, но живо́й толпо́й. Они́ разросли́сь приво́льно, забира́я небога́тый свет се́верной стороны́. В оста́тке све́та и к тому́ же за трубо́й кругло́ватое лицо́ хозя́йки показа́лось мне жёлтым, больны́м. И по глаза́м её замутнённым мо́жно бы́ло ви́деть, что боле́знь измота́ла её.

Разгова́ривая со мной, она́ так и лежа́ла на печи́ ничко́м, без поду́шки, голово́й к две́ри, а я стоя́л внизу́. Она́ не прояви́ла ра́дости заполучи́ть квартира́нта, жа́ловалась на чёрный неду́г,[22] из при́ступа кото́рого выходи́ла сейча́с: неду́г налета́л на неё не ка́ждый ме́сяц, но, налетев, — . . . де́ржит два́-дни и три́-дни,[23] так что ни встать, ни пода́ть я вам не приспе́ю. А избу́ бы не жа́лко, живи́те.

---

15. Dialectal: "not well kept." 16. Dialectal: "neglected." 17. Colloquial: "shady." 18. Colloquial: "a kind of roofing." 19. Small wooden latch or belt on the inside of a gate. 20. Regional: "a wide landing." 21. Storage room." 22. Colloquial: "epilepsy." 23. Dialectal for дня.

И она перечисляла мне других хозяек, у кого будет мне покойней и угожей,[24] и слала обойти их. Но я уже видел, что жребий мой был — поселиться в этой темноватой избе с тусклым зеркалом, в которое совсем нельзя было смотреться, с двумя яркими рублёвыми плакатами о книжной торговле и об урожае, повешенными на стене для красоты.

И хотя Матрёна Васильевна вынудила меня походить ещё по деревне, и хотя в мой второй приход долго отнекивалась:

— Не умёмши, не варёмши — как утрафишь?[25] — но уж встретила меня на ногах, и даже будто удовольствие пробудилось в её глазах оттого, что я вернулся.

Поладили о цене и о торфе, что школа привезёт.

Я только потом узнал, что год за годом, многие годы, ниоткуда не зарабатывала Матрёна Васильевна ни рубля. Потому что пенсии ей не платили. Родные ей помогали мало. А в колхозе она работала не за деньги — за палочки.[26] За палочки трудодней в замусленной книжке.

Так и поселился я у Матрёны Васильевны. Комнаты мы не делили. Её кровать была в дверном углу у печки, а я свою раскладушку развернул у окна и, оттесняя от света любимые Матрёнины фикусы, ещё у одного окна поставил столик. Электричество же в деревне было — его ещё в двадцатые годы подтянули от Шатуры. В газетах писали тогда «лампочки Ильича»,[27] и мужики, глаза тараща, говорили: «Царь Огонь!»

Может, кому из деревни, кто побогаче, изба Матрёны и не казалась доброжилой, нам же с ней в ту осень и зиму вполне была хороша: от дождей она ещё не протекала и ветрами студёными выдувало из неё печное грево[28] не сразу, лишь под утро, особенно тогда, когда дул ветер с прохудившейся стороны.

Кроме Матрёны и меня, жили в избе ещё — кошка, мыши и тараканы.

Кошка была немолода, а главное — колченога.[29] Она из жалости была Матрёной подобрана и прижилась. Хотя она и ходила на четырёх ногах, но сильно прихрамывала: одну ногу она берегла, больная была нога. Когда кошка прыгала с печи на пол, звук касания её о пол не был кошаче-мягок, как у всех,

---

24. Dialectal: "more comfortable." 25. Dialectal: "if one neither knows how to cook nor tries to, how can one please?" 26. Checks or marks on a worksheet. 27. Colloquial: "Ilyich's bulbs": refers to Vladimir Ilyich Lenin. 28. Substandard: "warmth from the stove." 29. Substandard: "clubfooted."

а — си́льный одновреме́нный уда́р трёх ног : туп ! — тако́й си́льный уда́р, что я не сра́зу привы́к, вздра́гивал. Э́то она́ три ноги́ подставля́ла ра́зом, чтоб убере́чь четвёртую.

Но не потому́ бы́ли мы́ши в избе́, что колчено́гая ко́шка с ни́ми не справля́лась : она́ как мо́лния за ни́ми пры́гала в у́гол и выноси́ла в зуба́х. А недосту́пны бы́ли мы́ши для ко́шки из-за того́, что кто́-то когда́-то, ещё по хоро́шей жи́зни, окле́ил Матрё-нину избу́ рифлёными зеленова́тыми обо́ями, да не про́сто в слой, а в пять слоёв. Друг с дру́гом обо́и скле́ились хорошо́, от стены́ же во мно́гих места́х отста́ли — и получи́лась как бы вну́тренняя шку́ра на избе́. Ме́жду брёвнами избы́ и обо́йной шку́рой мы́ши и проде́лали себе́ хо́ды и на́гло шурша́ли, бе́гая по ним да́же и под потолко́м. Ко́шка серди́то смотре́ла вслед их шурша́нью, а доста́ть не могла́.

Иногда́ е́ла ко́шка и тарака́нов, но от них ей станови́лось нехорошо́. Еди́нственное, что тарака́ны уважа́ли, э́то черту́ перегоро́дки, отделя́вшей у́стье ру́сской пе́чи и ку́хоньку от чи́стой избы́.[30] В чи́стую избу́ они́ не переполза́ли. Зато́ в ку́хоньке по ноча́м кише́ли, и е́сли по́здно ве́чером, зайдя́ испи́ть[31] воды́, я зажига́л там ла́мпочку — пол весь, и скамья́ больша́я, и да́же стена́ бы́ли чуть не сплошь бу́рыми и шевели́лись. Приноси́л я из хими́ческого кабине́та буры́, и, сме́шивая с те́стом, мы их трави́ли. Тарака́нов ме́нело,[32] но Матрёна боя́лась отрави́ть вме́сте с ни́ми и ко́шку. Мы прекраща́ли подсы́пку я́да, и тарака́ны плоди́лись вновь.

По ноча́м, когда́ Матрёна уже́ спала́, а я занима́лся за столо́м, — ре́дкое бы́строе шурша́ние мыше́й под обо́ями покры-ва́лось сли́тным, еди́ным, непреры́вным, как далёкий шум океа́на, шо́рохом тарака́нов за перегоро́дкой. Но я свы́кся с ним, и́бо в нём не́ было ничего́ зло́го, в нём не́ было лжи. Шурша́нье их — была́ их жизнь.

И с гру́бой плака́тной краса́вицей я свы́кся, кото́рая со стены́ постоя́нно протя́гивала мне Бели́нского,[33] Панфёрова[34] и еще стопу́ каки́х-то книг, но — молча́ла. Я со всем свы́кся, что бы́ло в избе́ Матрёны.

Матрёна встава́ла в четы́ре-пять утра́. Хо́дикам[35] Матрёниным бы́ло два́дцать семь лет, как ку́плены в сельпо́.[36] Всегда́ они́ шли

---

30. Living quarters.  31. Substandard for напи́ться.  32. Substandard for станови́лось ме́ньше.  33. V. G. Belinsky (1811–1848), Russian critic.  34. F. I. Panferov (1896–), Soviet author.  35. Substandard: "clock."  36. Abbre-viation for се́льское потреби́тельское о́бщество (village store).

вперёд, и Матрёна не беспокоилась — лишь бы не отставали, чтоб утром не запозднить́ся.[37] Она включала лампочку за кухонной перегородкой и тихо, вежливо, стараясь не шуметь, топила русскую печь, ходила доить козу (все животы[38] её были — одна эта грязно-белая криворогая коза), по воду ходила и варила в трёх чугунках: один чугунок — мне, один — себе, один — козе. Козе она выбирала из подполья самую мелкую картошку, себе — мелкую, а мне — с куриное яйцо. Крупной же картошки огород её песчаный, с довоенных лет не удобренный и всегда засаживаемый картошкой, картошкой и картошкой, — крупной не давал.

Мне почти не слышались её утренние хлопоты. Я спал долго, просыпался на позднем зимнем свету и потягивался, высовывая голову из-под одеяла и тулупа. Они да ещё лагерная телогрейка на ногах, а снизу мешок, набитый соломой, хранили мне тепло даже в те ночи, когда стужа толкалась с севера в наши хилые оконца. Услышав за перегородкой сдержанный шумок, я всякий раз размеренно говорил:

— Доброе утро, Матрёна Васильевна!

И всегда одни и те же доброжелательные слова раздавались мне из-за перегородки. Они начинались каким-то низким тёплым мурчанием, как у бабушек в сказках:

— М-м-мм . . . также и вам!

И немного погодя:

— А завтрак вам приспе-ел.[39]

Что на завтрак, она не объявляла, да это и догадаться было легко: картовь[40] необлупленная,[41] или суп картонный[42] (так выговаривали все в деревне), или каша ячневая (другой крупы в тот год нельзя было купить в Торфопродукте, да и ячневую-то с бою — как самой дешёвой ею откармливали свиней и мешками брали). Не всегда это было посолено, как надо, часто пригорало, а после еды оставляло налёт на нёбе, дёснах и вызывало изжогу.

Но не Матрёны в том была вина: не было в Торфопродукте и масла, маргарин нарасхват, а свободно только жир комбинированный. Да и русская печь, как я пригляделся, неудобна для стряпни: варка идёт скрыто от стряпухи, жар к чугунку подступает с разных сторон неравномерно. Но потому, должно

---

37. Colloquial: "be late." 38. Dialectal: "livestock." 39. Colloquial for поспел. 40. Substandard for картофель. 41. Unpeeled cooked (potatoes). 42. Dialectal for картофельный.

быть, пришла она к нашим предкам из самого каменного века, что, протопленная раз на досветьи,[43] весь день хранит в себе тёплыми корм и пойло для скота, пищу и воду для человека. И спать тепло.

Я покорно съедал всё наваренное мне, терпеливо откладывал в сторону, если попадалось что неурядное: волос ли, торфа кусочек, таракáнья ножка. У меня не хватало духу[44] упрекнуть Матрёну. В конце концов она сама же меня предупреждала: «Не умемши, не варемши — как утрáфишь?»

— Спасибо, — вполне искренне говорил я.

— На чём? На своём на добром?[45] — обезоруживала она меня лучезарной улыбкой. И, простодушно глядя блёкло-голубыми глазами, спрашивала: — Ну, а к ужóткому что вам приготовить?

К ужóткому значило — к вечеру. Ел я дважды в сутки, как на фронте. Что мог я заказать к ужóткому? Всё из того же, картовь или суп картонный.

Я мирился с этим, потому что жизнь научила меня не в еде находить смысл повседневного существования. Мне дороже была эта улыбка её кругловáтого лица, которую, заработав наконец на фотоаппарат, я тщетно пытался уловить. Увидев на себе холодный глаз объектива, Матрёна принимала выражение или натянутое, или повышенно-суровое.

Раз только запечатлел я, как она улыбалась чему-то, глядя в окошко на улицу.

В ту осень много было у Матрёны обид. Надоумили её соседки добиваться пенсии. Была она одинокая кругом, а с тех пор, как стала сильно болеть — и из колхоза её отпустили. Наворочено было много несправедливостей с Матрёной: она была больна, но не считалась инвалидом; она четверть века проработала в колхозе, но потому что не на заводе — не полагалось ей пенсии за себя, а добиваться можно было только за мужа, то есть за утéрю кормильца. Но мужа не было уже двенадцать лет, с начала войны, и нелегко было теперь добыть те справки с разных мест о его стаже[46] и сколько он там получал. Хлопоты были — добыть эти справки; и чтоб написали всё же, что получал он в месяц хоть рублей триста; и справку заверить, что живёт она

---

43. Dialectal: "early in the morning."   44. "I did not have the heart."
45. Colloquial: "why give thanks for something that belongs to you?"
46. Substandard for стáже.

одна и никто ей не помогает; и с года она какого; и потом всё это носить в собес;[47] и перенашивать, исправляя, что сделано не так; и ещё носить. И узнавать — дадут ли пенсию.

Хлопоты эти были тем затруднены, что собес от Тальнова был в двадцати километрах к востоку, сельский совет — в десяти километрах к западу, а посёлковый — к северу, час ходьбы. Из канцелярии в канцелярию и гоняли её два месяца — то за точкой, то за запятой.[48] Каждая проходка — день. Сходит в сельсовет, а секретаря сегодня нет, просто так вот нет, как это бывает в сёлах. Завтра, значит, опять иди. Теперь секретарь есть, да печати у него нет. Третий день опять иди. А четвёртый день иди потому, что сослепу они не на той бумажке расписались, бумажки-то все у Матрёны одной пачкой сколоты.

— Притесняют меня, Игнатич, — жаловалась она мне после таких бесплодных проходок. — Иззаботилась[49] я.

Но лоб её недолго оставался омрачённым. Я заметил: у неё было верное средство вернуть себе доброе расположение духа — работа. Тотчас же она или хваталась за лопату и копала картовь. Или с мешком под мышкой шла за торфом. А то с плетёным кузовом — по ягоды в дальний лес. И не столам конторским кланяясь, а лесным кустам, да наломавши спину ношей, в избу возвращалась Матрёна уже просветлённая, всем довольная, со своей доброй улыбкой.

— Теперича[50] я зуб наложила,[51] Игнатич, знаю, где брать, — говорила она о торфе. — Ну и местечко, любота[52] одна!

— Да Матрёна Васильевна, разве моего торфа не хватит? Машина целая.

— Фу-у! твоего торфу! Ещё столько, да ещё столько — тогда, бывает, хватит. Тут как зима закрутит, да дуель[53] в окна, так не только топишь, сколько выдувает. Летось[54] мы торфу натаскивали сколища![55] Я ли бы и теперь три машины не натаскала? Так вот ловят. Уж одну бабу нашу по судам тягают.

Да, это было так. Уже закруживалось пугающее дыхание зимы. Стояли вокруг леса, а топки взять было негде. Рычали кругом экскаваторы на болотах, но не продавалось и торфу

---

47. Abbreviation for социальное обеспечение (Social Security Office). 48. Literally—"Now to fetch a period, now a comma," i.e., "typical bureaucratic passing the buck." 49. Substandard: "worn out with worry." 50. Substandard for теперь. 51. Colloquial: "I struck it rich." 52. Dialectal: "joy." 53. Dialectal for метель (snowstorm). 54. Dialectal for этим летом. 55. Dialectal for сколько.

жи́телям, а то́лько везли́ — нача́льству, да кто при нача́льстве, да по маши́не — учителя́м, врача́м, рабо́чим заво́да. Та́льновским то́плива не́ было поло́жено[56] — и спра́шивать о нём не полага́лось. Председа́тель колхо́за ходи́л по дере́вне, смотре́л в глаза́ тре́бовательно и́ли простоду́шно и о чём уго́дно говори́л, кро́ме то́плива. Потому́ что сам он запа́сся. А зимы́ не ожида́лось.

Что ж, ворова́ли ра́ньше лес у ба́рина, тепе́рь тяну́ли торф у тре́ста. Ба́бы собира́лись по пя́ть, по де́сять, что́бы смеле́й. Ходи́ли днём. За́ лето нако́пано бы́ло то́рфу повсю́ду и сло́жено штабеля́ми для просу́шки. Э́тим и хоро́ш торф, что, добы́в, его́ не мо́гут увезти́ сра́зу. Он со́хнет до о́сени, а то и до сне́га, е́сли доро́га не ста́нет.[57] За э́то-то вре́мя ба́бы его́ и бра́ли. Зара́з уноси́ли в мешке́ торфи́н шесть, е́сли бы́ли сырова́ты, торфи́н де́сять, е́сли сухи́е. Одного́ мешка́ тако́го, принесённого иногда́ киломе́тра за́ три (и ве́сил он пуда́ два), хвата́ло на одну́ прото́пку. А дней в зиме́ две́сти. А топи́ть на́до: у́тром ру́сскую,[58] ве́чером «голла́ндку».[59]

— Да чего́ говори́ть оба́пол![60] — серди́лась Матрёна на кого́-то неви́димого. — Как лошаде́й не ста́ло, так чего́ на себе́ не припрёшь, того́ и в дому́ нет. Спина́ у меня́ никогда́ не зажива́ет. Зимо́й сала́зки на себе́, ле́том вяза́нки на себе́, ей-Бо́гу пра́вда!

Ходи́ли ба́бы в день — не по ра́зу. В хоро́шие дни Матрёна приноси́ла по шесть мешко́в. Мой торф она́ сложи́ла откры́то, свой пря́тала под мо́сти, и ка́ждый ве́чер забива́ла лаз доско́й.

— Ра́зве уж догада́ются, враги́, — улыба́лась она́, вытира́я пот со лба, — а то ни в жи́сть[61] не найду́т.

Что бы́ло де́лать тре́сту? Ему́ не отпуска́лось шта́тов,[62] что́бы расставля́ть карау́льщиков по всем боло́там. Приходи́лось, наве́рно, показа́в оби́льную добы́чу в сво́дках, зате́м спи́сывать — на кро́шку, на дожди́. Иногда́, поры́вами, собира́ли патру́ль и лови́ли баб у вхо́да в дере́вню. Ба́бы броса́ли мешки́ и разбега́лись. Иногда́, по доно́су, ходи́ли по дома́м с о́быском, составля́ли протоко́л на незако́нный торф и грози́лись переда́ть в суд. Ба́бы на вре́мя броса́ли носи́ть, но зима́ надвига́лась и сно́ва гнала́ их — с са́нками по ноча́м.

Вообще́, пригля́дываясь к Матрёне, я замеча́л, что, поми́мо стряпни́ и хозя́йства, на ка́ждый день у неё приходи́лось и

---

56. "Was not authorized." 57. "If the road is unusable." 58. Russian (stove). 59. Dutch stove. 60. Dialectal: "in vain." 61. Substandard for жизнь. 62. "He had no allocations."

какое-нибудь другое немалое дело, закономерный порядок этих дел она держала в голове и, проснувшись поутру, всегда знала, чем сегодня день её будет занят. Кроме торфа, кроме сбора старых пеньков, вывороченных трактором на болоте, кроме брусники, намачиваемой на зиму в четвертях («Поточи зубки, Игнатич», — угощала меня), кроме копки картошки, кроме беготни по пенсионному делу, она должна была ещё где-то раздобывать сенца[63] для единственной своей грязно-белой козы.

— А почему вы коровы не держите, Матрёна Васильевна?

— Э-эх, Игнатич, — разъясняла Матрёна, стоя в нечистом фартуке в кухонном дверном вырезе и оборотясь к моему столу. — Мне молока и от козы хватит. А корову заведи, так она меня самою[64] с ногами съест. У полотна не скоси — там свой хозява,[65] и в лесу косить нету — лесничество хозяин, и в колхозе мне не велят — не колхозница, мол, теперь. Да они и колхозницы до самых белых мух[66] всё в колхоз, а себе уж из-под снегу — что за трава?.. По-бывалошному[67] кипели с сеном в межень, с Петрова до Ильина.[68] Считалась трава — медовая . . .

Так, одной утельной[69] козе собрать было сена для Матрёны — труд великий. Брала она с утра мешок и серп и уходила в места, которые помнила, где трава росла по обмежкам,[70] по задороге,[71] по островкам среди болота. Набив мешок свежей тяжёлой травой, она тащила её домой и во дворике у себя раскладывала пластом. С мешка травы получалось подсохшего сена — навильник.[72]

Председатель новый, недавний, присланный из города, первым делом обрезал всем инвалидам огороды. Пятнадцать соток[73] песочка оставил Матрёне, а десять соток так и пустовало за забором. Впрочем, когда рук не хватало, когда отнекивались бабы уж очень упорно, жена председателя приходила к Матрёне. Она была тоже женщина городская, решительная, с коротким серым полупальто и грозным взглядом как бы военная.

Она входила в избу и, не здороваясь, строго смотрела на Матрёну. Матрёна мешалась.

---

63. Diminutive for сено.  64. Dialectal for саму.  65. Dialectal for хозяева.
66. "Snowflakes."  67. Dialectal: "in the old days."  68. "We managed the hay in midsummer between the feasts of St. Peter and Paul and St. Elijah."
69. Dialectal: "tiny."  70. Strip along boundary.  71. "Along the roadside."
72. "Fork load."  73. About $\frac{1}{3}$ of an acre.

— Та-ак, — раздельно говорила жена председателя. — Товарищ Григорьева! Надо будет помочь колхозу! Надо будет завтра ехать навоз вывозить!

Лицо Матрёны складывалось в извиняющую полуулыбку — как будто ей было совестно за жену председателя, что та не могла ей заплатить за работу.

— Ну что ж, — тянула она. — Я больна, конечно. И к делу вашему теперь не присоединёна. — И тут же спешно исправлялась: — Какому часу приходить-то?

— И вилы свои бери! — наставляла председательша и уходила, шурша твёрдой юбкой.

— Во как! — пеняла Матрёна вслед. — И вилы свои бери! Ни лопат, ни вил в колхозе нету. А я без мужика живу, кто мне насадит?..

И размышляла потом весь вечер:

— Да что говорить, Игнатич! Помочь надо, конечно, — без навоза им какой урожай? А только ни к столбу, ни к перилу[74] у них работа: станут бабы, об лопаты опершись, и ждут, скоро ли с фабрики гудок на двенадцать. Да ещё заведутся, счёты[75] сводят, кто вышел, кто не вышел. По мне работать — так чтоб звуку не было, только ой-ой-ойиньки, вот обед подкатил, вот вечер подступил.

Поутру она уходила со своими вилами.

Но не колхоз только, а любая родственница дальняя или просто соседка приходила тоже к Матрёне с вечера и говорила:

— Завтра, Матрёна, придёшь мне пособить. Картошку будем докапывать.

И Матрёна не могла отказать. Она покидала свой черёд дел, шла помогать соседке и, воротясь, ещё говорила без тени зависти:

— Ах, Игнатич, и крупная ж картошка у неё! В охотку[76] копала, уходить с участка не хотелось, ей-Богу правда!

Тем более не обходилась без Матрёны ни одна пахота огорода. Тальновские бабы установили доточно,[77] что одной вскопать свой огород лопатою тяжелее и дольше, чем, взяв соху и вшестером впрягшись, вспахать на себе шесть огородов. На то и звали Матрёну в помощь.

— Что ж, платили вы ей? — приходилось мне потом спрашивать.

---

74. "Neither fish nor fowl." 75. "They start settling accounts." 76. Dialectal for охотно. 77. Dialectal for точно.

— Не берёт она́ де́нег. Уж понево́ле ей вопря́таешь.[78]

Ещё суета́ больша́я выпада́ла Матрёне, когда́ подходи́ла её о́чередь корми́ть ко́зьих пастухо́в: одного́ — здорове́нного, немоглу́хого,[79] и второ́го — мальчи́шку с постоя́нной слюня́вой цига́ркой в зуба́х. О́чередь э́та была́ в полтора́ ме́сяца раз, но вгоня́ла Матрёну в большо́й расхо́д. Она́ шла в сельпо́, покупа́ла ры́бные консе́рвы, расста́рывалась и са́хару и ма́сла, чего́ не е́ла сама́. Ока́зывается, хозя́йки выкла́дывались друг пе́ред дру́гом,[80] стара́ясь накорми́ть пастухо́в полу́чше.

— Бо́йся портно́го да пастуха́, — объясня́ла она́ мне. — По всей дере́вне тебя́ осла́вят, е́сли что им не так.

И в э́ту жизнь, густу́ю забо́тами, ещё врыва́лась времена́ми тяжёлая не́мочь, Матрёна вали́лась и су́тки-дво́е лежа́ла пласто́м. Она́ не жа́ловалась, не стона́ла, но и не шевели́лась почти́. В таки́е дни Ма́ша, бли́зкая подру́га Матрёны с са́мых молоды́х годко́в, приходи́ла обиха́живать[81] козу́ да топи́ть печь. Сама́ Матрёна не пила́, не е́ла и не проси́ла ничего́. Вы́звать на́ дом врача́ из посёлкового медпу́нкта бы́ло в Та́льнове вди́во,[82] ка́к-то неприли́чно пе́ред сосе́дями — мол, ба́рыня. Вызыва́ли одна́жды, та прие́хала зла́я о́чень, веле́ла Матрёне, как отлежи́тся, приходи́ть на медпу́нкт само́й. Матрёна ходи́ла про́тив во́ли, бра́ли ана́лизы, посыла́ли в райо́нную больни́цу — да так и заглохло. Была́ тут вина́ и Матрёны само́й.

Дела́ зва́ли к жи́зни. Ско́ро Матрёна начина́ла встава́ть, сперва́ дви́галась ме́дленно, а пото́м опя́ть жи́во.

— Это ты меня́ пре́жде не вида́л, Игна́тич, — опра́вдывалась она́. — Все мешки́ мои́ бы́ли, по пять пудо́в тижелью[83] не счита́ла. Свёкор крича́л: «Матрёна! Спи́ну слома́ешь!» Ко мне ди́вирь[84] не подходи́л, чтоб мой коне́ц бревна́ на передо́к подсади́ть. Конь был вое́нный у нас Волчо́к, здоро́вый . . .

— А почему́ вое́нный?

— А на́шего на войну́ забра́ли, э́того подра́ненного[85] — взаме́н. А он стихово́й[86] како́й-то попа́лся. Раз с испу́гу са́ни понёс в о́зеро, мужики́ отска́кивали, а я, пра́вда, за узду́ схвати́ла, останови́ла. Овсяно́й[87] был конь. У нас мужики́ люби́ли лошаде́й корми́ть. Кото́рые ко́ни овсяны́е, те и ти́жели не признаю́т.

---

78. Dialectal for спря́чешь.  79. Substandard for глухонемо́го.  80. "Outdid each other."  81. Dialectal: "take care."  82. Dialectal: "unheard of." 83. Dialectal for тя́жестью.  84. Dialectal for де́верь (brother-in-law). 85. "Slightly wounded."  86. "Self-willed."  87. "Oat-fed."

Но отнюдь не была Матрёна бесстрашной. Боялась она пожара, боялась молоньи,[88] а больше всего почему-то — поезда.

— Как мне в Чёрусти ехать, с Нечаевки поезд вылезет, глаза здоровенные свои вылупит,[89] рельсы гудят — аж в жар меня бросает, коленки трясутся. Ей-Богу правда! — сама удивлялась и пожимала плечами Матрёна.

— Так, может, потому, что билетов не дают, Матрёна Васильевна?

— В окошечко? Только мягкие[90] суют. А уж поезд — трогацать![91] Мечемся туда-сюда: да взойдите ж в сознание![92] Мужики — те по лесенке на крышу полезли. А мы нашли дверь незапертую, вперлись[93] прям[94] так, без билетов — а вагоны-то все простые[95] идут, все простые, хоть на полке растягивайся. Отчего билетов не давали, паразиты несочувственные, — не знато...[96]

Всё же к той зиме жизнь Матрёны наладилась как никогда. Стали-таки платить ей рублей восемьдесят пенсии. Ещё сто с лишком получала она от школы и от меня.

— Фу-у! Теперь Матрёне и умирать не надо! — уже начинали завидовать некоторые из соседок. — Больше денег ей, старой, и девать некуда.

Заказала себе Матрёна скатать новые валенки.[97] Купила новую телогрейку. И справила пальто из ношеной железнодорожной шинели, которую подарил ей машинист из Чёрустей, муж её бывшей воспитанницы Киры. Деревенский портной-горбун подложил под сукно ваты, и такое славное пальто получилось, какого за шесть десятков лет Матрёна не нашивала.[98]

И в середине зимы зашила Матрёна в подкладку этого пальто двести рублей себе на похороны. Повеселела:

— Маненько[99] и я спокой[100] увидала, Игнатич.

Прошёл декабрь, прошёл январь — за два месяца не посетила её болезнь. Чаще Матрёна по вечерам стала ходить к Маше посидеть, семечки пощёлкать. К себе она гостей по вечерам не

---

88. Dialectal for мóлнии.  89. "Makes big eyes."  90. Colloquial: first-class (soft-seat) tickets.  91. Dialectal for трóгаться.  92. Substandard: "be reasonable."  93. Colloquial: "got in."  94. Substandard for прямо.  95. Colloquial: third-class coaches.  96. Dialectal for неизвéстно.  97. Colloquial: "make felt boots."  98. Colloquial: "did not wear."  99. Substandard for немнóжко.  100. Dialectal for покóй.

звала́, уважа́я мои́ заня́тия. То́лько на Креще́нье,[101] воротя́сь из
шко́лы, я заста́л в избе́ пля́ску и познако́млен был с тремя́
Матрёниными родны́ми сёстрами, зва́вшими Матрёну как ста́ршую
— лёлька и́ли ня́нька. До э́того дня ма́ло бы́ло в на́шей избе́
слы́шно о сёстрах — то ли опаса́лись они́, что Матрёна бу́дет
проси́ть у них по́мощи ?

Одно́ то́лько собы́тие и́ли предзнаменова́ние омрачи́ло Ма
трёне э́тот пра́здник: ходи́ла она́ за́ пять вёрст в це́рковь на
водосвя́тие,[102] поста́вила свой котело́к меж други́х, а когда́
водосвя́тие ко́нчилось и бро́сились ба́бы, толка́ясь, разбира́ть —
Матрёна не поспе́ла средь пе́рвых, а в конце́ — не оказа́лось её
котелка́. И взаме́н котелка́ никако́й друго́й посу́ды то́же оста́влено
не́ было. Исче́з котело́к, как дух нечи́стый его́ унёс.

— Ба́боньки![103] — ходи́ла Матрёна среди́ моля́щихся. — Не
прихвати́л ли кто неула́дкой[104] чужу́ю во́ду освячённую?[105] в
котелке́ ?

Не призна́лся никто́. Быва́ет, мальчи́шки созорова́ли,[106]
бы́ли там и мальчи́шки. Верну́лась Матрёна печа́льная.

Не сказа́ть, одна́ко, чтобы Матрёна ве́рила ка́к-то и́стово.
Да́же скоре́й была́ она́ язы́чница, бра́ли в ней верх суеве́рия: что
на Ива́на По́стного[107] в огоро́д зайти́ нельзя́ — на бу́дущий год
урожа́я не бу́дет; что е́сли мете́ль кру́тит — зна́чит, кто́-то где́-то
удави́лся, а две́рью но́гу прищеми́шь — быть го́стю. Ско́лько жил
я у неё — никогда́ не вида́л её моля́щейся, ни чтоб она́ хоть раз
перекрести́лась. А де́ло вся́кое начина́ла «с Бо́гом!» и мне вся́кий
раз «с Бо́гом!» норови́ла сказа́ть, когда́ я шёл в шко́лу. Мо́жет
быть, она́ и моли́лась, но не пока́зно, стесня́ясь меня́ и́ли боя́сь
меня́ притесни́ть. Висе́ли в избе́ ико́ны. Забудни[108] стоя́ли они́
тёмные, а во вре́мя всено́щной[109] и с утра́ по пра́здникам зажига́ла
Матрёна лампа́дку.

То́лько грехо́в у неё бы́ло ме́ньше, чем у её колчено́гой
ко́шки. Та — мыше́й души́ла . . .

Немно́го вы́дравшись из колотно́й свое́й житёнки,[110] ста́ла
Матрёна повнима́тельней слу́шать и моё ра́дио (я не премину́л
поста́вить себе́ разве́дку — так Матрёна называ́ла розе́тку).[111]

---

101. "Epiphany."  102. "Blessing of water."  103. "Girls": diminutive of
ба́бы.  104. Dialectal for случа́йно (unintentionally).  105. Folk variant of
освячённую.  106. "Played a prank."  107. Colloquial: St. John's Day.
108. Dialectal for бу́дни.  109. Evening church service.  110. "With the past
difficulties of her life somewhat eased."  111. The plug for a radio loud speaker.

Услы́шав от ра́дио, что маши́ны изобретены́ но́вые, ворча́ла Матрёна из ку́хни:

— Все но́вые, но́вые, на ста́рых рабо́тать не хотя́т, кудь[112] ста́рые скла́дывать бу́дем?

Передава́ли, как облака́ разгоня́ют с самолётов, — Матрёна кача́ла голово́й с пе́чи:

— Ой-ой-о́йиньки, чего́-нибудь изме́нят, зи́му и́ли ле́то.

Исполня́л Шаля́пин ру́сские пе́сни. Матрёна стоя́ла-стоя́ла, слу́шала и приговори́ла реши́тельно:

— Чудно́ пою́т, не по-на́шему.

— Да что вы, Матрёна Васи́льевна, да прислу́шайтесь!

Ещё послу́шала. Сжа́ла гу́бы:

— Не. Не так. Ла́ду не на́шего. И го́лосом ба́лует.[113]

Зато́ и вознагради́ла меня́ Матрёна. Передава́ли ка́к-то конце́рт из рома́нсов Гли́нки. И вдруг по́сле пятка́[114] ка́мерных рома́нсов Матрёна, держа́сь за фа́ртук, вы́шла из-за перегоро́дки растеплённая,[115] с пеленой слезы́ в нея́рких свои́х глаза́х:

— А вот э́то — по-на́шему . . . — прошепта́ла она́.


## II

Так привы́кли Матрёна ко мне, а я к ней, и жи́ли мы за́просто. Она́ не досажда́ла мне никаки́ми расспро́сами. До того́ отсу́тствовало в ней ба́бье любопы́тство и́ли до того́ она́ была́ делика́тна, что не спроси́ла меня́ ни ра́зу: был ли я когда́ жена́т? Все та́льновские[116] ба́бы пристава́ли к ней — узна́ть обо мне́. Она́ им отвеча́ла:

— Вам ну́жно — вы и спра́шивайте. Зна́ю одно́ — да́льний он.

И когда́ невско́ре я сам сказа́л ей, что мно́го провёл в тюрьме́, она́ то́лько мо́лча покива́ла голово́й, как бы подозрева́ла и ра́ньше.

А я то́же ви́дел Матрёну сего́дняшнюю, поте́рянную стару́ху, и то́же не береди́л её про́шлого, да и не подозрева́л, чтоб там бы́ло что иска́ть.

---

112. Dialectal for куда́.  113. "Plays around with his voice."  114. Colloquial: "group of five."  115. Colloquial: "deeply moved."  116. Adjective of Та́льново village.

Знал я, что замуж Матрёна вышла ещё до революции, и сразу в эту избу, где мы жили теперь с ней, и сразу к печке (то есть не было в живых ни свекрови, ни незамужней старшей золовки, и с первого послебрачного утра Матрёна взялась за ухват). Знал, что детей у неё было шестеро и один за другим умирали все очень рано, так что двое сразу не жило. Потом была какая-то воспитанница Кира. А муж Матрёны не вернулся с этой войны. Похоронного тоже не было.[117] Односельчане, кто был с ним в роте, говорили, что либо в плен он попал, либо погиб, а только тела не нашли. За восемь послевоенных лет решила и Матрёна сама, что он не жив. И хорошо, что думала так. Хоть и был бы теперь он жив — так женат где-нибудь в Бразилии или в Австралии. И деревня Тальново, и язык русский изглаживались бы из памяти его . . .

Раз, придя из школы, я застал в нашей избе гостя. Высокий чёрный старик, сняв на колени шапку, сидел на стуле, который Матрёна выставила ему на середину комнаты, к печке-«голландке». Всё лицо его облегали густые чёрные волосы, почти не тронутые сединой: с чёрной окладистой бородой сливались усы густые, чёрные, так что рот был виден едва; и непрерывные бакены чёрные, едва выказывая уши, поднимались к чёрным космам, свисавшим с темени; и ещё широкие чёрные брови мостами были брошены друг другу навстречу. И только лоб уходил лысым куполом в лысую просторную маковку. Во всём облике старика показалось мне многознание и достойность. Он сидел ровно, сложив руки на посохе, посох же отвесно уперёв в пол, — сидел в положении терпеливого ожидания и, видно, мало разговаривал с Матрёной, возившейся за перегородкой.

Когда я пришёл, он плавно повернул ко мне величавую голову и назвал меня внезапно:

— Батюшка! . . Вижу вас плохо. Сын мой учится у вас. Григорьев Антошка . . .

Дальше мог бы он и не говорить . . . При всём моём порыве помочь этому почтенному старику, заранее знал я и отвергал всё то бесполезное, что скажет старик сейчас. Григорьев Антошка был круглый румяный малец[118] из 8-го «Г», выглядевший, как кот после блинов.[119] В школу он приходил как бы отдыхать, за партой сидел и улыбался лениво. Уж тем более он никогда не

117. Colloquial: "there had been no death notice." 118. Colloquial for мальчик. 119. Colloquial: "a cat that has had its fill of cream."

готóвил урóков дóма. Но, глáвное, борясь за тот высóкий процéнт успевáемости, котóрым слáвились шкóлы нáшего райóна, нáшей óбласти и сосéдних областéй, — из гóду в год егó переводили, и он ясно усвóил, что, как бы учителя ни грозились, всё равнó в концé гóда переведýт, и не нáдо для этого учиться. Он прóсто смеялся над нáми. Он сидéл в 8-м клáссе, однáко не владéл дробями и не различáл, какие бывáют треугóльники. По пéрвым четвертям он был в цéпкой хвáтке моих двóек[120] — и то же ожидáло егó в трéтьей чéтверти.

Но этому полуслепóму старикý, гóдному Антóшке не в отцы, а в дéды и пришéдшему ко мне на унижённый поклóн, — как бы́ло сказáть тепéрь, что год за гóдом шкóла егó обмáнывала, дáльше же обмáнывать я не могý, инáче развалю весь класс, и превращýсь в балабóлку, и наплевáть дóлжен бýду на весь свой труд и звáние своё?

И тепéрь я терпеливо объяснял емý, что запýщено у сы́на óчень, и он в шкóле и дóма лжёт, нáдо дневник проверять у негó почáще и крýто брáться с двух сторóн.

— Да уж кудá крутéй,[121] бáтюшка, — завéрил меня гость. — Бью егó тепéрь, что недéля. А рукá тяжёлая у меня.

В разговóре я вспóмнил, что уж один раз и Матрёна самá почемý-то ходáтайствовала за Антóшку Григóрьева, но я не спросил, что за рóдственник он ей, и тóже тогдá отказáл. Матрёна и сейчáс стáла в дверях кýхоньки бессловéсной просительницей. И когдá Фаддéй Мирóнович ушёл от меня с тем, что бýдет заходить — узнавáть, я спросил:

— Не поймý, Матрёна Васильевна, как же этот Антóшка вам прихóдится?

— Дивиря моегó сын, — отвéтила Матрёна суховáто и ушлá доить козý.

Разочтя,[122] я пóнял, что чёрный настóйчивый этот старик — роднóй брат мýжа её, без вести пропáвшего.

И дóлгий вéчер прошёл — Матрёна не касáлась бóльше этого разговóра. Лишь пóздно вéчером, когдá я дýмать забы́л о старикé и рабóтал в тишинé избы́ под шóрох таракáнов и пóстук хóдиков,[123] — Матрёна вдруг из тёмного своегó углá сказáла:

— Я, Игнáтич, когдá-то за негó чуть зáмуж не вы́шла.

Я и о Матрёне-то самóй забы́л, что онá здесь, не слы́шал

---

120. "Stranglehold of my failing grades." 121. Substandard for крýче. 122. "Upon consideration." 123. Ticking.

164

её, — но так взволнованно она это сказала из темноты, будто и сейчас ещё тот старик домогался её.

Видно, весь вечер Матрёна только о том и думала.

Она поднялась с убогой тряпичной кровати и медленно выходила ко мне, как бы идя за своими словами. Я откинулся — и в первый раз совсём по-новому увидел Матрёну.

Верхнего света не было в нашей большой комнате, как лесом заставленной фикусами. От настольной же лампы свет падал кругом только на мои тетради, — а по всей комнате глазам, оторвавшимся от света, казался полумрак с розовинкой.[124] И из него выступала Матрёна. И щёки её померещились мне не жёлтыми, как всегда, а тоже с розовинкой.

— Он за меня первый сватался . . . раньше Ефима . . . Он был брат — старший . . . Мне было девятнадцать, Фаддею — двадцать три . . . Вот в этом самом доме они тогда жили. Ихний был дом. Ихним отцом строенный.

Я невольно оглянулся. Этот старый серый изгнивающий дом вдруг сквозь блёкло-зелёную[125] шкуру обоев, под которыми бегали мыши, проступил[126] мне молодыми, ещё не потемневшими тогда, стругаными брёвнами и весёлым смолистым запахом.

— И вы его . . . ? И что же ? . .

— В то лето . . . ходили мы с ним в рощу сидеть, — прошептала она. — Тут роща была, где теперь конный двор, вырубили её . . . Без малого не вышла, Игнатич. Война германская началась. Взяли Фаддея на войну.

Она уронила это — и вспыхнул передо мной голубой, белый и жёлтый июль четырнадцатого года: ещё мирное небо, плывущие облака и народ, кипящий со спелым жнивом. Я представил их рядом: смоляного богатыря с косой через спину; её, румяную, обнявшую сноп. И — песню, песню под небом, каких теперь, при механизмах, не споёшь.

— Пошёл он на войну — пропал . . . Три года затаилась я, ждала. И ни весточки, и ни косточки[127] . . .

Обвязанное старческим слинявшим платочком смотрело на меня в непрямых мягких отсветах лампы круглое лицо Матрёны — как будто освобождённое от морщин, от будничного небрежного наряда — испуганное, девичье, перед страшным выбором.

Да. Да . . . Понимаю . . . Облетали листья, падал снег — и потом таял. Снова пахали, снова сеяли, снова жали. И опять

---

124. A shade of pink.   125. "Faded green."   126. "Appeared."   127. Folk proverb: "not a word, not a trace."

облетáли лúстья, и опя́ть пáдал снег. И однá револю́ция. И другáя револю́ция.[128] И весь свет переверну́лся.

— Мать у них умерлá — и присвáтался ко мне Ефúм. Мол, в нáшу избý ты идтú хотéла, в нáшу и идú. Был Ефúм молóже меня́ нá год. Говоря́т у нас: ýмная выхóдит пóсле Покровá,[129] а дýра — пóсле Петровá.[130] Рук у них не хватáло. Пошлá я . . . На Петрóв день повенчáлись, а к Микóле зúмнему[131] — верну́лся . . . Фаддéй . . . из венгéрского плéна.

Матрёна закры́ла глазá.

Я молчáл.

Онá оберну́лась к двéри, как к живóй:

— Стал на порóге. Я как закричý! В колéна б ему брóсилась! . . Нельзя́ . . . Ну, говорúт, éсли б то не брат мой роднóй — я бы вас порубáл[132] обóих!

Я вздрóгнул. От её надры́ва úли стрáха я жúво предстáвил, как он стоúт там, чёрный, в тёмных дверя́х и топорóм замахну́лся на Матрёну.

Но онá успокóилась, оперлáсь о спúнку стýла пéред собóй и певýче расскáзывала:

— Ой-ой-óйиньки, голóвушка бéдная! Скóлько невéст бы́ло на дерéвне — не женúлся. Сказáл: бýду úмечко твоё искáть, вторýю Матрёну. И привёл-таки себé из Лúповки Матрёну, срубúли избý[133] отдéльную, где и сейчáс живýт, ты кáждый день мúмо их в шкóлу хóдишь.

Ах, вот онó что! Тепéрь я пóнял, что вúдел ту вторýю Матрёну не раз. Не любúл я её: всегдá приходúла онá к моéй Матрёне жáловаться, что муж её бьёт, и скáред муж, жúлы из неё вытя́гивает, и плáкала здесь подóлгу, и гóлос-то всегдá у неё был на слезé.

Но выходúло, что нé о чем моéй Матрёне жалéть — так бил Фаддéй свою́ Матрёну всю жизнь и по сей день и так зажáл весь дом.

— Меня́ сам ни рáзику нé бил, — расскáзывала онá о Ефúме. — По ýлице на мужикóв с кулакáми бéгал, а меня́ — ни рáзику . . . То есть бы́л-таки раз — я с золóвкой поссóрилась, он лóжку мне об лоб расшúбил. Вскочúла я от столá: «Захленýться[134] бы вам, подавúться, трýтни!» И в лес ушлá. Бóльше не трóгал.

128. February and October 1917 revolutions. 129. The Feast of the Virgin Protection. 130. St. Peter's Day, June 29. 131. Dialectal: St. Nicholas Day, December 6. 132. Substandard for порубúл. 133. "Build a cottage." 134. Dialectal: "choke to death."

Кажется, и Фаддею не о чем было жалеть: родила ему вторая Матрёна тоже шестерых детей (средь них и Антошка мой, самый младший, поскрёбыш) — и выжили все, а у Матрёны с Ефимом дети не стояли:[135] до трёх месяцев не доживая и не болея ничем, умирал каждый.

— Одна дочка, Елена, только родилась, помыли её живую — тут она и померла. Так мёртвую уж обмывать не пришлось ... Как свадьба моя была в Петров день, так и шестого ребёнка, Александра, в Петров день схоронила.

И решила вся деревня, что в Матрёне — порча.

— Порция[136] во мне! — убеждённо кивала и сейчас Матрёна. — Возили меня к монашенке одной бывшей лечиться, она меня на кашель наводила[137]— ждала, что порция из меня лягушкой выбросится. Ну, не выбросилась ...

И шли года, как плыла вода .... В сорок первом не взяли на войну Фаддея из-за слепоты, зато Ефима взяли. И как старший брат в первую войну, так младший без вести исчез во вторую. Но этот вовсе не вернулся. Гнила и старела когда-то шумная, а теперь пустынная изба — и старела в ней беспритульная[138] Матрёна.

И попросила она у той второй забитой Матрёны — чрева её урывочек[139] (или кровиночку Фаддея?)[140] — младшую их девочку Киру.

Десять лет она воспитывала её здесь как родную, вместо своих невыстоявших.[141] И незадолго до меня выдала за молодого машиниста в Черусти. Только оттуда ей теперь и помощь сочилась: иногда сахарку, когда поросёнка зарежут — сальца.

Страдая от недугов и чая недалёкую смерть, тогда же объявила Матрёна свою волю: отдельный сруб горницы,[142] расположенный под общей связью с избою, после смерти её отдать в наследство Кире. О самой избе она ничего не сказала. Ещё три сестры её метили получить эту избу.

Так в тот вечер открылась мне Матрёна сполна. И, как это бывает, связь и смысл её жизни, едва став мне видимыми, — в тех же днях пришли и в движение. Из Черустей приехала Кира,

---

135. Colloquial: "did not survive." 136. Malapropism for порча (bewitchment, evil eye). 137. Made her cough. 138. Colloquial: "homeless." 139. Colloquial: "offspring of her womb." 140. Folk expression meaning that she wants to adopt one of Faddei's children, literally "spot of Faddei's blood." 141. Colloquial: "who did not survive." 142. Part of the cottage.

забеспоко́ился стари́к Фадде́й: в Че́рустях, чтобы получи́ть и удержа́ть уча́сток земли́, на́до бы́ло молоды́м поста́вить како́е-нибудь строе́ние. Шла для э́того вполне́ Матрёнина го́рница. А друго́го не́чего бы́ло и поста́вить, не́откуда ле́су взять. И не так сама́ Ки́ра, и не так муж её, как за них ста́рый Фадде́й загоре́лся захвати́ть э́тот уча́сток в Че́рустях.

И вот он зачасти́л к нам, пришёл раз, ещё раз, настави́тельно говори́л с Матрёной и тре́бовал, чтоб она́ отдала́ го́рницу тепе́рь же, при жи́зни. В э́ти прихо́ды он не показа́лся мне тем опира́ющимся о по́сох ста́рцем, кото́рый вот разва́лится от толчка́ и́ли гру́бого сло́ва. Хоть и пригорбленный больно́ю поясни́цей, но всё ещё ста́тный, ста́рше шести́десяти сохрани́вший со́чную, молоду́ю черноту́ в волоса́х, он наседа́л с горя́чностью.

Не спала́ Матрёна две но́чи. Нелегко́ ей бы́ло реши́ться. Не жа́лко бы́ло саму́ го́рницу, стоя́вшую без де́ла, как вообще́ ни труда́, ни добра́ своего́ не жале́ла Матрёна никогда́. И го́рница э́та всё равно́ была́ заве́щана Ки́ре. Но жу́тко ей бы́ло нача́ть лома́ть ту кры́шу, под кото́рой прожила́ со́рок лет. Да́же мне, постоя́льцу, бы́ло бо́льно, что начну́т отрыва́ть до́ски и вывора́чивать брёвна до́ма. А для Матрёны бы́ло э́то — коне́ц её жи́зни всей.

Но те, кто наста́ивал, зна́ли, что её дом мо́жно слома́ть и при жи́зни.

И Фадде́й с сыновья́ми и зятья́ми пришли́ ка́к-то февра́льским у́тром и застуча́ли в пять топоро́в, завизжа́ли и заскрипе́ли отрыва́емыми доска́ми. Глаза́ самого́ Фадде́я делови́то поблёскивали. Несмотря́ на то, что спина́ его́ не распрямля́лась вся, он ло́вко ла́зил и под стропи́ла и жи́во суети́лся внизу́, покри́кивая на помо́щников. Эту избу́ он парни́шкою сам и стро́ил когда́-то с отцо́м; э́ту го́рницу для него́, ста́ршего сы́на, и руби́ли, чтоб он посели́лся здесь с молодо́й. А тепе́рь он я́ро разбира́л её по рёбрышкам,[143] чтоб увезти́ с чужо́го двора́.

Переме́тив номера́ми венцы́ сру́ба и до́ски потоло́чного насти́ла, го́рницу с подкле́тью разобра́ли, а избу́ саму́ с укоро́ченными моста́ми отсекли́ вре́менной тёсовой сте́ночкой. В сте́нке они́ поки́нули ще́ли, и всё пока́зывало, что лома́тели[144] — не строи́тели и не предполага́ют, чтобы Матрёне ещё до́лго пришло́сь здесь жить.

А пока́ мужчи́ны лома́ли, же́нщины гото́вили ко дню

---

143. Log by log; literally, "rib by rib."　144. "Wreckers."

погру́зки самого́н: во́дка обошла́сь бы чересчу́р до́рого. Ки́ра привезла́ из Моско́вской о́бласти пуд са́хару, Матрёна Васи́льевна под покро́вом но́чи носи́ла тот са́хар и буты́ли самого́нщику.[145]

Вы́несены и соштабелёваны[146] бы́ли брёвна пе́ред воро́тами, зять-машини́ст уе́хал в Че́русти за тра́ктором.

Но в тот же день начала́сь мете́ль — дуэ́ль, по-матрёнину. Она́ кути́ла[147] и кружи́ла дво́е су́ток и замела́ доро́гу непоме́рными сугро́бами. Пото́м, чуть доро́гу умя́ли, прошёл грузови́к-друго́й — внеза́пно потепле́ло, в оди́н день ра́зом распусти́ло, ста́ли сыры́е тума́ны, журча́ли ручьи́, проры́вшиеся в снегу́, и нога́ в сапоге́ увяза́ла по всё голени́ще.

Две неде́ли не дава́лась тра́ктору разло́манная го́рница![148] Э́ти две неде́ли Матрёна ходи́ла как поте́рянная. Оттого́ осо́бенно ей бы́ло тяжело́, что пришли́ три сестры́ её, все дру́жно обруга́ли её ду́рой за то, что го́рницу отдала́, сказа́ли, что ви́деть её бо́льше не хотя́т, — и ушли́.

И в те же дни ко́шка колчено́гая сбрела́ со двора́ — и пропа́ла. Одно́ к одному́. Ещё и э́то приши́бло Матрёну.

Наконе́ц ста́явшую доро́гу прихвати́ло моро́зом. Наступи́л со́лнечный день, и повесе́ло на душе́. Матрёне что́-то до́брое присни́лось под тот день. С утра́ узна́ла она́, что я хочу́ сфотографи́ровать кого́-нибудь за стари́нным тка́цким ста́ном (таки́е ещё стоя́ли в двух и́збах, на них тка́ли гру́бые полови́ки), — и усмехну́лась засте́нчиво:

— Да уж погоди́, Игна́тич, па́ру дней, вот го́рницу, быва́ет,[149] отпра́влю — сложу́ свой стан, ведь цел у меня́ — и сни́мешь тогда́. Ей-Бо́гу пра́вда!

Ви́дно, привлека́ло её изобрази́ть себя́ в старине́. От кра́сного моро́зного со́лнца чуть ро́зовым залило́сь заморо́женное око́шко сене́й, тепе́рь укоро́ченных, — и грел э́тот отсве́т лицо́ Матрёны. У тех люде́й всегда́ ли́ца хоро́ши, кто в лада́х с со́вестью свое́й.

Пе́ред су́мерками, возвраща́ясь из шко́лы, я уви́дел движе́ние близ на́шего до́ма. Больши́е но́вые тра́кторные са́ни бы́ли уже́ нагру́жены брёвнами, но мно́гое ещё не помести́лось — и семья́ де́да Фадде́я, и приглашённые помога́ть конча́ли сбива́ть ещё одни́, самоде́льные. Все рабо́тали, как безу́мные, в том ожесточе́нии, како́е быва́ет у люде́й, когда́ па́хнет больши́ми деньга́ми

---

145. "Moonshiner," illegal distiller.   146. "Piled up."   147. "Had a spree."
148. "For two weeks the tractor could not get as far as the broken cottage."
149. Colloquial: "it happens."

и́ли ждут большо́го угоще́ния. Крича́ли друг на дру́га, спо́рили.

Спор шёл о том, как везти́ са́ни — по́рознь и́ли вме́сте. Оди́н сын Фадде́я, хромо́й, и зять-машини́ст толкова́ли, что сра́зу о́бои са́ни нельзя́, тра́ктор не утя́нет. Тракори́ст же, самоуве́ренный толстомо́рдый здорова́га,[150] хрипе́л, что ему́ видне́й, что он води́тель и повезёт са́ни вме́сте. Расчёт его́ был я́сен: по угово́ру машини́ст плати́л ему́ за перево́з го́рницы, а не за ре́йсы. Двух ре́йсов за́ ночь — по два́дцать пять киломе́тров да оди́н раз наза́д — он ника́к бы не сде́лал. А к утру́ ему́ на́до бы́ло быть с тра́ктором уже́ в гараже́, отку́да он увёл его́ тайко́м для ле́вой.[151]

Старику́ Фадде́ю не терпе́лось сего́дня же увезти́ всю го́рницу — и он кивну́л свои́м уступи́ть. Вторы́е, на́спех сколо́ченные, са́ни подцепи́ли за кре́пкими пе́рвыми.

Матрёна бе́гала среди́ мужчи́н, суети́лась и помога́ла нака́тывать брёвна на са́ни. Тут заме́тил я, что она́ в мое́й телогре́йке, уже́ изма́зала рукава́ о льди́стую грязь брёвен, — и с неудово́льствием сказа́л ей об э́том. Телогре́йка э́та была́ мне па́мять, она́ гре́ла меня́ в тяжёлые го́ды.

Так я в пе́рвый раз рассерди́лся на Матрёну Васи́льевну.

— Ой-ой-о́йиньки, голо́вушка бе́дная! — озада́чилась она́. — Ведь я ее бе́гма[152] подхвати́ла, да и забы́ла, что твоя́. Прости́, Игна́тич. — И сняла́, пове́сила суши́ться.

Погру́зка ко́нчилась, и все, кто рабо́тал, челове́к до десяти́ мужчи́н, прогреме́ли ми́мо моего́ стола́ и нырну́ли под занаве́ску в ку́хоньку. Отту́да глухова́то застуча́ли стака́ны, иногда́ звя́кала буты́ль, голоса́ станови́лись всё гро́мче, похвальба́ — задо́рнее. Осо́бенно хва́стался тракори́ст. Тяжёлый за́пах самого́на докати́лся до меня́. Но пи́ли недо́лго — темнота́ заставля́ла спеши́ть. Ста́ли выходи́ть. Самодово́льный, с жесто́ким лицо́м вы́шел тракори́ст. Сопровожда́ть са́ни до Че́рустей шли зятьмашини́ст, хромо́й сын Фадде́я и ещё племя́нник оди́н. Остальны́е расходи́лись по дома́м. Фадде́й, разма́хивая па́лкой, догоня́л кого́-то, спеши́л что́-то втолкова́ть. Хромо́й сын задержа́лся у моего́ стола́ закури́ть и вдруг заговори́л, как лю́бит он тётку Матрёну, и что жени́лся неда́вно, и вот сын у него́ роди́лся то́лько что. Тут ему́ кри́кнули, он ушёл. За окно́м зарыча́л тра́ктор.

---

150. Colloquial: "healthy, well-built fellow." 151. Slang: "illegal." 152. Dialectal for бежа́ (бежа́ть).

Последней торопливо выскочила из-за перегородки Матрёна. Она тревожно качала головой вслед ушедшим. Надела телогрейку, накинула платок. В дверях сказала мне:

— И что было двух не срядить?[153] Один бы трактор занемог[154] — другой подтянул. А теперь чего будет — Богу весть!..[155]

И убежала за всеми.

После пьянки, споров и хождения стало особенно тихо в брошенной избе, выстуженной частым открыванием дверей. За окнами уже совсем стемнело. Я тоже влез в телогрейку и сел проверять тетради. Трактор стих в отдалении.

Прошёл час, другой. И третий. Матрёна не возвращалась, но я не удивлялся: проводив сани, должно быть, ушла к своей Маше.

И ещё прошёл час. И ещё. Не только тьма, но глубокая какая-то тишина опустилась на деревню. Я не мог тогда понять, отчего тишина — оттого, оказалось, что за весь вечер ни одного поезда не прошло по линии в полуверсте от нас. Радио моё молчало, и я заметил, что очень уж, как никогда, развозились мыши: всё нахальней, всё шумней они бегали под обоями, скребли и попискивали.

Я очнулся. Был первый час ночи, а Матрёна не возвращалась.

Вдруг услышал я несколько громких голосов на деревне. Ещё были они далеко, но как подтолкнуло меня, что это к нам. И правда, скоро резкий стук раздался в ворота. Чужой властный голос кричал, чтоб открыли. Я вышел с электрическим фонариком в густую темноту. Деревня вся спала, окна не светились, а снег за неделю притаял и тоже не отсвечивал. Я отвернул нижнюю завёртку и впустил. К избе прошли четверо в шинелях. Неприятно это очень, когда ночью приходят к тебе громко и в шинелях.

При свете огляделся я, однако, что у двоих шинели — железнодорожные. Старший, толстый, с таким же лицом, как у того тракториста, спросил:

— Где хозяйка?

— Не знаю.

— А трактор с санями из этого двора уезжал?

— Из этого.

— Они пили тут перед отъездом?

---

153. Colloquial for снарядить.  154. Went out of commission.  155. "God knows."

Все че́тверо щу́рились, огля́дывались в полутьме́ от насто́ль-ной ла́мпы. Я так по́нял, что кого́-то арестова́ли и́ли хоте́ли арестова́ть.

— Да что случи́лось?

— Отвеча́йте, что вас спра́шивают!

— Но . . .

— Пое́хали пья́ные?

— Они́ пи́ли тут?

Уби́л ли кто кого́? Или перевози́ть нельзя́ бы́ло го́рницы? Очень уж они́ на меня́ насед́али. Но одно́ бы́ло я́сно: что за самого́нщину[156] Матрёне мо́гут дать срок.[157]

Я отступи́л к ку́хонной две́рке и так перегороди́л её собо́ю.

— Пра́во, не заме́тил. Не ви́дно бы́ло.

(Мне и действи́тельно не ви́дно бы́ло, то́лько слы́шно.)

И как бы расте́рянным же́стом я провёл руко́й, пока́зывая обстано́вку избы́: ми́рный насто́льный свет над кни́гами и тет-ра́дями; толпу́ испу́ганных фи́кусов; суро́вую ко́йку отше́льника. Никаки́х следо́в разгу́ла.

Они́ уже́ и са́ми с доса́дой заме́тили, что никако́й попо́йки здесь не́ было. И поверну́ли к вы́ходу, ме́жду собо́й говоря́, что, зна́чит, пья́нка была́ не в э́той избе́, но хорошо́ бы прихвати́ть,[158] что была́. Я провожа́л их и допы́тывался, что же случи́лось. И то́лько в кали́тке мне бу́ркнул оди́н:

— Развороти́ло[159] их всех. Не соберёшь.

А друго́й доба́вил:

— Да э́то ме́лочь. Два́дцать пе́рвый ско́рый чуть с рельс не сошёл, вот бы́ло бы.

И они́ бы́стро ушли́.

Ошеломлённый, я верну́лся в избу́. Кого́ — их? Кого́ — всех? Матрёна-то где?

Я отвёл по́лог и прошёл в ку́хоньку. Самого́нный смрад уда́рил в меня́. Это бы́ло засты́вшее побо́ище — сгру́женных та-буре́ток и скамьи́, пусты́х лежа́чих буты́лок и одно́й неоко́нченной, стака́нов, недое́денной селёдки, лу́ка и раскро́мсанного[160] са́ла.

Всё бы́ло мертво́. И то́лько тарака́ны споко́йно по́лзали по́ по́лю би́твы.

Что́-то ска́зано бы́ло о два́дцать пе́рвом ско́ром. К чему́? . . Мо́жет, на́до бы́ло всё э́то показа́ть им? Я уже́ сомнева́лся. Но

---

156. "Moonshining." 157. Colloquial for срок заключе́ния (prison term). 158. Colloquial: "add, exaggerate." 159. "Torn to bits." 160. Messily cut.

что за манера проклятая — ничего не объяснить нечиновному человеку?[161]

И вдруг скрипнула наша калитка. Я быстро вышел на мосты:

— Матрёна Васильевна?

Дверь со двора открылась. Пошатываясь, сжимая руки, вошла её подруга Маша:

— Матрёна-то ... Матрёна-то наша, Игнатич ...

Я усадил её, и, мешая со слезами, она рассказала.

На переезде — горка, въезд крутой. Шлагбаума нет. С первыми санями трактор перевалил, а трос лопнул, и вторые сани, самодельные, на переезде застряли и разваливаться начали — Фаддей для них лесу хорошего не дал, для вторых саней. Отвезли чуток[162] первые — за вторыми вернулись, трос ладили — тракторист и сын Фаддея хромой, и туда же, меж трактором и санями, понесло и Матрёну. Что она там подсобить[163] могла мужикам? Вечно она в мужичьи дела мешалась. И конь когда-то её чуть в озеро не сшиб, под прорубь. И зачем на переезд проклятый пошла? — отдала горницу, и весь её долг, рассчиталась ... Машинист всё смотрел, чтобы с Черустей поезд не нагрянул, его б фонари далеко видать, а с другой стороны, от станции нашей, шли два паровоза сцепленных — без огней и задом. Почему без огней — неведомо, а когда паровоз задом идёт — машинисту с тендера сыплет в глаза пылью угольной, смотреть плохо. Налетели — и в мясо тех троих расплющили, кто между трактором и санями. Трактор изувечили, сани в щепки, рельсы вздыбили, и паровоза оба набок.

— Да как же они не слышали, что паровозы подходят?

— Да трактор-то заведённый орёт.

— А с трупами что?

— Не пускают. Оцепили.

— А что я про скорый слышал ... будто скорый? ..

— А скорый десятичасовой — нашу станцию с ходу, и тоже к переезду. Но как паровозы рухнули — машинисты два уцелели, спрыгнули и побежали назад, и руками махают,[164] на рельсы ставши — и успели поезд остановить ... Племянника тоже бревном покалечило. Прячется сейчас у Клавки, чтоб не знали, что он на переезде был. А то ведь затягают свидетелем! ..[165]

---

161. "Non-bureaucrat." 162. Dialectal for немножко. 163. Colloquial: "help." 164. Substandard for машут (махать). 165. Colloquial: "will drag (to court) as a witness."

Незнайка[166] на печи́ лежи́т, а зна́йку[167] на верёвочке веду́т . . . А муж Ки́ркин — ни цара́пины. Хоте́л пове́ситься, из пе́тли вы́нули. Из-за меня́, мол, тётя поги́бла и брат. Сейча́с пошёл сам, арестова́лся. Да его́ тепе́рь не в тюрьму́, его́ в дом безу́мный. Ах, Матрёна-Матрёнушка! . .

Нет Матрёны. Уби́т родно́й челове́к. И в день после́дний я укори́л её за телогре́йку.

Разрисо́ванная кра́сно-жёлтая ба́ба с кни́жного плака́та ра́достно улыба́лась.

Тётя Ма́ша ещё посиде́ла, попла́кала. И уже́ вста́ла, чтоб идти́. И вдруг спроси́ла:

— Игна́тич! Ты по́мнишь . . . вя́заночка се́рая была́ у Матрёны . . . Она́ ведь её по́сле сме́рти про́чила Та́ньке мое́й, ве́рно?

И с наде́ждой смотре́ла на меня́ в полутьме́ — неуже́ли я забы́л?

Но я по́мнил:

— Про́чила, ве́рно.

— Так слу́шай, мо́жет, разреши́, я её заберу́ сейча́с? Утром тут родня́ налети́т, мне уж пото́м не получи́ть.

И опя́ть с мольбо́й и наде́ждой смотре́ла на меня́ — её полувекова́я подру́га, еди́нственная, кто и́скренне люби́л Матрёну в э́той дере́вне . . .

Наве́рно, так на́до бы́ло.

— Коне́чно . . . Бери́те . . . — подтверди́л я.

Она́ откры́ла сундучо́к, доста́ла вя́занку, су́нула под полу́ и ушла́ . . .

Мыша́ми овладе́ло како́е-то безу́мие, они́ ходи́ли по стена́м ходенём,[168] и почти́ зри́мыми[169] волна́ми перека́тывались зелёные обо́и над мыши́ными спи́нами.

Утром ждала́ меня́ шко́ла. Час но́чи был тре́тий. И вы́ход был: запере́ться и лечь спать.

Запере́ться, потому́ что Матрёна не придёт.

Я лёг, оста́вив свет. Мы́ши пища́ли, стона́ли почти́, и всё бе́гали, бе́гали. Уста́вшей бессвя́зной голово́й нельзя́ бы́ло отде́латься от нево́льного тре́пета — как бу́дто Матрёна невиди́мо мета́лась и проща́лась тут, с избо́й свое́й.

---

166. Colloquial: "ignoramus." 167. Colloquial: "the one who knows."
168. Substandard: "without restraint." 169. "Visible."

И вдруг в притёмке[170] у входны́х двере́й, на поро́ге, я вообрази́л себе́ чёрного молодо́го Фадде́я с занесённым топоро́м: «Если б то не брат мой родно́й — поруба́л бы я вас обо́их!»

Со́рок лет пролежа́ла его́ угро́за в углу́, как ста́рый теса́к, — а уда́рила-таки . . .

## III

На рассве́те же́нщины привезли́ с перее́зда на са́нках под наки́нутым гря́зным мешко́м — всё, что оста́лось от Матрёны. Ски́нули мешо́к, чтоб обмыва́ть. Всё бы́ло ме́сиво — ни ног, ни полови́ны ту́ловища, ни ле́вой руки́. Одна́ же́нщина сказа́ла:

— Ру́чку-то пра́вую оста́вил ей Госпо́дь. Там бу́дет Бо́гу моли́ться . . .

И вот всю толпу́ фи́кусов, кото́рых Матрёна так люби́ла, что, просну́вшись когда́-то но́чью в дыму́, не избу́ бро́силась спаса́ть, а вали́ть фи́кусы на́ пол (не задохну́лись бы от ды́му), — фи́кусы вы́несли из избы́. Чи́сто вы́мели полы́. Ту́склое Матрёнино зе́ркало заве́сили широ́ким полоте́нцем ста́рой дома́шней вы́токи.[171] Сня́ли со стены́ пра́здные плака́ты. Сдви́нули мой стол. И к о́кнам, под образа́, поста́вили на табуре́тках гроб, сколо́ченный без зате́й.[172]

А в гробу́ лежа́ла Матрёна. Чи́стой простынёй бы́ло покры́то её отсу́тствующее изуро́дованное те́ло, и голова́ охва́чена бе́лым платко́м, — а лицо́ оста́лось целёхонькое, споко́йное, бо́льше живо́е, чем мёртвое.

Дереве́нские приходи́ли постоя́ть-посмотре́ть. Же́нщины приводи́ли и ма́леньких дете́й взгляну́ть на мёртвую. И е́сли начина́лся плач, все же́нщины, хотя́ бы зашли́ они́ в избу́ из пусто́го любопы́тства, — все обяза́тельно подпла́кивали[173] от две́ри и от стен, как бы аккомпани́ровали хо́ром. А мужчи́ны стоя́ли мо́лча навы́тяжку, сняв ша́пки.

Са́мый же плач достава́лось вести́ ро́дственницам. В пла́че заме́тил я хо́лодно-проду́манный, искони́-заведённый поря́док. Те, кто пода́ле,[174] подходи́ли к гро́бу ненадо́лго и у са́мого гро́ба

---

170. Colloquial: "dimness." 171. Colloquial: "homespun cloth." 172. Hastily thrown together. 173. "Joined in weeping." 174. Substandard for пода́льше (in family relationship).

причитáли негрóмко. Те, кто считáл себя́ покóйнице роднéе, начинáли плач ещё с порóга, а достúгнув грóба, наклоня́лись голосúть над сáмым лицóм усóпшей. Мелóдия былá самодéятельная у кáждой плáкальщицы. И свои́ сóбственные излагáлись мы́сли и чýвства.

Тут узнáл я, что плач над покóйной не прóсто есть плач, а своегó рóда полúтика. Слетéлись три сестры́ Матрёны, захватúли избý, козý и печь, зáперли сундýк её на замóк, из подклáдки пальтó вы́потрошили двéсти похорóнных рублéй, приходя́щим всем втолкóвывали, что онú однú бы́ли Матрёне блúзкие. И над грóбом плáкали так:

— Ах, ня́нька-ня́нька! Ах, лёлька-лёлька! И ты ж нáша едúнственная! И жилá бы ты тúхо-мúрно! И мы бы тебя́ всегдá приласкáли! А погубúла тебя́ твоя́ гóрница! А доконáла тебя́, закля́тая! И зачéм ты её ломáла? И зачéм ты нас не послýшала?

Так плáчи сестёр бы́ли обвинúтельные плáчи прóтив мýжниной роднú: не нáдо бы́ло понуждáть Матрёну гóрницу ломáть. (А подспýдный смысл[175] был: гóрницу-ту вы взять-взя́ли, избы́ же самóй мы вам не дадúм!)

Мýжнина родня́ — Матрёнины золóвки, сёстры Ефúма и Фаддéя, и ещё племя́нницы рáзные приходúли и плáкали так:

— Ах, тётанька-тётанька![176] И как же ты себя́ не береглá! И, навéрно, тепéрь онú на нас обúделись! И родúмая ж ты нáша, и винá вся твоя́! И гóрница тут ни при чём. И зачéм же пошлá ты тудá, где смерть тебя́ стереглá? И никтó тебя́ тудá не звал! И как ты умерлá — не дýмала! И что же ты нас не слýшалась?..

(И изо всéх э́тих причитáний выпирáл отвéт: в смéрти её мы не виновáты, а насчёт избы́ ещё поговорúм!)

Но широколúцая[177] грýбая «вторáя» Матрёна — та подставнáя Матрёна, котóрую взял когдá-то Фаддéй по одномý лишь úмечку, — сбивáлась с э́той полúтики и простовáто вопúла, надрывáясь над грóбом:

— Да ты ж моя́ сестрúчечка! Да неужéли ж ты на меня́ обúдишься? Ох-мá!... Да бывáлоча[178] мы всё с тобóй говорúли и говорúли! И прости́ ты меня́, горемы́чную! Ох-мá!.. И ушлá ты к своéй мáтушке, а, навéрно, ты за мной заéдешь! Ох-мá-а!...

На э́том «ох-мá-а-а» онá слóвно испускáла весь дух свой — и бúлась, бúлась грýдью о стéнку грóба. И когдá плач её переходúл

---

175. "Hidden meaning." 176. Substandard for тётенька. 177. With a broad face. 178. Dialectal for бывáло (there was a time).

обря́дные но́рмы, же́нщины, как бы признава́я, что плач вполне́ уда́лся, все дру́жно говори́ли:

— Отста́нь! Отста́нь!

Матрёна отстава́ла, но пото́м приходи́ла вновь и рыда́ла ещё неи́стовее. Вы́шла тогда́ из угла́ стару́ха дре́вняя и, положа́ Матрёне ру́ку на плечо́, сказа́ла стро́го:

— Две зага́дки в ми́ре есть: как роди́лся — не по́мню, как умру́ — не зна́ю.

И смо́лкла Матрёна то́тчас, и все смо́лкли до по́лной тишины́.

Но и сама́ э́та стару́ха, намно́го ста́рше здесь всех стару́х и как бу́дто да́же Матрёне чужа́я во́все, погодя́ не́которое вре́мя то́же пла́кала:

— Ох ты, моя́ боле́зная![179] Ох ты, моя́ Васи́льевна! Ох, надое́ло мне вас провожа́ть![180]

И совсе́м уже́ не обря́дно — просты́м рыда́нием на́шего ве́ка, не бе́дного и́ми, рыда́ла злосча́стная Матрёнина приёмная дочь — та Ки́ра из Черусте́й, для кото́рой везли́ и лома́ли э́ту го́рницу. Её зави́тые ло́кончики жа́лко растрепа́лись. Кра́сны, как кро́вью за́литы, бы́ли глаза́. Она́ не замеча́ла, как сбива́ется на моро́зе её плато́к, и́ли надева́ла пальто́ ми́мо рукава́. Она́ невменя́емая ходи́ла от гро́ба приёмной ма́тери в одно́м до́ме к гро́бу бра́та в друго́м, — и ещё опаса́лись за ра́зум её, потому́ что должны́ бы́ли му́жа суди́ть.

Выступа́ло так, что муж её был вино́вен вдвойне́: он не то́лько вёз го́рницу, но был железнодоро́жный машини́ст, хорошо́ знал пра́вила неохраня́емых перее́здов — и до́лжен был сходи́ть на ста́нцию, предупреди́ть о тра́кторе. В ту ночь в ура́льском ско́ром ты́сяча жи́зней люде́й, ми́рно спа́вших на пе́рвых и вторы́х по́лках при полусве́те по́ездных ламп, должна́ была́ оборва́ться. Из-за жа́дности не́скольких люде́й: захвати́ть уча́сток земли́ и́ли не де́лать второ́го ре́йса тра́ктором.

Из-за го́рницы, на кото́рую легло́ прокля́тие с тех пор, как ру́ки Фадде́я ухвати́лись её лома́ть.

Впро́чем, тракори́ст уже́ ушёл от людско́го суда́.[181] А управле́ние доро́ги само́ бы́ло вино́вно и в том, что оживлённый перее́зд не охраня́лся, и в том, что парово́зная спло́тка[182] шла без фонаре́й. Потому́-то они́ сперва́ всё стара́лись свали́ть на пья́нку, а тепе́рь замя́ть и са́мый суд.

---

179. Colloquial: "unfortunate creature." 180. Colloquial: "I am tired of seeing all of you off." 181. "He was already beyond human justice." 182. "Coupled engines."

Ре́льсы и полотно́ так искоре́жило,[183] что три дня, пока́ гробы́ стоя́ли в дома́х, поезда́ не шли — их завора́чивали друго́ю ве́ткой. Всю пя́тницу, суббо́ту и воскресе́нье — от конца́ сле́дствия и до похоро́н — на перее́зде днём и но́чью шёл ремо́нт пути́. Ремо́нтники[184] мёрзли и для обогре́ва,[185] а но́чью и для све́та раскла́дывали костры́ из даровы́х досо́к и брёвен со вторы́х сане́й, рассы́панных близ перее́зда.

А пе́рвые са́ни, нагру́женные, це́лые, так и стоя́ли за перее́здом невдали́.

И и́менно э́то — что одни́ са́ни дразни́ли, жда́ли с гото́вым тро́сом, а вторы́е ещё мо́жно бы́ло выхва́тывать из огня́ — и́менно э́то терза́ло ду́шу чернооборо́дого Фадде́я всю пя́тницу и всю суббо́ту. Дочь его́ тро́галась ра́зумом, над зя́тем висе́л суд, в со́бственном до́ме его́ лежа́л уби́тый им сын, на той же у́лице — уби́тая им же́нщина, кото́рую он люби́л когда́-то, — Фадде́й то́лько ненадо́лго приходи́л постоя́ть у гробо́в, держа́сь за бо́роду. Высо́кий лоб его́ был омрачён тяжёлой ду́мой, но ду́ма э́та была́ — спасти́ брёвна го́рницы от огня́ и от ко́зней Матрёниных сестёр.

Перебра́в та́льновских, я по́нял, что Фадде́й был в дере́вне тако́й не оди́н.

Что добро́м на́шим, наро́дным и́ли мои́м, стра́нно называ́ет язы́к иму́щество на́ше. И его́-то теря́ть счита́ется пе́ред людьми́ посты́дно и глу́по.

Фадде́й, не приса́живаясь, мета́лся то на посёлок, то на ста́нцию, от нача́льства к нача́льству, и с неразгиба́ющейся спино́й свое́й, опира́ясь на по́сох, проси́л ка́ждого снизойти́ к его́ ста́рости и дать разреше́ние верну́ть го́рницу.

И кто́-то дал тако́е разреше́ние. И Фадде́й собра́л свои́х уцеле́вших сынове́й, зятей и племя́нников, и доста́л лошаде́й в колхо́зе — и с того́ бо́ка разворо́ченного[186] перее́зда, кру́жным путём че́рез три дере́вни, обвози́л[187] оста́тки го́рницы к себе́ во двор. Он ко́нчил э́то в ночь с суббо́ты на воскресе́нье.

А в воскресе́нье днём — хорони́ли. Два гро́ба сошли́сь в середи́не дере́вни, ро́дственники поспо́рили, како́й гроб вперёд. Пото́м поста́вили их на одни́ ро́звальни ря́дышком, тётю и племя́нника, и по февра́льскому вновь обсыре́вшему[188] на́сту под па́смурным не́бом повезли́ поко́йников на церко́вное кла́дбище

---

183. "Twisted."   184. "Repair crew."   185. "Warmth."   186. "Demolished."
187. "Make a detour."   188. "Damp."

за́ две дере́вни от нас. Пого́да была́ ве́треная, неприю́тная,[189] и поп с дья́коном жда́ли в це́ркви, не вы́шли в Та́льново навстре́чу. До око́лицы наро́д шёл ме́дленно и пел хо́ром. Пото́м — отста́л.

Ещё под воскресе́нье не стиха́ла ба́бья суетня́ в на́шей избе́: стару́шка у гро́ба мурлы́кала псалты́рь, Матрёнины сёстры снова́ли у ру́сской пе́чи с ухва́том, из чела́[190] пе́чи пы́шело жа́ром от раскалённых торфи́н — от тех, кото́рые носи́ла Матрёна в мешке́ с да́льнего боло́та. Из плохо́й муки́ пекли́ невку́сные пирожки́.

В воскресе́нье, когда́ верну́лись с похоро́н, а бы́ло уж то к ве́черу, собрали́сь на поми́нки. Столы́, соста́вленные в оди́н дли́нный, захва́тывали и то ме́сто, где у́тром стоя́л гроб. Сперва́ ста́ли все вокру́г стола́, и стари́к, золо́вкин муж, прочёл «Отче наш».[191] Пото́м на́лили ка́ждому на са́мое дно ми́ски — медо́вой сы́ты.[192] Её, на поми́н души́,[193] мы вы́хлебали[194] ло́жками, безо всего́. Пото́м е́ли что́-то и пи́ли во́дку, и разгово́ры станови́лись оживлённее. Пе́ред киселём вста́ли все и пе́ли «Ве́чную па́мять» (так и объясни́ли мне, что пою́т её — пе́ред киселём обяза́тельно). Опя́ть пи́ли. И говори́ли ещё гро́мче, совсе́м уже́ не о Матрёне. Золо́вкин муж расхва́стался:

— А заме́тили вы, правосла́вные, что отпева́ли сего́дня ме́дленно? Это потому́, что оте́ц Михаи́л меня́ заме́тил. Зна́ет, что я слу́жбу зна́ю. А ина́че б — со святы́ми помоги́, вокру́г ноги́[195] — и всё.

Наконе́ц у́жин ко́нчился. Опя́ть все подняли́сь. Спе́ли «Досто́йная есть».[196] И опя́ть, с тройны́м повторе́нием: ве́чная па́мять! ве́чная па́мять! ве́чная па́мять! Но голоса́ бы́ли хри́плы, ро́зны, ли́ца пья́ны, и никто́ в э́ту ве́чную па́мять уже́ не вкла́дывал чу́вства.

Пото́м основны́е го́сти разошли́сь, оста́лись са́мые бли́зкие, вы́тянули папиро́сы, закури́ли, раздали́сь шу́тки, смех. Косну́лось пропа́вшего бе́з вести му́жа Матрёны, и золо́вкин муж, бья себя́ в грудь, дока́зывал мне и сапо́жнику, му́жу одно́й из Матрёниных сестёр:

— У́мер, Ефи́м, у́мер! Как бы э́то он мог не верну́ться? Да

189. Colloquial: "unpleasant." 190. "Opening of stove." 191. "Our Father" (The Lord's Prayer). 192. Honey and hot water. 193. "In the memory." 194. "To eat" (of a liquid or semiliquid). 195. A meaningless jumble of words, indicating hasty praying. 196. A distorted beginning of the Orthodox prayer.

éсли б я знал, что меня́ на ро́дине да́же пове́сят — всё равно́ б я верну́лся!

Сапо́жник согла́сно кива́л ему́. Он был дезерти́р и во́все не расстава́лся с ро́диной: всю войну́ перепря́тался[197] у ма́тери в подпо́лье.

Высоко́ на печи́ сиде́ла оста́вшаяся ночева́ть та стро́гая молчали́вая стару́ха, древне́е всех дре́вних. Она́ све́рху смотре́ла не́мо, осужда́юще на неприли́чно оживлённую пятидесяти- и шестидесятиле́тнюю молодёжь.

И то́лько несча́стная прие́мная дочь, вы́росшая в э́тих стена́х, ушла́ за перегоро́дку и там пла́кала.

Фадде́й не пришёл на поми́нки Матрёны — потому́ ли, что помина́л сы́на. Но в ближа́йшие дни он два ра́за вражде́бно приходи́л в э́ту избу́ на перегово́ры с Матрёниными сёстрами и с сапо́жником-дезерти́ром.

Спор шёл об избе́: кому́ она́ — сестре́ или прие́мной до́чери. Уж де́ло упира́лось писа́ть в суд,[198] но примири́лись, рассуди́, что суд отда́ст избу́ не тем и не други́м, а сельсове́ту. Сде́лка состоя́лась. Козу́ забрала́ одна́ сестра́, избу́ — сапо́жник с жено́ю, а в зачёт[199] Фадде́евой до́ли, что он «здесь ка́ждое брёвнышко свои́ми рука́ми переня́нчил»,[200] пошла́ уже́ свезённая го́рница, и ещё уступи́ли ему́ сара́й, где жила́ коза́, и весь вну́тренний забо́р, ме́жду дворо́м и огоро́дом.

И опя́ть, преодолева́я не́мощь и ломоту́, оживи́лся и помоло́дел ненасы́тный стари́к. Опя́ть он собра́л уцеле́вших сынове́й и зяте́й, они́ разбира́ли сара́й и забо́р, и он сам вози́л брёвна на са́ночках, на са́ночках, под коне́ц уже́ то́лько с Анто́шкой свои́м из 8-го «Г», кото́рый здесь не лени́лся.

Избу́ Матрёны до весны́ заби́ли,[201] и я пересели́лся к одно́й из её золо́вок, неподалёку. Эта золо́вка пото́м по ра́зным по́водам вспомина́ла что́-нибудь о Матрёне и ка́к-то с но́вой стороны́ освети́ла мне уме́ршую.

— Ефи́м её не люби́л. Говори́л: люблю́ одева́ться культу́рно,[202] а она́ — ко́е-ка́к, всё по-дереве́нски. Ну, раз, мол, ей ничего́ не ну́жно, стал все изли́шки пропива́ть. А одна́во[203] мы с ним в го́род

---

197. "Succeeded in hiding" (for a long time).   198. Colloquial: "they almost took the case to court."   199. "As his part."   200. "Babied."   201. Colloquial: "the cottage was boarded up."   202. Colloquial: "according to the fashion."   203. Dialectal for одна́жды.

éздили, на заработки, так он себе там судáрку[204] завёл, к Матрёне и возвращáться не хотéл.

Все óтзывы её о Матрёне бы́ли неодобри́тельны: и нечистоплóтная онá былá; и за обзавóдом[205] не гналáсь; и не бéрежная; и дáже поросёнка не держáла, выкáрмливать почемý-то не люби́ла; и, глýпая, помогáла чужи́м лю́дям бесплáтно (и сáмый пóвод вспóмнить Матрёну вы́пал — нéкого бы́ло дозвáть[206] огорóд вспахáть на себé сохóю).

И дáже о сердéчности и простотé Матрёны, котóрые золóвка за ней признавáла, онá говори́ла с презри́тельным сожалéнием.

И тóлько тут — из э́тих неодобри́тельных óтзывов золóвки — вы́плыл передо мнóю óбраз Матрёны, какóй я не понимáл её, дáже живя́ с нéю бок ó бок.

В сáмом дéле! — ведь поросёнок-то в кáждой избé! А у неё нé было. Что мóжет быть лéгче — выкáрмливать жáдного поросёнка, ничегó в ми́ре не признаю́щего, крóме еды́! Три́жды в день вари́ть емý, жить для негó — и потóм зарéзать и имéть сáло.

А онá не имéла . . .

Не гналáсь за обзавóдом . . . Не выбивáлась,[207] чтóбы купи́ть вéщи и потóм берéчь их бóльше своéй жи́зни.

Не гналáсь за наря́дами. За одéждой, приукрáшивающей урóдов и злодéев.

Не пóнятая и брóшенная дáже мýжем свои́м, схорони́вшая шéсть детéй, но не нрав свой общи́тельный, чужáя сёстрам, золóвкам, смешнáя, по-глýпому рабóтающая на други́х бесплáтно, — онá не скопи́ла имýщества к смéрти. Гря́зно-бéлая козá, колченóгая кóшка, фи́кусы . . .

Все мы жи́ли ря́дом с ней и не пóняли, что есть онá тот сáмый прáведник, без котóрого, по послóвице, не стои́т селó.

Ни гóрод.

Ни вся земля́ нáша.

### Вопрóсы для обсуждéния в клáссе

1. О чём мечтáл áвтор лéтом 1953 гóда? 2. Где и какóе мéсто получи́л áвтор? 3. Что вы знáете о посёлке Торфопродýкт? 4. О чём говори́л áвтор с молóчницей? 5. С какóй

---

204. Substandard: "mistress." 205. Colloquial: "she never tried to acquire things for herself." 206. Substandard for позвáть. 207. Colloquial: "did not knock herself out."

целью повела молочница автора в Тальново? 6. Как выглядел дом Матрёны снаружи и внутри? 7. Как автор познакомился с Матрёной? 8. Почему Матрёна советовала автору поискать комнату у кого-либо другого? 9. Как поселился автор у Матрёны Васильевны? 10. Кто ещё жил в избе, кроме Матрёны и автора? 11. Как начинался день Матрёны? 12. Что готовила Матрёна автору на завтрак, обед и ужин? 13. Как Матрёна хлопотала о пенсии? 14. Что делала Матрёна, чтобы вернуть себе доброе расположение духа? 15. Как Матрёна и другие бабы добывали торф? 16. Как администрация относилась к воровству торфа? 17. Как Матрёна добывала корм для козы? 18. Как относилась колхозная администрация к Матрёне? 19. Как вспахивали огороды в Тальнове? 20. Какие были заботы у Матрёны с пастухами? 21. Болезнь Матрёны и как она к ней относилась? 22. Чего боялась и чего не боялась Матрёна? 23. Как наладилась жизнь Матрёны к зиме? 24. Что случилось на водосвятии? 25. Какое было отношение Матрёны к религии? 26. Как относилась Матрёна к радио и к русской музыке? 27. Что ценил автор в Матрёне и как ему жилось у неё? 28. Что знал автор о прошлом Матрёны? 29. Кого застал однажды автор в избе? 30. Кто такой был Антоша Григорьев и как он учился? 31. О чём просили автора старик и Матрёна? 32. Что рассказала Матрёна о Фаддее Мироновиче? 33. Что помешало замужеству Матрёны? 34. Сколько лет ждала Матрёна Ефима? 35. Кто посватался к Матрёне, и что случилось вскоре после свадьбы? 36. Какова была судьба детей Матрёны? 37. Кого взяли на войну в 1941 году? 38. Кого взяла на воспитание Матрёна и что она завещала ей? 39. Кому и для чего понадобилась горница Матрёны? 40. Как Фаддей с сыновьями ломали горницу? 41. Что готовили женщины? 42. Что мешало перевозу горницы? 43. Какой снимок хотел сделать автор? 44. О чём спорили тракторист и родня Фаддея? 45. Как выглядела попойка? 46. Кто провожал отъезжающих? 47. Кто пришёл к автору, и о чём его спрашивали? 48. Что узнал автор от железнодорожников и Маши? 49. Каковы были последствия столкновения? 50. О чём попросила Маша автора при прощании? 51. Как привезли и уложили в гроб Матрёну? 52. Кто и как причитал над усопшей? 53. Каков был смысл этих причитаний? 54. Кто искренне плакал над усопшей? 55. Что могло случиться из-за жадности нескольких человек? 56. О чём сокрушался Фаддей и чего он, в конце концов, добился? 57. Как хоронили Матрёну и как прошли поминки ? 58. Как поделили Матрёнино добро родственники ? 59. Какие отзывы о Матрёне слышал автор после её смерти ? 60. Что автор говорит о Матрёне в заключение ?

## Темы для письменных работ

1. Как и где автор устроился преподавателем математики ? 2. Знакомство автора с Матрёной и её повседневной жизнью. 3. Какие были у Матрёны заботы и хлопоты ? 4. Как относилась Матрёна к людям, религии и музыке ? 5. Что рассказала Матрёна автору о своём замужестве ? 6. Что вы знаете о родне Матрёны ? 7. Как и почему разбирали и перевозили горницу ? 8. Когда и от кого узнал автор о смерти Матрёны ? 9. Как отпевали, хоронили и поминали Матрёну ? 10. Какое ваше мнение об этом рассказе ?

# Poetry

# Александр Сергеевич Пушкин

## (1799–1837)

Брожу́ ли я вдоль у́лиц шу́мных,
Вхожу́ ль во многолю́дный храм,
Сижу́ ль меж ю́ношей безу́мных,[1]
Я предаю́сь мои́м мечта́м.

Я говорю́: промча́тся го́ды,
И ско́лько здесь ни ви́дно нас,
Мы все сойдём под ве́чны сво́ды —
И че́й-нибудь уж бли́зок час.

Гляжу́ ль на дуб уединённый,
Я мы́слю: патриа́рх лесо́в
Переживёт мой век забве́нный,[2]
Как пережи́л он век отцо́в.

Младе́нца ль ми́лого ласка́ю,
Уже́ я ду́маю: прости́!
Тебе́ я ме́сто уступа́ю:
Мне вре́мя тлеть, тебе́ цвести́.

День ка́ждый, ка́ждую годи́ну[3]
Привы́к я ду́мой провожда́ть,
Гряду́щей сме́рти годовщи́ну
Меж их[4] стара́ясь угада́ть.

И где мне смерть пошлёт судьби́на?[5]
В бою́ ли, в стра́нствии, в волна́х?
Или сосе́дняя доли́на
Мой при́мет охладе́лый прах?

---

1. "Wild." 2. "Forgotten." 3. "Hour"—poetic Church Slavonicism.
4. Archaic for ме́жду них (among them). 5. Poetic: "fate."

187

И хоть бесчувственному телу
Равно повсюду истлевать,
Но ближе к милому пределу
Мне всё б хотелось почивать

И пусть у гробового входа
Младая будет жизнь играть,
И равнодушная природа
Красою вечною сиять.

## ЦВЕТÓК

Цветок засохший, безуханный,[2]
Забытый в книге вижу я;
И вот уже мечтою странной
Душа наполнилась моя:

Где цвёл? когда? какой весною?
И долго ль цвёл? и сорван кем,
Чужой, знакомой ли рукою?
И положён сюда зачем?

На память нежного ль свиданья,
Или разлуки роковой,
Иль одинокого гулянья
В тиши полей, в тени лесной?

И жив ли тот, и та жива ли?
И нынче где их уголок?
Или уже они увяли,
Как сей неведомый цветок?

1. "Beloved country."   2. "Without fragrance."

**Евгений Баратынский**

(1800–1884)

## ПОЦЕЛУЙ

Сей поцелуй, дарованный тобой,
Преследует моё воображенье:
И в шуме дня и в тишине ночной
Я чувствую его напечатленье![1]
Сойдёт ли сон и взор сомкнёт[2] ли мой,
Мне снишься ты, мне снится наслажденье!
Обман исчез, нет счастья! и со мной
Одна любовь, одно изнеможенье.

1. Poetical: "imprint." 2. "will close."

**Фёдор Тютчев**

(1803–1873)

Есть в о́сени первонача́льной
Коро́ткая, но ди́вная пора́ —
Весь день стои́т как бы хруста́льный,
И лучеза́рны вечера́ . . .

Где бо́дрый серп гуля́л и па́дал ко́лос,
Тепе́рь уж пу́сто всё — просто́р везде́, —
Лишь паути́ны то́нкий во́лос
Блести́т на пра́здной[1] борозде́.

Пусте́ет во́здух, птиц не слы́шно бо́ле,
Но далеко́ ещё до пе́рвых зи́мних бурь —
И льётся чи́стая и тёплая лазу́рь
На отдыха́ющее по́ле . . .

1. Poetical: "empty."

## Михаи́л Ю́рьевич Ле́рмонтов

(1814–1841)

Выхожу́ оди́н я на доро́гу;
Сквозь тума́н кремни́стый путь блести́т;
Ночь тиха́. Пусты́ня вне́млет Бо́гу,[1]
И звезда́ с звездо́ю говори́т.

В небеса́х торже́ственно и чу́дно!
Спит земля́ в сия́нье голубо́м . . .
Что же мне так бо́льно и так тру́дно?
Жду ль чего́? жале́ю ли о чём?

Уж не жду от жи́зни ничего́ я,
И не жаль мне про́шлого ничу́ть;
Я ищу́ свобо́ды и поко́я!
Я б хоте́л забы́ться и засну́ть!

Но не тем холо́дным сном моги́лы . . .
Я б жела́л наве́ки так засну́ть,
Чтоб в груди́ дрема́ли жи́зни си́лы,
Чтоб, дыша́, вздыма́лась ти́хо грудь;

Чтоб всю ночь, весь день мой слух леле́я,
Про любо́вь мне сла́дкий го́лос пел,
Надо мно́й чтоб, ве́чно зелене́я,
Тёмный дуб склоня́лся и шуме́л.

1. "Listens to God"—Church Slavonicism.

# МОЛИ́ТВА

В мину́ту жи́зни тру́дную
Тесни́тся ль в се́рдце грусть:
Одну́ моли́тву чу́дную
Твержу́ я наизу́сть.

Есть си́ла благода́тная
В созву́чье слов живы́х,
И ды́шит непоня́тная,
Свята́я пре́лесть в них.

С души́ как бре́мя ска́тится,
Сомне́нье далеко́ —
И ве́рится, и пла́чется,
И так легко́, легко́ . . .

**Афанáсий Фет**

(1820–1892)


Сад весь в цветý,
Вéчер в огнé,
Так освежúтельно-рáдостно мне!


Вот я стою́,
Вот я идý,
Слóвно тайнственной рéчи я жду.


Эта заря́,
Эта веснá
Так непостúжна,[1] затó так яснá!


Счáстья ли полн,
Плáчу ли я,
Ты — благодáтная тáйна моя́.


1. "Beyond understanding."

## Николай Некрасов

(1821–1878)

Внимая ужасам войны,
При каждой новой жертве боя
Мне жаль не друга, не жены,
Мне жаль не самого героя...
Увы! утешится жена,
И друга лучший друг забудет,
Но где-то есть душа одна —
Она до гроба помнить будет!
Средь лицемерных наших дел
И всякой пошлости и прозы
Одни я в мире подсмотрел
Святые, искренние слёзы —
То слёзы бедных матерей!
Им не забыть своих детей,
Погибших на кровавой ниве,
Как не поднять плакучей иве
Своих поникнувших ветвей...

## Александр Блок

(1880–1921)

### В РЕСТОРÁНЕ

Никогдá не забýду (он был, и́ли нé был,
Этот вéчер): пожáром зари́
Сожженó и раздви́нуто блéдное нéбо,
И на жёлтой зарé — фонари́.

Я сидéл у окнá в перепóлненном зáле.
Гдé-то пéли смычки́ о любви́.
Я послáл тебé чёрную рóзу в бокáле
Золотóго, как нéбо, ай.[1]

Ты взглянýла. Я встрéтил смущённо и дéрзко
Взор надмéнный и óтдал поклóн.
Обратя́сь к кавалéру, намéренно рéзко
Ты сказáла: «И э́тот влюблён».

И сейчáс же в отвéт чтó-то гря́нули стрýны,
Исступлённо запéли смычки́ . . .
Но былá ты со мной всем презрéнием ю́ным,
Чуть замéтным дрожáньем руки́ . . .

Ты рванýлась движéньем испýганной пти́цы,
Ты прошлá, слóвно сон мой легкá . . .
И вздохнýли духи́, задремáли рéсни́цы,
Зашептáлись тревóжно шелкá.

Но из глýби зеркáл ты мне взóры бросáла
И, бросáя, кричáла: «Лови́! . .»
А мони́сто бренчáло, цыгáнка плясáла
И визжáла зарé о любви́.

---

1. Brand of champagne.

## Анна Ахматова

(1888–1966)

### ВЕЧЕРОМ

Звенела музыка в саду
Таким невыразимым горем.
Свежо и остро пахли морем
На блюде устрицы во льду.

Он мне сказал: «Я верный друг!»
И моего коснулся платья.
Как непохожи на объятья
Прикосновенья этих рук.

Так гладят кошек или птиц,
Так на наездниц смотрят стройных.
Лишь смех в глазах его спокойных
Под лёгким золотом ресниц.

А скорбных скрипок голоса
Поют за стелющимся дымом:
«Благослови же небеса:
Ты первый раз одна с любимым».

Борис Пастернак

(1890–1960)


## ГАМЛЕТ

Гул затих. Я вышел на подмостки.
Прислонясь к дверному косяку,
Я ловлю в далёком отголоске
Что случится на моём веку.

На меня наставлен сумрак ночи
Тысячью биноклей на оси.
Если только можно, Авва Отче,[1]
Чашу эту мимо пронеси.

Я люблю твой замысел упрямый
И играть согласен эту роль.
Но сейчас идёт другая драма,
И на этот раз меня уволь.[2]

Но продуман распорядок действий,
И неотвратим конец пути.
Я, один, всё тонет в фарисействе.
Жизнь прожить — не поле перейти.[3]


1. "Father." 2. "Discharge." 3. Russian proverb.

197

**Осип Мандельштам**

(1891–1938)

О временах простых и грубых
Копыта конские твердят.
И дворники в тяжёлых шубах
На деревянных лавках спят.

На стук в железные ворота
Привратник, царственно ленив,
Встал, и звериная зевота
Напомнила твой образ, скиф!

Когда с дряхлеющей любовью,
Мешая в песнях Рим и снег,
Овидий пел арбу воловью,
В походе варварских телег.

## Влади́мир Маяко́вский

(1893–1930)

## ПОСЛУ́ШАЙТЕ!

Послу́шайте!
Ведь е́сли звёзды зажига́ют —
зна́чит — э́то кому́-нибудь ну́жно?
Зна́чит — кто́-то хо́чет, что́бы они́ бы́ли?
Зна́чит — кто́-то называ́ет э́ти плево́чки[1]
         жемчу́жиной?
И, надрыва́ясь
в мете́лях[2] полу́денной пы́ли,
врыва́ется к Бо́гу,
бои́тся, что опозда́л,
пла́чет,
целу́ет ему́ жи́листую ру́ку,
про́сит —
чтоб обяза́тельно была́ звезда́! —
клянётся —
не перенесёт э́ту беззвёздную[3] му́ку!
А по́сле
хо́дит трево́жный,
но споко́йный нару́жно.
Говори́т кому́-то:
«Ведь тепе́рь тебе́ ничего́?
Не стра́шно?
Да?!»
Послу́шайте!
Ведь е́сли звёзды
зажига́ют —
зна́чит — э́то кому́-нибудь ну́жно?

Зна́чит — э́то необходи́мо,
что́бы ка́ждый ве́чер
над кры́шами
загора́лась хоть одна́ звезда́?

1. Diminutive for плево́к (spit).  2. "Whirlwind."  3. "Starless."

## Сергей Есенин

(1895–1925)

Я покинул родимый дом,
Голубую оставил Русь.
В три звезды березняк над прудом
Теплит[1] матери старой грусть.

Золотою лягушкой луна
Распласталась на тихой воде.
Словно яблонный цвет, седина
У отца пролилась в бороде.

Я не скоро, не скоро вернусь!
Долго петь и звенеть пурге.
Стережёт голубую Русь
Старый клён на одной ноге.

И я знаю, есть радость в нём,
Тем, кто листьев целует дождь.
Оттого, что тот старый клён
Головой на меня похож.

1. "Maintains" (a flame).

**Евге́ний Евтуше́нко**

(1933–)


## БИ́ТНИЦА

Эта де́вочка из Нью-Йо́рка,
но ему́ не принадлежи́т.
Эта де́вочка вдоль нео́на
от само́й же себя́ бежи́т.

Этой де́вочке ненави́стен
мир — освистанный морали́ст.
Для неё не оста́лось в нём и́стин.
Заменя́ет ей и́стины «твист».

И с нечёсаными волоса́ми,
в гру́бом сви́тере и очка́х
пля́шет ху́денькое отрица́нье
на тоню́сеньких каблучка́х.

Всё ей ка́жется ло́жью на све́те,
всё — от би́блии до газе́т.
Есть Монте́кки и Капуле́тти.
Нет Роме́о и нет Джулье́тт.

От разду́мий дере́вья пони́кли,
и слоня́ется во хмелю́[1]
ме́сяц, су́мрачный, сло́вно би́тник,
вдоль по мле́чному авеню́.


1. "Intoxicated."

201

Он бредёт, как от стойки к стойке,
созерцающий нелюдим,
и прекрасный, но и жестокий
простирается город под ним.

Всё жестоко — и крыши, и стены,
и над городом неспроста[1]
телевизорные антенны
как распятия без Христа . . .

**Андрей Вознесенский**

(1934–)

## ПЕРВЫЙ ЛЁД

Мёрзнет девочка в автомате,
Прячет в зябкое пальтецо
Всё в слезах и губной помаде
Перемазанное лицо.

Дышит в худенькие ладошки.
Пальцы — льдышки. В ушах — серёжки.

Ей обратно одной, одной
Вдоль по улочке ледяной.

Первый лёд. Это в первый раз.
Первый лёд телефонных фраз.

Мёрзлый след на щеках блестит —
Первый лёд от людских обид.

1. "Not by chance."

# Glossary

The glossary contains English equivalents of the words used in the text, except cognates, proper names, pronouns, numerals, and frequently used simple words.

The translated words fit only the meaning they have in the text.

The gender of masculine nouns ending in ь or a-я is indicated.

Perfective verbs are marked, imperfective unmarked. Adverbs derived from included adjectives have been omitted.

# Abbreviations

*adj.* adjective
*adv.* adverb
*arch.* archaic
*colloq.* colloquial
*compar.* comparative
*dim.* diminutive
*fem.* feminine
*gen.* genitive
*interj.* interjection
*m.* masculine
*n.* noun
*obs.* obsolete
*part.* participle
*perf.* perfective
*pl.* plural
*sing.* singular
*subst.* substandard
*vb.* verb

# А

абажу́р lampshade
авиацио́нный (*adj.*) aviation
аво́сь (*colloq.*) perhaps
адресова́ть address
а́дский hellish; infernal
аж (*subst.*) = да́же
айда́ (*colloq.*) come on
аккомпани́ровать accompany
аккура́тный neat
алеба́рда halberd
а́ленький *see* а́лый
алле́я path
а́лый red
анекдо́т joke
анке́та form, questionnaire
аппара́т *see* фотографи́ческий
   аппара́т
апте́ка drugstore
арба́ araba (*a bullock-drawn cart*)
аре́на circus ring
арестова́ть *perf. of* аресто́вывать
аресто́вывать arrest
арме́йский (*adj.*) of army
армя́к armiak (*peasant's cloth coat*)
а́спид viper
аудито́рия lecture hall

# Б

б = бы
ба́ба (*peasant*) woman
ба́бий (*colloq.*) women's
багрове́ть turn red
багро́вый crimson
база́р market
бакале́йный grocery
ба́кен buoy
ба́л ball
балабо́лка chatterbox
баланси́ровать balance oneself
балл mark, grade
банкомёт banker (*in card games*)
бараба́нить drum; patter
бара́к barracks
ба́рин landowner
ба́рский дом manor house
ба́рхатный velvety
барчо́нок barin's son, young
   master
ба́рыня lady; landowner's wife

ба́рышня girl, young lady
барье́р barrier
бас bass
ба́ста (*colloq.*) that's enough
ба́тюшка my dear fellow; father
   ба́тюшки мой! good gracious!
бахрома́ fringe
бе́гать run
   глаза́ его́ та́к и бе́гают he has
      shifty eyes
бего́м running
бего́ния begonia
беготня́ running about
беда́ trouble
бе́дный poor
бедня́га (*colloq.*) poor fellow
бе́дствие calamity
бежа́ть run; hurry
без without
безде́льник loafer
безде́тный childless
бе́здна abyss
безжа́лостный merciless
беззабо́тный carefree
беззву́чный soundless
безмо́лвие silent
безнадёжный hopeless
безо *see* без
безобра́зный shocking
безопа́сный safe
безору́жный unarmed
безоши́бочный unerring
безразли́чие indifference
безу́мие folly; madness
безу́мно madly
безу́мный (*adj.*) wild;
   (*n.*) insane (*man*)
беле́ть become white, whiten
белизна́ whiteness
бе́лка squirrel
бензи́н gasoline, gas
бе́рег bank; shore
береди́ть irritate; reopen (*old
      wounds*)
бе́режный careful
берёза birch
березня́к birch woods
берёзовый birch
бере́чь take care
берло́га den
бесе́да conversation, talk
беси́ть enrage
бесконе́чный endless

беспе́чно  lightheartedly
беспе́чный  careless; devil-may-care
беспла́тно  free of charge, gratis
беспло́дный  barren, vain
беспоко́ить  worry
беспоко́иться  worry, be anxious; bother
беспоко́йно  uneasily
беспоко́йный  troubled, agitated; disturbing
беспоко́йство  uneasiness; trouble
бесполе́зный  useless
беспоря́док  disorder
беспоря́дочно  in confusion
беспреры́вно  continuously, uninterruptedly
беспреста́нно  continually
беспреста́нный  incessant
бессвя́зный  incoherent
есси́льный  powerless
бессловéсный  silent
бессмéртный  immortal
бессмы́сленный  senseless
бестра́шный  fearless
бестолко́вый  confused
бесце́нный  priceless, invaluable
бесчи́сленный  countless
бесчу́вственный  unconscious
бесшаба́шный (colloq.)  daredevil
бесшу́мный  noiseless
бето́н  concrete
бе́шенство  fury, rage
бе́шеный  ungovernable
    бе́шеная ско́рость  furious speed
бино́кль (m.)  binocular(s)
би́тва  battle
би́ть  beat; strike
би́ться  knock, hit (against)
бич  whip, lash
бла́го  blessing
    для бла́га челове́чества  for the welfare, or the good, of mankind
благово́ние  fragrance, aroma
благодари́ть  thank
благода́тный  beneficial
благополу́чно  all right
благоро́дный  noble
благоро́дство  nobleness
благоскло́нность  favor
благослови́ть (perf.)  bless
блаже́нный  blissful

бле́дность  pallor
бледне́ть  grow pale
бле́дный  pale
блёклый  faded
блеск  brilliance
блесну́ть (perf.)  flash
блесте́ть  shine; sparkle
блёстки (pl.)  spangles
блестя́щий  brilliant
ближа́йший  next; immediate
бли́жний (n.)  fellowman
бли́зкий  near; close; intimate
    — ро́дственник  close relative
бли́зость  closeness
блиста́тельный  brilliant
блужда́ющий  floating
блю́до  dish
Бог  God
    — его́ зна́ет!  God knows!
    сла́ва Бо́гу!  thank God!
богате́ть  grow rich
бога́тство  wealth
бога́тый  rich; wealthy
богаты́рь (m.)  hero; Hercules
боги́ня  goddess
бо́дрость  courage
бо́дрый  brisk
Бо́же мой!  my God!
Бо́жий  God's
Бо́жья коро́вка  ladybug
бой  battle, fight
    с бо́я  by force
бо́йкий  sharp; pert; brisk
бо́йко  smartly; glibly
бок  side
    — о бок  side by side
бока́л  glass, goblet
боково́й  lateral
бо́лее и бо́лее  more and more
    тем бо́лее  all the more
боле́зненно  painfully
боле́зненный  sickly
боле́знь  illness
боле́ть  be ill; ache
    у него́ боли́т голова́  he has a headache
боло́то  swamp
болта́ть  chatter; blab
болтли́вый  garrulous
болтовня́  chatter
боль  pain
больна́я (n.)  patient
больни́ца  hospital

больно  painful
больной (*adj.*)  sick
большинство  majority
борец  champion; wrestler
бормотать  mutter
борода  beard
борозда  furrow
бороться  strive for
борт  side
борщ  borsch
борьба  struggle, fight
бочка  barrel
боязливый  timid
боязнь  dread, fear
бояться  be afraid; fear
брак  marriage
браслет  bracelet
братец  brother; my boy
брать  take
браться  undertake; seize
брачный  conjugal
бревенчатый  timbered
бревно  log
бремя  burden
бренчать  jingle
брести  drag oneself along
брехать (*colloq.*)  lie
брикет  briquette
бриллиант  diamond
бриться  shave
бровь  eyebrow
бродить  wander, roam
бродяга  vagrant
бродячий (*adj.*)  vagrant
бросать  throw; abandon
бросаться  rush; throw oneself; charge
— в глаза  be striking
броситься *perf. of* бросаться
брошенный  deserted
брусника  cranberry
бугорок  small hill
будить  wake
будка  cabin
будничный  everyday
будто  as if
— бы  allegedly
будущее  the future
буйство  violent behavior
букашка(*small*) insect
буква  letter (*of alphabet*)
скажите по буквам  spell
букварь (*m.*)  ABC book

букет  bouquet
булочник  baker
булыжная мостовая  cobbles; cobblestone road
бумага  paper
бумажка *dim. of* бумага
бумажник  wallet
бумажный (*adj.*)  paper
бура  borax
бурить  bore; drill
буркнуть (*perf.*)  growl
бурный  stormy; rough
бурчать  bubble
бурый  brown
бурьян  weeds
буря  storm
бусы (*pl.*)  beads
бутылка  bottle
бутыль  large bottle
буян  brawler
бывало  would (+*inf.*)
бывать  be
бывший  ex-
бык  bull
было (*particle*)  nearly
быстроглазый  sharpeyed
быстрый  quick
быт  mode of life
быть  be
бюст  bust

В

в (во)  in
вага  splinter bar
вагон  carriage, car
важный  important
ваза  vase
валить  throw down
валиться  fall
валяться  lie about
варварский  barbarian
варить  cook
варка  cooking
вата  wadding; cotton wool
пальто на вате  wadded coat
вбегать  come running
вбежать *perf. of* вбегать
вверить *see* вверять
вверх  up, upward
вверять(ся)  entrust, trust

209

вводи́ть  introduce
вгля́дываться  peer into
вгоня́ть  drive in
вда́вливать  press in
вдвоём  two (together)
вдвойне́  doubly
вдева́ть  pass through
вдоль  along
вдохнове́нно  inspiredly, with
    inspiration
вдруг  suddenly
ведро́  bucket
ведь  you see, you know
ве́ер  fan
ве́жливый  polite
везде́  everywhere
везти́ perf. of вози́ть
    ему́ везло́  he was lucky
ве́к  century; age
    он мно́го вида́л на своём веку́
    he has seen much in his day
ве́ко  eyelid
вlayerско́й  secular; centuries-old
веле́ть  order
вели́кий  great
великоду́шие  generosity
великоле́пный  magnificent;
    excellent
велича́вый  stately, majestic
велича́йший  the greatest
велича́ть  call
вели́чие  grandeur
величина́  size
велосипе́д  bicycle
вене́ц  row of logs
вено́к  wreath
венча́ться  be married
ве́ра  belief
вера́нда  veranda
верблю́д  camel
верёвка  rope
верзи́ла  lanky fellow
ве́рить  believe
ве́риться с трудо́м  can  hardly
    believe
ве́рно  most likely
верну́ть (perf.)  recover; get back
верну́ться  return
ве́рный  reliable; certain
вероя́тно  probably
вероя́тность  probability
    по всей вероя́тности  in all
    probability

верста́  verst (3,500 feet)
    в полуверсте́  in about half a
    mile
верте́ть  turn round
верте́ться  pester somebody with
    one's presence
ве́рх  top; summit
ве́рхний  upper
верхо́вный  supreme
верхо́м  on horseback
верху́шка  top
вершо́к (arch.)  vershok (1¾ inches)
ве́село  merrily
весёлость  gaiety
весёлый  gay, lively; jolly
весе́лье  gaiety
весе́нний  spring (time)
весна́  spring (season)
вести́  lead
    — перепи́ску  be in correspond-
    ence
    — разгово́р  have a conversa-
    tion
    — себя́  conduct, behave
ве́сточка (dim.)  news
ве́сть  news
    пропа́сть без вести  be missing
весь  all
ветвь  branch
ве́тер  wind
ве́тка  branch
ветла́  white willow
ве́тренный  windy; empty-headed
ве́тхий  decrepit; dilapidated
вечере́ло  night was falling
вечери́нка  evening party
вече́рний (adj.)  of evening
ве́чно  always; perpetually
ве́чный  eternal
ве́шалка  rack
ве́шать  hang (up)
ве́шаться  hang oneself
вещество́  matter
вещь  thing
ве́ять  blow; smell
вза́д: ходи́ть взад и вперёд по
    ко́мнате  walk up and down
    the room
взаме́н  in exchange for
взбеси́ть perf. of беси́ть
взбива́ть  fluff
взбра́сывать  throw up (in the air)
взве́сить perf. of взве́шивать

210

взвешивать weigh
взводить cock
взвоз uphill path
взволнованно with emotion
взволнованный agitated
взвыть (*perf.*) howl
взгляд look, gaze; glance
взглядывать cast a glance
взгорье hill
вздёргивать jerk up
вздёрнутый нос snub nose
вздор nonsense
вздорный foolish
вздох deep breath; sigh
вздрагивать quiver
вздрогнуть *perf. of* вздрагивать
вздумать take it into one's head
вздыбиться *perf. of* вздыбливаться
вздыбливаться ramp
вздыматься rise
вздыхать breathe; sigh; yearn
взлетать fly up
взмахивать flap
взмахнуть *perf. of* взмахивать
взметнуть (*perf.*) flap
взмолиться (*perf.*) ask for mercy
взойти *perf. of* всходить
взор look; gaze
взрыв explosion; outburst
взъерошенный disheveled
взывать call
взять *perf. of* брать
вид air, appearance, look; view
   не подать виду make no sign
видать see; apparently
видеть see
   видите ли (*don't*) you see
видеться see each other
видимо apparently
видимый visible
виднеться could be seen
видно apparently; one can see
   как видно as is obvious
видный visible
видывать (*colloq.*) = видеть
визг screech
визжать screech
вилы (*pl.*) pitchfork
вилять wag
вина fault
   это не по его вине he is not
     to blame for it
винить blame

виноватый guilty
   он в этом виноват he is to
     blame for this
виновный guilty
винт vint (*card game*)
винтовка rifle
висеть hang; be suspended
висок temple (*part of head*)
висячая лампа suspension lamp
виться meander; twist
вихрь (*m.*) whirlwind
вишь See! Look!
вкладывать put in
включать switch on
включительно inclusive
вкусный delicious
владелец owner
владеть know; own
влажный moist
властный commanding
власть power, authority
влезать climb in; climb up
влетать fly in
влечь draw
влияние influence
влюблённый in love
влюбляться fall in love
вместе together
   вместе с тем at the same time
вмешиваться interfere; intervene
вне себя beside oneself
внезапный sudden
внешний external
внешность exterior
вниз головою head first
внизу below
внимание attention
вниманье (*arch.*) = внимание
внимательность attentiveness
внимать hark
вновь again
вносить bring
внутренне inwardly
внутренний interior
внутренно *see* внутренне
внутренность interior
внутри inside
внушать suggest; impress
внушение suggestion
внятно distinctly
вовеки (*arch.*) forever
вовремя in time
вовсе quite; not . . . at all

водитель (*m.*) driver
водиться be found, be
   как водится as usual
водружать hoist
водянистый watery
военный (*adj.*) military; (*n.*) ser-
   viceman
вожжи (*pl.*) reins
возбуждать excite; arouse; provoke
возврат return
возвратить *perf. of* возвращать
возвращать return, restore
возвращаться (*vb.*) return
возвращение return
возвышение eminence; dais
возглас exclamation, cry
воздвигаться arise
воздерживаться refrain
воздух air
воздушный air
возить drive
возиться busying herself
возле by, near
возможно possible; as . . . as possible
возможность possibility
возможный possible
возмущение rebellion
вознаградить *perf. of*
   вознаграждать
вознаграждать reward
возненавидеть (*perf.*) conceive a
   hatred
возопить = завопить
возражать object; return, retort
возражение objection
возразить *perf. of* возражать
возраст age
возродиться *perf. of*
   возрождаться
возрождаться revive
воин soldier
война war
вокруг around
волк wolf
волна wave
волнение agitation; nervousness
волненье (*arch.*) = волнение
волновать agitate
волноваться be uneasy; be nervous
воловий *adj. of* ox
волос hair
волоса (*subst., pl.*) = волосы

волочить drag
волочиться run after, flirt
волочь = волочить
воля will; liberty
вон (*colloq.*) there, over there
вонзаться pierce
вонючий stinking
вонять stink
воображать imagine
воображение imagination
вообразить *perf. of* воображать
восхищаться admire
восхищение admiration
вообще in general
вопить (*colloq.*) wail
вопросительный questioning
вопрошать question
вор thief
ворваться *perf. of* врываться
воробей sparrow
воровать steal
ворон raven
вороной black
ворота (*pl.*) gate
воротиться (*perf.*) return
воротник collar
ворочаться с боку на бок turn,
   toss and turn
ворчать себе под нос mutter
восклицание exclamation
восклицать exclaim
восковой waxen
вослед = вслед
воспевать sing
воспитание education
воспитанница pupil
воспитанный brought up
воспитатель (*m.*) educator
воспитывать bring up
воспоминание recollection
воспрепятствовать (*perf.*) prevent,
   hinder
восток east
востроносая (*colloq.*) sharpnosed
восхвалить *perf. of* восхвалять
восхвалять eulogize, laud
воцариться *perf. of* воцаряться
воцаряться set in
впалый sunken
впервые for the first time
вперёд forward
   часы идут вперёд the clock/
   the watch is fast

впечатле́ние impression
впечатли́тельный sensitive
впива́ться fix one's eyes on
впи́ться *perf. of* впива́ться
вполго́лоса in a low voice
вполне́ quite, fully; entirely
впосле́дствии afterward
впро́чем however
впряга́ться harness oneself
впрямь (*colloq.*) indeed
впуска́ть let in
впусти́ть *perf. of* впуска́ть
впусту́ю (*colloq.*) for nothing
враг enemy
вражде́бно hostilely
врать lie, talk nonsense
врач physician
враща́ться roll
вре́дно harmful
вре́менный temporary
вре́мя time
    по времена́м from time to time
вро́де like
врождённый inborn
врыва́ться burst into
вса́живать thrust
всевозмо́жный all possible
всеми́рный universal
Всемогу́щий Almighty
всё-таки nevertheless
всеце́ло (*adv.*) entirely, exclusively
вска́кивать jump up
вска́пывать dig
вски́дывать toss one's head
вски́нуть *perf. of* вски́дывать
вскопа́ть *perf. of* вска́пывать
вскочи́ть *perf. of* вска́кивать
вскрича́ть (*perf.*) exclaim
вслед after
    смотре́ть вслед кому́-либо follow somebody with one's eyes
вслух aloud
всма́триваться peer at
вспаха́ть *perf. of* вспа́хивать
вспа́хивать plough
вспе́нивать make foam
всплакну́ть (*perf.*) shed a few tears
вспомина́ть remember, recall
вспорхну́ть (*perf.*) take wing
вспы́льчивый hot-tempered

вспы́хивать blush, flush; outburst
вспы́шка outburst
встава́ть get up, rise
встрево́житься *perf. of* трево́житься
встрепену́ться (*perf.*) start
встре́титься *perf. of* встреча́ться
встре́ча meeting
встреча́ть meet, meet with
встреча́ться meet with; come across
встря́хивать shake
встряхну́ть *perf. of* встря́хивать
вступа́ть enter into
    — в брак marry
    — в спор с ке́м-либо enter into an argument with somebody
всхли́пывать sob
всходи́ть ascend; rise
вся́кий any; every; all sorts of
    — раз every time
вся́чески in every possible way
вта́йне secretly
втолкова́ть *perf. of* втолко́вывать
втолко́вывать make somebody understand something
второпя́х hastily
вход entrance
входи́ть enter
входно́й (*adj.*) entrance
вцепи́ться *perf. of* вцепля́ться
вцепля́ться seize
вчера́шний yesterday's
вше́стеро six times
вшестеро́м six (*together*)
въезд entrance
въезжа́ть drive into
въе́хать *perf. of* въезжа́ть
выбега́ть run out
вы́бежать *perf. of* выбега́ть
выбива́ть knock out
выбива́ться get out
выбира́ть choose, select
вы́биться *perf. of* выбива́ться
вы́бор choice
выбра́сываться throw oneself out
вы́брать *perf. of* выбира́ть
вы́бросить *perf. of* выбра́сы вать
вы́ведать *perf. of* выве́дывать
выве́дывать find out
вывёртывать wrench
вы́вих dislocation
вы́вихнутый dislocated
вы́вод conclusion

выводить  lead out
— бу́квы  trace out each letter painstakingly
вывози́ть  take out
вывора́чивать = вывёртывать
вы́глядеть  look
вы́гнать *perf. of* выгоня́ть
выгова́ривать  pronounce; utter
вы́говорить *perf. of* выгова́рвиать
вы́года  advantage
вы́годный  advantageous
вы́гон  common pasture
выгоня́ть  drive out
выгора́ть  burn out
выдава́ть  betray
— за́муж кого́-либо  give somebody in marriage to somebody
выдаю́щийся  prominent
выделя́ться  be distinguished
выде́рживать  hold
выдира́ть  tear out
вы́драть *perf. of* выдира́ть
выдува́ть  blow out
вы́думка  fiction
выду́мывать  make up
вы́жать *perf. of* выжима́ть
вы́жженный  burnt
выжива́ть  survive
выжида́тельный  waiting
выжида́ть  wait (*for*)
выжима́ть  squeeze out
вы́жить *perf. of* выжива́ть
вы́звать *perf. of* вызыва́ть
вызыва́ть  send for; stir up; cause
вызыва́ться  offer
вы́йти *perf. of* выходи́ть
выка́зывать  display
выка́рмливать  rear
выка́тываться  roll
выка́шливаться  cough up
выла́мывать  break; break open
вылеза́ть  crawl out
вылета́ть  fly out
выле́чивать  cure
выле́чиваться  recover
вы́лечить *perf. of* выле́чиваться
вы́мести *perf. of* вымета́ть
вымета́ть  sweep
вы́молвить (*perf.*)  utter
вы́мышленный  imaginary
вынима́ть  pull out
выноси́ть  carry out; stand, endure
вынужда́ть  force, compel

выпада́ть  slip out
вы́пасть *perf. of* выпада́ть
выпива́ть  drink
выпира́ть  be obvious
вы́пить *perf. of* выпива́ть
выплёвывать  spit
выплыва́ть  emerge
выполня́ть долг  do one's duty
вы́потрошить *perf. of* потроши́ть
вы́прямиться *perf. of* выпрямля́ться
выпрямля́ться  become straight; stand erect
вы́пуклый  protuberant
выража́ть  express
выража́ться  express oneself
выраже́ние  expression
вырази́тельный  expressive
выраста́ть  grow; grow up
вы́расти *perf. of* выраста́ть
вы́рез  cut
выреза́ть  cut out
выруба́ть  cut down
вы́рубить *perf. of* выруба́ть
вырыва́ть  pull out
высека́ть  strike
вы́сечь *perf. of* высека́ть
вы́сказать *perf. of* выска́зывать
выска́зывать  express
выска́кивать  jump out, dart out
вы́скочить *perf. of* выска́кивать
высма́тривать  look out for
высме́ивать  ridicule
вы́сморкаться *perf. of* сморка́ться
высо́вывать  put out, thrust out
высо́вываться  lean out
высо́кий  high; tall; lofty
вы́сохший  dried-up
высоча́йший  highest
вы́спаться *perf. of* высыпа́ться
вы́ставить *perf. of* выставля́ть
выставля́ть  put out
вы́страдать (*perf.*)  suffer
вы́стрел  shot
высту́живать  cool
выступа́ть  advance
вы́сунуть *perf. of* высо́вываться
вы́сший  higher
высыпа́ть  pour out
высыпа́ться  have enough sleep
— не вы́спался  he didn't have enough sleep
высыха́ть  dry; dry up
выта́лкивать  push out

вытаскивать drag out, pull out
вытащить *perf. of* вытаскивать
вытвердить (*perf., colloq.*) learn by heart
вытерпеть (*perf.*) endure
вытесать *perf. of* вытёсывать
вытеснять force out
вытёсывать cut out
вытирать wipe
вытолкнуть *perf. of* выталкивать
выть howl
вытягивать draw out
— шею stretch out one's neck
вытянуть *perf. of* вытягивать
выхватить *perf. of* выхватывать
выход way out; appearance; entrance
выходить go out
— в отставку resign
— замуж marry
— из положения find a way out
выходит it appears that
выходка trick
вышивать embroider
вязанка bundle
вязаночка sweater
вязанье knitting
вялый slack, dull

# Г

гавань harbor
гадать surmise, conjecture
гадкий foul, bad
гадюка viper
газовый gauze; gas
галун gold lace; lace
гардероб clothes; wardrobe
гармоника accordion
гаснуть die out
гастролёр guest artist
гвоздь (*m.*) nail
географический geographic(al)
географическая карта map
герой hero
гибель destruction; ruin
гибкий lithe
гигантский gigantic
гимназист secondary-school boy; high-school boy

гимназистка secondary-school girl
гимназия secondary school
гимнастка gymnast
главное above all
главный principal
гладить stroke
глаз eye
хоть глаз выколи it is pitch-dark
гласить read
глинистый claylike
глинобитный mudhouse
глиняный clay
глотка throat
глохнуть abate, subside
глубина depth; interior
глубоко deeply
глубь the deep
глупость foolishness
глупый foolish, silly
глухой suppressed
глухая ночь still night
глухой гул hollow rumble
глухонемой deaf-and-dumb
глушь remote corner
глядеть look (*at*)
того и гляди at any moment
глянцевитый glossy, lustrous
гнать drive
гнаться pursue
гневить (*arch.*) anger, make angry
гнилой rotten
гнить rot
гнуть(ся) bend
говор sound of voices
говорливость talkativeness
година time
годный fit
годовщина anniversary; *poetical for* year
голенище top (*of a boot*)
голод hunger
голодный hungry
голос voice
голосистый loud-voiced
голосить lament
голубушка (*colloq.*) my dear
голый naked; bare
гонять drive
гоняться chase
гора mountain
идти в гору go uphill
гораздо much

215

горбу́н   hunchback
горди́ться   take pride
го́рдость   pride
го́рдый   proud
го́ре   grief
   с го́ря   of grief
горемы́чный   miserable
горе́ть   burn; shine
го́речь   bitterness
го́рка   hill
го́рло   neck
го́рница (arch.)   room, chamber
го́рничная   lady's maid
го́рный adj. of гора́
   го́рная цепь   mountain chain
городо́к   small town
городско́й   municipal
   — жи́тель   town dweller
горшо́к   pot
го́рький   bitter
горя́чий   ardent
горя́чность   ardor
горячо́   hotly; warmly; heartily
Го́споди!   Good heavens!
Госпо́дь (m.)   God
гости́ница   hotel
гости́ть   stay (with), be on a visit
гость (m.)   guest
гото́вить   prepare
   — уро́к   do one's homework
гото́вый   ready
гофрирова́ть   crimp; pleat
град: гра́дом   deluge
гра́мота   reading and writing
грани́ца   border
граф   count
гра́фик   schedule
графи́ня   countess
грацио́зный   graceful
грач   rook
гре́бень (m.)   comb
греме́ть   clatter; clank; make a
   noise
греть   warm
грех   sin
гре́шный   sinful
гриб   mushroom
гри́ва   mane
гроб   coffin; grave
грози́ться   threaten
гро́зно   menacingly
гро́зный   formidable
грома́дный   huge

гро́мкий   loud
   гро́мкое и́мя   great/famous
   name
гро́хот   crash
грохота́ть   rumble
грош   half-a-kopeck coin; penny
   быть без гроша́   be penniless
   э́тому грош цена́   it is not
   worth a penny
гру́бость   rudeness
гру́бый   coarse; rude
грудно́й   pectoral
грудь   breast; chest
грузови́к   truck
гру́стный   sad
грусть   melancholy
гру́ша   pear
гряду́щий   approaching
грязца́ dim. of грязь
грязь   dirt; filth
гря́нуть (perf.)   burst out
губа́   lip
губе́рния   province
губи́ть   destroy
губна́я пома́да   lipstick
гуде́ть   buzz; shrieking
гудо́к   whistle
гул   hum
гуля́нье   taking a walk
гуля́ть   go for a walk
гумно́   threshing floor
гуси́ный (adj.)   goose
густо́й   thick; dense
гусь (m.)   goose


## Д

дави́ть   weigh (on)
дави́ться   choke
давно́   long ago; for a long time
давны́м-давно́   long long ago
да́же   even
да́лее: и так да́лее   and so on
далеко́   far off
даль   distance
дальне́йший: в дальне́йшем   later
   on
да́льний   distant, remote
да́мба   dam
да́мский   ladies'
да́нные (pl.)   data
да́нный   given; present

дар gift
дари́ть make a present
даровóй (colloq.) free (of charge)
да́ром free
   не да́ром not in vain
два́жды twice
дверно́й (adj.) of door
дви́гаться move; advance
движе́ние motion, movement
двóе two of
двойнóй double
двор yard
двóрник yardkeeper, janitor
дворóвая собáка watchdog
дворóвый manor serf
дворяни́н nobleman
дева́ться:
   не́куда дева́ться nowhere to
     go
   он не зна́л, куда́ дева́ться от
    ску́ки he didn't know what
    to do with himself
деви́ца (arch.) girl
де́вичий girlish
де́вочка little girl
де́вушка girl
дёготь (m.) tar
де́йствие action; effect
действи́тельно really; indeed
действи́тельность reality
действи́тельный real; effective
де́йствовать work
де́йствующее лицó acting character
деклами́ровать declaim
де́латься become
делика́тный tactful
дели́ть divide
дели́ться share; confide
де́ло affair, business; case
   в чём де́ло? what is the matter?
   на са́мом де́ле in fact
   передава́ть де́ло в суд bring
    the case before the law
   удаля́ться от дел retire from
    affairs
делови́тый efficient
деловóй business; businesslike
денщи́к batman
день (m.) day
   изо дня́ в день day by day
дёргать pull, tug
дереве́нский (adj.) village
   — жи́тель (m.) village man

дере́вня village
де́рево tree; wood
деревя́нный wooden
держа́ть keep; hold
   — пари́ bet
держа́ться hold
де́рзкий impudent
дёрнуть perf. of дёргать
де́скать (colloq.) say
десна́ gum (in mouth)
десятиле́тка (ten-year) secondary
   school
деся́ток scores
   деся́тки tens
де́тство childhood
дешёвый cheap
де́ятельность activity, work
диалóг dialog
   вести́ диалóг carry on a dialog
дива́н sofa
ди́вный wonderful
ди́кий wild
дире́ктор manager; principal
дире́кторша fem. of дире́ктор
дитя́ child
дифира́мб dithyramb
   петь дифира́мбы sing the
    praises
длиннонóгий long-legged
дли́нный lengthy; long
дневни́к diary
днём in the daytime; in the after-
   noon
дно bottom
   вверх дном upside down
добавле́ние addition; addendum
добавля́ть add
добива́ться achieve; get, obtain;
   seek
добира́ться reach
дóблестный valiant
добра́ться perf. of добира́ться
добрó property
   — пожа́ловать! (arch.)
    welcome!
доброво́лец volunteer
добродýшный good-natured
доброжела́тельный benevolent
доброжи́лый adequate for
   habitation
добрóтный of high/good quality
дóбрый good
добыва́ть get, obtain, procure

217

добы́ча output; booty
дове́ренность confidence; warrant
дове́рие confidence
довое́нный prewar
дово́льно it is enough; enough
дово́льный satisfied
дово́льствоваться be satisfied
дога́дка surmise
дога́дываться guess; surmise
догоня́ть overtake
доезжа́ть arrive (*at*)
дое́хать *perf. of* доезжа́ть
дожда́ться (*perf.*) wait
    дожда́лись его́ прихо́да at last
    he came
дождево́й (*adj.*) rain
дождли́вый rainy
дождь (*m.*) rain
    — идёт it is raining
дожива́ть live so long; live (*till*)
дожида́ться wait (*for*), await
дои́ть milk
доказа́тельство proof, evidence
дока́зывать argue that, prove
дока́пывать finish digging
докати́ться *perf. of* дока́тываться
дока́тываться roll (*to*)
доки́нуть *perf. of* доки́дывать
доки́дывать throw
докла́дывать report; announce
доко́нать (*perf., colloq.*) finish;
    destroy
долг duty
до́лгий long
до́лго a long time
    — ли how long
долговя́зый leggy
долгопо́лый long-skirted
долета́ть fly (*to, as far as*); reach
до́лжен must; owe
    должно́ быть probably
до́лжность post; job
доли́на valley
доложи́ть *perf. of* докла́дывать
до́ля share
дома́шний domestic
    по дома́шним обстоя́тельствам
    for domestic reasons
домога́ться woo
до́низу to the bottom
доно́с denunciation
доноси́ться be heard
допла́чивать pay the remainder

допуска́ть: он не допуска́ет э́той
    мы́сли he regards it as
    unthinkable
допы́тываться try to find out
доро́га road
до́рого сто́ить to be expensive
дорого́й dear
доро́жный traveling
доса́да vexation, annoyance
досажда́ть annoy
доска́ board; plank
достава́ть take; get out
доста́ться: доста́лось ему́ it fell to
    his lot
достига́ть reach; achieve
дости́гнуть *perf. of* достига́ть
досто́инство virtue
досто́йность dignity
дото́чно (*colloq.*) exactly
дотра́гиваться touch
дотро́нуться *perf. of* дотра́гиваться
дохо́д income
доходи́ть reach
доцара́пать (*perf.*) to scratch
до́чка *colloq. of* дочь
дочь daughter
дощя́тый (*made*) of planks
дощя́чка small plank/board
дразни́ть tease
дра́ться fight
    — на дуэ́ли fight a duel
драчу́н pugnacious fellow
дребезжа́ть rattle; jingle
древнегре́ческий ancient Greek
дре́вний ancient; very old
дрема́ть slumber
дрему́чий dense, thick
дрессиро́ванный performing
дрессиро́вщик trainer
дробь fraction
дрова́ (*pl.*) firewood
дрожа́ние vibration
дрожа́ть shiver, tremble
    — от хо́лода shiver with cold
дрожа́щий trembling; tremulous
дрожь shivering, quivering
друг friend
    — дру́га each other
друго́й other; another thing
    на друго́й день the next day
дру́жба friendship
дружелю́бный friendly
дру́жество friendship

дру́жно  in a friendly manner;
    together
дрянь (colloq.)  scoundrel
дряхле́ть  grow decrepit
дуб  oak
дубо́вый (adj.)  oak
ду́ло  pistol point
ду́ма  thought; municipal duma,
    town council
ду́мать  think, believe
дунове́ние  whiff
ду́ра fem. of дура́к
дура́к  fool
ду́рно  badly
дурно́й  bad
дуть  blow
дух  spirit; breath
    быть не в ду́хе  be out of humor
    во весь дух  at full speed
    у него́ ду́ху не хвата́ет  he
    hasn't the heart
духи́ (pl.)  perfume
духове́нство  clergy
духовни́к  confessor
духота́  oppressive heat
душа́  soul
    от души́  from the bottom of
    one's heart
душе́вный  emotional
души́ть  smother
ду́шный  stuffy
дым  smoke
дыми́ть (vb.)  smoke
ды́ня  melon
дыха́ние  breathing; breath
дыша́ть  breathe
дья́вол  devil
дья́вольски  devilishly
дья́кон  deacon
дьячо́к  sexton


# Е

еда́  food; meal
едва́  hardly; barely
единоду́шно  unanimously
еди́нственно  the only
еди́нственный  only; sole
еди́ный  united; common
ёж  hedgehog
ежедне́вный  daily

е́жели (arch.) = е́сли
ёжиться  huddle oneself up
ежо́вый: держа́ть кого́-либо в
    ежо́вых рукави́цах  rule
    somebody with a rod of iron
е́здить  go; ride
ей-Бо́гу  really!
ёкать: се́рдце ёкнуло  heart missed
    a beat
ёкнуть perf. of ёкать
е́ле  hardly; only just
е́льник  spruce grove
есау́л  Cossack captain
есте́ственник  scientist
есте́ственный  natural
есть  eat
е́хать see е́здить


# Ж

жа́дность  greed(iness)
жа́дный  greedy, avid
жа́жда  thirst
жа́ждать  thirst (for); crave (for)
жале́ть  regret
жа́лкий  pitiful
жа́лоба  complaint
жа́лобный  sorrowful, plaintive
жа́лованье  salary
жа́ловать (arch.)  visit
    добро́ пожа́ловать!  welcome!
жа́ловаться  complain
жа́лость  pity
    из жа́лости  out of pity
жаль  be sorry (for)
жар  heat
жара́  heat
жарго́н  slang
жа́ркий  hot
жать  reap
жа́ться  press close
жгу́чий  smarting
ждать  wait; expect
же: то́т же  the same
жева́ть  chew
жела́ние  desire, longing
жела́ть  wish
железнодоро́жник  railwayman
железнодоро́жный  railroad
желе́зный (adj.)  iron
    желе́зная доро́га  railroad

железо (*n.*) iron
жёлоб gutter
желтоватый yellowish
жёлтый yellow
жемчужина pearl
женский feminine; ladies'
женственный feminine
жердь pole
жеребий (*arch.*) = жребий
жертва sacrifice; victim
жертвоприношение offering,
    sacrifice
жест gesture
жёсткий hard
жестокий cruel; hard
жестяной tin
живительный vivifying
живо vividly; quick(ly)
живой living, live, alive
  с живым интересом with a
    keen interest
живопись painting
живость liveliness
животное animal
жидкий liquid
жила vein
жилистый sinewy
жилище dwelling
жильё dwelling; habitation
жир fat
жирный (*adj.*) fat
житель (*m.*) inhabitant, resident,
    dweller
жниво = жнивьё
жнивьё stubble
жонглёр juggler
жребий fate, destiny
  тянуть жребий draw lots
жулик swindler
журчать murmur
жутко (*he feels*) awestruck, (*he is*)
    terrified
жучок insect


# З

за behind; for; by
заалеть (*perf.*) flush crimson
забава amusement; fun
забавник jolly fellow
забавный amusing

забарабанить (*perf.*) begin to
    patter
забвение oblivion
забеспокоиться (*perf.*) begin to
    worry
забивать досками board up
забиваться hide
забирать take away
забираться get in
забитый oppressed
заблестеть (*perf.*) become shiny
заблуждение error, delusion
заболтаться (*perf., colloq.*) to have
    a long chat
  заболтал колокольчик the bell
    began to ring
забота anxiety; trouble
заботить worry
заботиться look after
забраться *perf. of* забираться
забывать forget
забываться be lost in reverie
завалинка zavalinka (*small mound
    of earth along the outer walls
    of a peasant's house*)
заведение establishment
заведенье (*arch.*) = заведение
заверить *perf. of* заверять
завернуть(ся) *perf. of*
    завёртывать(ся)
завертеть (*perf.*) twirl
завёртывать wrap
завёртываться wrap
завершать(ся) be concluded
завершить(ся) *perf. of*
    завершать(ся)
заверять assure; certify
завесить *perf. of* завешивать
завести *perf. of* заводить
заветный cherished; hidden
завешивать cover
завещать bequeath
завивать(ся) curl
завидно be envious
завидовать envy
завизжать (*perf.*) begin to squeal
зависть envy
завитой curled
завиток lock, curl
завитушка *see* завиток
завить(ся) *perf. of* завивать(ся)
завлекать seduce
завод factory

заводи́ть lead; acquire; establish; start the engine
— разгово́р start a conversation
заводско́й adj. of заво́д
завопи́ть (perf.) begin to yell
завора́чивать turn
заворо́чаться (perf.) begin to turn
заворча́ть (perf.) mutter; growl
завяза́ть perf. of завя́зывать
завя́зывать begin
зага́дка riddle; mystery
зага́дочный mysterious; enigmatic
загла́дить perf. of загла́живать
загла́живать make up
заглóхнуть perf. of глóхнуть
заглуша́ть suppress
загля́дывать glance; drop in
загляну́ть perf. of загля́дывать
за́гнанный downtrodden
загова́ривать speak (to somebody)
заголи́ть (perf.) bare
загора́ться burn (with)
загоре́ться perf. of загора́ться
заграни́ца foreign countries
— е́хать за грани́цу to go abroad
— жить за грани́цей to live abroad
загуля́вший (colloq.) tippler
зада́ча problem
зада́ть perf. of задава́ть
задава́ть give, set
задви́жка bolt
задева́ть touch
задёргать (perf.) begin to pull
задержа́ть(ся) perf. of задéрживать(ся)
задéрживать keep
задéрживаться stay too long; linger; delay
за́дний rear
за́дом backward
задóрный provocative
задохну́ться perf. of задыха́ться
задрема́ть (perf.) doze off
заду́мчивый thoughtful
заду́мываться become thoughtful
заду́ть (perf.) begin to blow
задыха́ться suffocate; pant
заезжа́ть visit
заéхать perf. of заезжа́ть
зажа́ть perf. of зажима́ть

зажива́ть heal
зажига́ть light; kindle
— спи́чку strike a match
зажига́ться light up
зажима́ть suppress
заигра́ть (perf.) begin to sparkle
зайти́ perf. of заходи́ть
заказа́ть perf. of зака́зывать
зака́зывать order
зака́нчивать(ся) end (in/with something)
зака́пчивать blacken with smoke
закипа́ть begin to boil
закла́д bet
закла́дывать put
— каре́ту harness horses to a carriage
заключа́ться consist (in)
заключе́ние conclusion
закля́тый damned
заколоти́ть perf. of закола́чивать
закола́чивать (доска́ми) board up
зако́нный legitimate
закономе́рный regular
зако́нчить perf. of зака́нчивать
закрича́ть shout
закру́живаться, закружи́ться begin to whirl
закру́чивать twirl, twist
закрыва́ть shut, close; cover
заку́ривать light a cigarette, pipe
закури́ть perf. of заку́ривать
за́ла hall
залепета́ть (perf.) begin to babble
залета́ть fly (in)
зале́чь (perf.) lie (down); be (in hiding)
залива́ть flood
залива́ться sing merrily/buoyantly
— сме́хом laugh merrily
зали́вчатый merry (laughter)
зали́ть perf. of залива́ть
зали́ться perf. of залива́ться
залихва́тский (colloq.) rollicking
заложи́ть perf. of закла́дывать
заля́згать perf. of ля́згать
замара́ть perf. of мара́ть
зама́хиваться threaten, raise threateningly
замахну́ться perf. of зама́хиваться
замедля́ть slow down
заменя́ть replace
замерза́ть freeze

221

заместй *perf. of* заметáть
заметáть: дорóгу замелó снéгом the road is blocked with snow
замéтить (*perf.*) notice
замéтно noticeable
замечáние observation
замечáтельный remarkable
замечáть notice, observe
замешáтельство confusion, embarrassment
замирáть die down
замóк lock; padlock
замолкáть fall silent
замолчáть *perf. of* замолкáть
заморённый tired
заморóженный frozen
замýжество married life
замýсленный = замусóленный bedraggled; well-thumbed
замутнённый dimmed
зáмша suede
зáмысел scheme, conception
замять (*perf.*) hush up
занавéска curtain
занемóчь (*perf.*) be out of order
занимáтельный entertaining
занимáть entertain
занимáться be occupied (*with*), be engaged (*in*); engage (*in*); busy oneself
заносúстый devil-may-care
заносúть raise
занятие studies; lessons
зáнятый *part. of* занимáть
зáнятый (*adj.*) busy; occupied
заóчный by correspondence
запáздывать be late
запасáться provide oneself
зáпах smell; scent
запáчкать *perf. of* пáчкать
заперéть *perf. of* запирáть
заперéться *perf. of* запирáться
запéть (*perf.*) begin to sing
запечатлевáть imprint
запечáтывать seal up
запивáть take to drinking
запирáть lock
запирáться lock oneself up
записнáя книжка notebook
запúсывать write down
заплáканный tear-stained
заплáкать (*perf.*) begin to cry
заплатúть (*perf.*) pay

заплывáть grow very fat
запоздáть *perf. of* запáздывать
заполнúть fill
— анкéту fill in a form/questionnaire
заполучúть (*perf.*) get for oneself
запоминáть remember
запóр: на запóре under lock and key
запрещáть prohibit
запрещéние prohibition
зáпросто without ceremony
запрятать *perf. of* запрятывать
запрятывать hide
запускáть thrust; dip; neglect
запýщенный neglected
запылúть (*perf.*) cover with dust
запятáя comma
зарабáтывать earn
зарабóтать (*perf.*) start working
зáработок earning
зарáз (*colloq.*) at one stroke
зарáнее beforehand
зарастáть be overgrown
зáрево пожáра glow of a fire
зарéзать *perf. of* рéзать
зарéчный on the other side of the river
заржáть (*perf.*) begin to neigh
зарывáть bury
зарывáться dig in
зарыть *perf. of* зарывáть
зарычáть (*perf.*) begin to roar
заря daybreak; evening glow
заряжáть load
засветúть (*perf.*) light
засеменúть (*perf.*) begin to mince
засéсть (*perf.*): пýля засéла a bullet lodged
засидéться *perf. of* засúживаться
засúживаться stay very late
засиять (*perf.*) begin to shine
заскрипéть (*perf.*) begin to creak
заслýга merit
заслýживать earn
заслышать (*perf.*) hear
заснýть *perf. of* засыпáть
засóвывать push in; thrust
засýнув рýки в кармáны with hands thrust into one's pocket
засорúть(ся) *perf. of* засорять(ся)
засорять(ся) litter
зáспанный sleepy

222

заставать дома find at home
заставить *perf. of* заставлять
заставлять force; make; fill
  он заставил ждать he has kept
  waiting
застать *perf. of* заставать
застёгивать button
застенчивость shyness
застенчивый shy
застонать (*perf.*) begin to moan/
  groan
застревать stick
застрелиться (*perf.*) shot oneself
застрельщик skirmisher
застучать (*perf.*) begin to knock
застывать set
застыть *perf. of* застывать
засуетиться (*perf.*) start fussing
засунуть *perf. of* засовывать
засыпать fall asleep
затаивать harbor
затаить *perf. of* затаивать
затасканный threadbare
затворять shut
затем then, because
затеплиться (*perf., arch.*) begin to
  gleam
затеряться (*perf.*) become lost
затесаться (*perf., colloq.*) worm
  oneself (*into*)
затея undertaking
затихать die away; become quiet
затихнуть *perf. of* затихать
затопать (*perf.*) begin to stamp
  one's feet
затопить *perf. of* затоплять
затоплять flood, inundate
затрепетать (*perf.*) begin to pal-
  pitate
затрещать (*perf.*) begin to jabber
затруднение trouble
затруднить make difficult; cause
  trouble
затрудняться find it difficult/hard,
  hesitate
затрястись (*perf.*) begin to tremble
затылок back of the head
заунывный mournful
заупрямиться *perf. of* упрямиться
захватить *perf. of* захватывать
захватывать take; seize
заходить come; go (*behind*)
зацепить(ся) *perf. of* зацеплять(ся)

зацеплять(ся) touch; catch
зачастить (*perf.*) become a constant visitor
зачем what for
зачёт in payment of
зачмокать (*perf.*) smacking one's
  lips
зашататься (*perf.*) stagger
зашевелиться (*perf.*) begin to stir
зашептать (*perf.*) begin to whisper
зашивать sew up
зашуметь (*perf.*) begin to make
  noise
защёлкать (*perf.*) begin to click
защитить *perf. of* защищать
защищать protect
заявить *perf. of* заявлять
заявлять declare; announce
звание profession
звать call
  Как его зовут? What is his
  name?
звезда star
звёздный starry
звенеть ring
звериный: звериная страсть
  animal passion
зверски brutally
зверь (*m.*) beast
звон ringing, tinkling
звонить phone
звонкий clear
звонок bell; doorbell
звук sound
звучать sound; ring, resound
звучно loudly, sonorously
звучность sonorousness
звучный resounding
звякать tinkle
здороваться greet
здоровенный (*colloq.*) very strong, big
здравый sensible
зевать yawn
зевота yawning
зеленоватый greenish
зелень verdure
землемер land surveyor
землица *dim. of* земля
земля earth; ground
земной earthly
зеркало mirror
зипун homespun coat
зиять gape

зло evil
злоба anger
злобный wicked
зловещий ominous
злодей villain
злой wicked
злополучный ill-starred
злоречие malicious gossip
злость fury
злосчастный ill-fated
змейка *dim. of* змея
змея snake
знак sign
знакомиться make somebody's acquaintance
знакомство acquaintance
знакомый (*adj.*) familiar; (*n.*) acquaintance
знаменитость celebrity
знаменитый famous
знатный noble
знаток expert
знать know
знаться associate (*with*)
значение meaning
значит so, then
значительный significant
значить mean, signify
зной intense heat
золовка sister-in-law (*husband's sister*)
золото gold
золотой golden
зонт, зонтик umbrella
зоркий sharp-sighted
зорька: на зорьке at dawn
зрелище sight
зрение eyesight
зритель (*m.*) spectator
зря to no purpose
зуб tooth
— на зуб не попадает teeth are chattering
зубчатый jagged
зябкий sensitive to cold
зябнуть suffer from cold
зять (*m.*) son-in-law

## И

ива willow
иголка needle

игра game; gambling game
играть play; act, perform; play cards
идейный idealistic
идолопоклонник idolater
идти go; suit, become; play
— на поклон go begging
из (изо) out of
— изо всех сил with all one's might
изба hut, peasant house
избегать avoid
избивать beat
избить *perf. of* избивать
избушка *dim. of* изба
известие news
известковый (*adj.*) lime
известность reputation, fame
известный well-known; known; certain
извиваться coil
извинение (*n.*) excuse
извинять (*vb.*) excuse
извините! excuse me!
извиняться apologize
исзвозчик cabman; cabby
извозчичья *adj. of* извозчик
изволить if you please; deign
изворотливый resourceful
изгиб curve
изгибаться bend, curve
изглаживать efface
— из памяти blot out of one's memory
изгнанник exile
изгнивать to rot
изготавливать make
изготовить *perf. of* изготавливать
издавать utter
издалека from far away
издали from a distance
издательский (*adj.*) publishing
издевательство mockery
издеваться taunt
изделие make; article
издохнуть *perf. of* издыхать
издыхать die
изжога heartburn
излагать set forth
излечивать cure
излишек excess
излишний superfluous; unnecessary

измазать *perf. of* измазывать
измазывать soil
изматывать exhaust
изменить *perf. of* изменять
измениться *perf. of* изменяться
изменчивый changeable
изменять change
изменять(ся) change, alter
измотать *perf. of* изматывать
изнеженный delicate
изнеможение exhaustion
изношенный threadbare, shabby
изнутри from within
изнывать burn
изобличать showed him to be
изображать picture; represent
изобразить *perf. of* изображать
изобретать invent
изогнуться *perf. of* изгибаться
изорванный ragged
изощряться excel
изредка from time to time
изрубить (*perf.*) chop up
изрядно pretty well
изувечивать mutilate, maim
изувечить *perf. of* изувечивать
изумление amazement
изумлять amaze
изумляться be amazed
изуродованный disfigured; mutilated
изучать study
изъявить (*perf.*) express
изыскание prospecting
изящество elegance
изящный elegant
икона icon
икота hiccup
икра calf (*of the leg*)
именины (*pl.*) name day
именно just
имечко (*dim. of*) имя
имущество property; belongings
имя name
иначе otherwise
инвалид disabled person; invalid
иной other; some
иностранный foreign
инспекторша wife of inspector
интервьюировать interview
искажаться be distorted
исказиться *perf. of* искажаться
искать look (*for*)

исключать expel
исключительно exclusively
исключить *perf. of* исключать
искони (*arch.*) from time immemorial
искра spark
искренне = искренно
искренний sincere
искренно sincerely
искусно skillfully
искусство art; skill, proficiency
испить (*colloq.*) = напиться
исповедание creed
исподлобья: смотреть исподлобья lower (*at*)
испокон from time immemorial
исполненный full (*of*)
исполнять carry out; perform
    — долг do one's duty
испортить(ся) *perf. of* портить(ся)
исправлять correct
исправляться improve; reform
испробовать (*perf.*) put to the test
испуг fright
испуганный frightened, scared
испугать(ся) *perf. of* пугать(ся)
испытать *perf. of* испытывать
испытующий searching
испытывать try; feel
исследование exploration
исступлённый frenzied
истаптывать trample
истерзать (*perf.*) torment
истерический hysterical
истина truth
истинный true
истлевать decay
истовый fervent
источить (*perf.*) fill with holes
истощать exhaust
исход end
исхудалый emaciated
исчезать disappear
ихний *colloq. of* их

К

к to; toward
кабак public house, tavern
кабинет study; room
каблук heel
кавалер cavalier

225

кадка  tub
кадры (*pl.*)  personnel
каждый  each, every
кажись (*subst.*)  it seems
казарма  barracks
казаться  seem, appear
казачий *adj. of* казак
казачка  Cossack woman
кайма  border
как  like
   — раз  just
   — будто  as if, as though
   — бы чего не вышло  I am
    afraid that something could
    happen
какой  such . . . as
какой-нибудь  some kind
какой-то  some
калач: тёртый калач  slick
   customer
калитка  wicket (-*gate*)
калоша  rubbers
каменеть  petrify
каменный  stone
   — век  the Stone Age
камень (*m.*)  stone, rock
   могильный камень  gravestone
камерный  chamber
камин  fireplace
канализация  sewerage system
канделябр  candelabrum
канцелярия  office
канючить (*subst.*)  to beg naggingly
капать (*vb.*)  drop
капелька (*dim.*)  droplet
капля  drop
капот  housecoat
капуста  cabbage
каравай  round loaf
караульный  sentry
караульщик  watchman
карета  coach
карий  hazel
карикатура  caricature; cartoon
карман  pocket
   боковой карман  side pocket
картёжная игра  gambling
картина  picture
картон *see* картонка
картонка  pasteboard box
картофель (*m.*)  potatoes
картофельный (*adj.*)  potato
картошка (*colloq.*)  potatoes

касание  contact
касаться  touch; touch (*upon*);
   concern
   что касается  as to, as regards
касса  booking office
кататься на велосипеде  to bicycle
катить  drive
каток  skating rink
каторжный (*adj.*)  convict
кацавейка  katsaveyka (*short, fur-
   trimmed jacket*)
качать  rock
   — головой  shake one's head
качаться  swing
качество: в качестве  in the
   capacity (*of*)
каша  porridge, gruel
кашель (*m., n.*)  cough
кашлянуть (*perf.*)  give a cough
кашлять (*vb.*)  cough
квартира  apartment
квартирант  lodger
квас  kvass (soft drink)
кверху  up, upward
кепка  cap
кивать  nod; motion (*to*)
кидать  to cast
   кидать жребий  cast lots
кидаться  throw/fling oneself
кинжал  dagger
кино  movie house
кинозвезда  movie star
кинуть *perf. of* кидать
кипеть  boil; in full swing
кирпич  brick
кисель (*m.*)  kissel (*jelly-like dish*)
кислятина (*colloq.*)  very sour
кисть  tassel
китель (*m.*)  tunic
кишеть  swarm
кладбище  cemetery
кладовая  pantry
кланяться  bow; greet
классный (*adj.*)  class
класть  put; place
клеймо  mark
клён  maple
клетка  cage
клеть (*arch.*)  storeroom
клещи (*pl.*)  pliers; tongs
кликать (*colloq.*)  call
кликнуть *perf. of* кликать
клоун  clown

клочо́к wisp
клуб clubhouse
клубо́к clew
ключ spring (*fountain*)
клю́чница (*arch.*) housekeeper
кля́сться swear
кни́жник lover of books
кни́жный (*adj.*) book
кнут whip
кобы́ла mare
ковёр carpet
covро́вый (*adj.*) carpet
ковш bucket
ковыля́ть stump
ковыря́ть peck, pick
когда́-нибудь someday
ко́декс: уголо́вный ко́декс criminal
    code
ко́е-где here and there
ко́е-как with difficulty
ко́жаный leather
кожеве́нный leather tanning
коза́ goat
ко́злы (*pl.*) coach box
ко́зни (*pl.*) crafty designs
козырёк peak
ко́йка cot; bed
кок quiff (*prominent forelock*)
колеба́ние vibration
колеба́нье (*arch.*) = колеба́ние
колеба́ть shake
колеба́ться vibrate; shake; hesitate
коле́но knee
    упа́сть на коле́ни fall on one's
      knees
колесо́ wheel
колея́ rut, track
ко́ли if
коло́дец well
ко́локол bell
    уда́рить в ко́локол strike the
      bell
колоко́льчик *dim. of* ко́локол
колоко́льня church/bell tower
ко́лос ear
колоти́ть beat
колпа́к nightcap
колхо́з kolkhoz, collective farm
колчено́гий lame
кольд-крем cold cream
коля́ска carriage
команди́р commander
комбини́ровать combine

комо́д chest of drawers
комо́к: сверну́ться в комо́к roll
    oneself into a ball
конве́рт envelope
конво́й escort
    под конво́ем under escort
коне́ц end
    в конце́ концо́в in the end,
      after all
    до са́мого конца́ till the very
      end
коне́чно certainly, of course
ко́нный двор stables
конокра́д horsethief
конопля́ник hemp field
ко́нский (*adj.*) horse
конто́ра office
конто́рский *adj. of* конто́ра
конча́ть finish
конча́ться come to an end
кончи́на decease
конь (*m.*) horse
конько́ (*pl. of* конёк) skates
ко́нюх groom, stableman
коню́шня stable
копа́ть dig
    — карто́фель dig up potatoes
ко́пка digging
копы́то hoof
кора́бль (*m.*) ship, vessel
корена́стый thickset, stumpy,
    stocky
ко́рень (*m.*) root
корзи́на basket
коридо́р corridor
корм feed
корма́ stern
корми́лец breadwinner
корми́ть (*vb.*) feed
коро́ва cow
коро́вий *adj. of* коро́ва
    коро́вье ма́сло butter
короле́ва queen
корота́ть while away
коро́ткий short
ко́ротко briefly
корса́ж bodice; corsage
ко́рточки (*pl.*): сиде́ть на ко́рточках
    squat
ко́рчиться cower
коса́ braid; scythe
коси́ть mow
коси́ться look sideways

ко́смы (*pl., colloq.*) matted hair
косну́ться *perf. of* каса́ться
кособо́кий (*colloq.*) crooked
косоро́г slope
костёр fire
костля́вый bony
ко́сточка stone (*of fruit*)
кость bone
    слоно́вая кость ivory
костю́м suit
косы́нка kerchief
кося́к (*door*) jamb, post
кот tomcat
котело́к pot
ко́фта woman's jacket; blouse
кошелёк purse
коша́чий *adj. of* ко́шка
ко́шка cat
кра́й edge; territory
кра́йний: по кра́йней ме́ре at least
кра́йность extreme
крапи́ва (*stinging*) nettle
краса́вица beauty
краси́вый beautiful
красне́ть(ся) redden; blush
красноречи́вый eloquent
краснощёкий red-cheeked
красова́ться stand in beauty
красота́ beauty
кра́тко briefly
кремни́стый siliceous
кре́пкий strong; firm
крепостно́й (*n.*) serf
кре́пость fortress
крепча́ть grow stronger
кре́сло armchair
крест cross
крести́ться cross oneself
крестья́нский peasant
кривля́нье clowning
криво́й crooked
криворо́гая with crooked horns
крик shout; scream
кри́кнуть *perf. of* крича́ть
крику́н (*colloq.*) shouter
крича́ть shout; yell
крова́ть bed
кровь blood
кро́ме except
кро́ткий gentle, meek
кро́хотный tiny
кро́шечный = кро́хотный
кроши́ть chop

кро́шка crumbling
круг circle
кругло́ватый roundish
кру́глый round
круго́м around, all around
кружи́ть whirl; circle
кружи́ться whirl
кру́жным путём in a roundabout
    way
кружо́к circle, society
крупа́ groat
кру́пный large
крути́ть whirl
крути́ться spin
круто́й steep; severe, harsh
    — бе́рег steep bank
крыле́чко *dim. of* крыльцо́
крыло́ wing
крыльцо́ porch
    за́днее крыльцо́ back entrance
кры́са rat
кры́тый roofed
крыть cover
кры́ша roof
кря́кать grunt
кряхте́ть groan
кста́ти to the point
кто уго́дно anybody
кувши́н для молока́ milk jug
кудря́вый curly
кузи́на cousin
ку́зница smithy
ку́зов basket
кула́к fist
кули́сы (*pl.*) backstage; wings (*of
    theater*)
культу́рно in a civilized manner
купе́ц merchant
купи́ть *perf. of* покупа́ть
купле́т verse, couplet
ку́пол dome; big top
кури́ное яйцо́ hen's egg
кури́ть smoke
ку́рица hen
куро́к cock
    взводи́ть куро́к raise the cock
кусо́к piece
кусо́чек *dim. of* кусо́к
куст bush, shrub
куста́рник shrubs
куха́рка cook
ку́хня kitchen
ку́чер coachman

кушáк girdle
кýшать eat

# Л

лáвка bench; shop; store
лáвочка *dim. of* лáвка
лавчóнка (*pejorative*) small store
лáгерь (*m.*) camp
лáгерный *adj. of* лáгерь
лад harmony
лáдить (*colloq.*) repair
лáдно all right
ладóнь palm
ладóши *dim. pl. of* ладóнь
   бить/хлóпать в ладóши clap
    one's hands
   ладóшки (*colloq.*) small palms
лаз manhole
лáзить climb
лазýрь sky blue
лай bark
лáйковые перчáтки kid gloves
лакéй manservant
лакировáть varnish
лампáд(к)а icon lamp
лáмпочка electric bulb
лáндыш lily of the valley
ларёк stall
ларь (*m.*) *see* ларёк
лáска caress, endearment
ласкáть (*vb.*) caress
лáсковый affectionate, tender,
    sweet
лáять bark
лгать (*vb.*) lie
лев lion
лéвый left, left-hand
лёгкий light; easy; slight
лёгкое lung
лёд ice
ледянóй icy
лежáть lie
   — в больнúце be in hospital
лезть из кóжи lay oneself out
лекáрка *fem. of* лéкарь
лéкарь (*m., arch.*) doctor
лелéять cherish
ленúвый lazy
ленúться be lazy
лепестóк petal
лепетáть babble, prattle

лес wood(s), forest; timber, lumber
лéсенка short flight of stairs
леснúчество forestry
лéстница stairs; ladder
летá years
летáть fly
летéть *perf. of* летáть
лечúться undergo a cure
лечь *perf. of* ложúться
лéший wood goblin
лúбо or
лúвень (*m.*) heavy shower
ликвидúровать liquidate; abolish;
    eliminate
лúния: железнодорóжная лúния
    railway line
линя́ть fade
лúпа linden
лисúца fox
лист leaf; sheet; questionnaire
лúственный leaf-bearing
   — лес leaf-bearing forest
лúться flow; stream
лихóй evil, hard; dashing
лихорáдка fever
лихорáдочный feverish
лицемéрный hypocritical
лицó face
лúчико *dim. of* лицó
лишáть deprive
лúшек: с лúшком odd
лишúть *perf. of* лишáть
лúшний superfluous; unnecessary
   наговорúл лúшнего he said
    too much
лишь only; лишь бы if only
лоб forehead
ловúть catch
лóвкий adroit
лóвкость adroitness
лóдка boat
лóжа box (*in theater*)
ложúться lie (*down*); fall
ложь lie, falsehood
лозня́к willow thicket
лóкон curl
ломáть break
ломóта (*colloq.*) rheumatic pain
лопáта spade
лóпаться break
лóпнуть *perf. of* лóпаться
лопýх burdock
лóшадь horse

лощи́на glen
лубо́к = лубо́чная карти́нка cheap popular print
луг meadow
лу́жа puddle
лук onion
лука́вый sly
луна́ moon
луч ray
лучеза́рный (*poetic*) radiant
лучи́стый radiant
лы́сый bald
льди́нка piece of ice
льды́шка (*colloq.*) piece of ice
льну́ть cling
льсти́ть flatter
любе́зность courtesy; compliment
любе́зные (*colloq.*) my darlings
любе́зный amiable
люби́мец favorite
люби́мый beloved
любо́вник lover
любо́вный amorous
любо́й any; every
любопы́тство curiosity
лю́ди (*pl.*) people
людско́й *adj. of* лю́ди
людое́дство cannibalism
лягу́шка frog
ля́згать clank

# М

маги́ческий magic
ма́занка clay-walled cottage
ма́зать grease, lubricate
майо́р major (in army)
мака́ть dip
ма́ковка crown
маку́ша = маку́шка
маку́шка top
ма́лец (*colloq.*) lad
мали́новка robin
мали́новый crimson
ма́ло-пома́лу little by little
малоросси́йский Little Russian (Ukrainian)
ма́лый small; (*n.*) fellow
мальчи́шка boy
мама́ша (*colloq.*) mother
мане́ж riding school

мане́ра manner
манки́ровать neglect
мара́ть sully
мармела́д marmalade
матери́к mainland; continent
матери́нский maternal; motherly
ма́товый dull; frosted
матра́с/матра́ц mattress
матро́с seaman, sailor
ма́тушка (*colloq.*) mother
маха́ть wave
махну́ть *perf. of* маха́ть
маши́на machinery; truck
машини́ст engineer; engine driver
мгла haze
мгли́стый hazy
мгнове́ние instant, moment
мгнове́нно instantly
мгнове́нный momentary
мёд honey
медвежа́тый ursine, bearish
медли́тельный sluggish, slow
ме́длить linger
ме́дный copper
медо́вый honeyed
медпу́нкт (*contraction of* медици́н-ский пункт) aid station
медуни́ца lungwort
медь copper
ме́жду between; among; whereas
— тем meanwhile
мезони́н attic
мел chalk
меланхоли́ческий melancholy
ме́лкий small; drizzling
мелкопоме́стный owning a small estate
ме́лочь small things; (*small*) change; trifle
мелька́ние flashing; glimpses
мелька́ть flash, appear for a moment
у него́ мелькну́ла мысль an idea flashed across his mind
ме́льница mill
меня́ться switch
ме́ра: по ме́ре возмо́жности as far as possible
по кра́йней ме́ре at least
мере́щиться: ему́ помере́щилось he fancied he saw
мерза́вец scoundrel
ме́рзкий vile

230

мёрзлый frozen
мёрзнуть freeze, feel cold
мéрный slow and regular
мéртвенный deathly
мёртвый dead; lifeless
мерцáть twinkle, glimmer
мéсиво jumble
месúть knead
местéчко small town; small place
мéстность locality
мéсто place; spot; a job
    рабóчее мéсто working place
мéсяц month; moon
метáть банк keep the bank (in
    card game)
метáться rush about; dash around
метафúзика metaphysics
метафизúческий metaphysical
метéль snowstorm
мéтить aim
механúзм machinery
мечтá dream
мечтáтель (*m.*) dreamer
мечтáть (*vb.*) dream
мешáть prevent; interfere; disturb;
    stir; mix
мешáться meddle
мéшкать (*colloq.*) linger
мешóк bag; sack
мещанúн petty bourgeois
мещáнский *adj. of* мещанúн
мигáть blink; wink at somebody
мигнýть *perf. of* мигáть
мúленький darling
миловúдный pretty, comely
милосéрдный merciful
мúлостивый kind
    — госудáрь Sir
мúлость favor; mercy
мúлый nice, sweet; darling
мúмо past; by
минúстр (*cabinet*) minister
миновáть escape
минýть (*perf.*) pass
мир peace; world
мирúться be reconciled, make it up
мúрный peaceful
мировóй world-known; very good
мúска bowl
младéнец baby
младéнческий infantile
млáдший younger; youngest
млéчный milk

мнéние opinion
мнúтельность mistrustfulness
мнóгие many
мнóго much
    — раз many times
мнóгое a great deal
многознáние wisdom
многозначúтельно significantly
многолюдный crowded
многочúсленный numerous
мнóжество great number
могúла grave
могýчий mighty
могýщество might
мóда: быть в мóде be in fashion
мóзглый chilly and humid
мóкрый wet
мол (*colloq.*) they say
мóлвить say
молéбен public prayer
молúтва prayer
молúться pray
мóлния lightning
молодáя (*n.*) bride
молодёжь young people
молодéть look younger
молодéц fine fellow
мóлодость youth
моложáвый young-looking
молóчница milkwoman
молóчный milky
мóлча silently, without a word
молчалúвый taciturn, silent
молчáние silence
молчáнье (*arch.*) = молчáние
молчáть be silent
мольбá entreaty
момéнт instant
монастырь (*m.*) monastery
монáшенка nun
монúсто necklace
монотóнный monotonous
морáль moral; morality
мóрда ugly face, mug
мореплáватель (*m.*) navigator
морóз frost
морóзный frosty
моросúть: дождь моросúт it is
    drizzling
морскóй sea
морщúна wrinkle
мóрщиться knit one's brow
мост bridge

мостовая  roadway
    асфальтовая мостовая
      asphalt road
мотать  shake
мочь  be able
    может ли он?  can he?
мощный  powerful
мрак  darkness
мраморный  marble
мрачный  gloomy; dark
мстить  revenge oneself
муаровый  moire
мудрёный  complicated
мудрый  wise
мужественный  manful
мужик  muzhik; peasant, man
мужицкий  adj. of мужик
мужнин  husband's
мужской  male
мука  torment
мука  flour
мундир  uniform
мурлыкать  purr
мурчание (colloq.)  purring
мутный  cloudy, muddy
муха  fly
мучить  torment; worry
мчаться  rush/speed
мщение  revenge
мысленно  mentally
мысль  thought
мыслящий  intellectual
мыть  wash
мышка: под мышкой  under
    (one's) arm
мышь  mouse
мягкий  soft
мясо  meat

## Н

на  on; upon
набивать  fill
    — трубку  fill one's pipe
набирать(ся) (colloq.)  collect,
    gather
    — скорость  gather or pick up
    speed
набитый  stuffed
наблюдаться  be observed
набок  on one side
набрасывать  throw over
набрать(ся) perf. of набирать(ся)

набросить  perf. of набрасывать
навеки  forever
наверно  probably; for sure
наверняка (colloq.)  for sure
наверх  up
навести  perf. of наводить
навзничь  backward
навигационный  adj. of навигация
навигация  navigation
наводить  bring; build
    — на мысль  suggest an idea
навоз  manure
навозный  dung
наворачивать (colloq.)  heap, pile up
навсегда  forever; for good
навстречу  go to meet
навытяжку: стоять навытяжку
    stand at attention
навязчивость  obtrusiveness
нагибать  bend
нагибаться  stoop, bow
наглый  impudent
нагнуть  perf. of нагибать
наготовиться: не наготовиться
    never have enough
наградить (perf.)  reward
нагружать  load (with)
нагрянуть (perf., colloq.)  come un-
    expectedly
над  over; above
надвигать  pull
надвигаться  approach
надвинуть(ся) perf. of
    надвигать(ся)
надевать  put on
надежда  hope
надеяться (vb.)  hope
надземная железная дорога  ele-
    vated railroad
надо = нужно
надобно = нужно
надоедать  tired of, pester
надорвать(ся) perf. of
    надрывать(ся)
надоумить (perf.)  advise
надпись  inscription
надрыв  anguish
надрываться  overstrain oneself;
    exert oneself to the utmost;
    cry as if one's heart would
    break
надтреснутый  cracked
надуваться  sulk

наездница horsewoman
назад back
    тому назад ago
название name
назначать fix; appoint
называть call; name
наивный naïve
наизусть by heart
найти *perf. of* находить
наказывать punish
накаливать make red-hot; become heated
накатывать move (*by rolling*)
накидывать throw on; slip on
накинуть *perf. of* накидывать
накипать smolder
накипеть *perf. of* накипать
наклоняться stoop; bend
  — над bend over
наконец at last
накрывать cover
  — (на) стол lay the table
наладить(ся) *perf. of* налаживать(ся)
налаживаться get right
налево to the left
налёт coating; film
налетать bump (*into*); come
налететь *perf. of* налетать
наливать pour out
намачивать soak
намедни (*colloq.*) the other day
намёк hint
намекать (*vb.*) hint
намекнуть *perf. of* намекать
намерен intend
намерение intention
намеренный intentional
наметить *perf. of* намечать
намечать mark
наморщиться *perf. of* морщиться
наниматься apply for work
нанковый nankeen (cloth)
наоборот on the contrary
нападать (*vb.*) attack
нападение attack
напев melody
напевать hum; croon
напиваться get drunk
написать *perf. of* писать
напиться *perf. of* напиваться
наплевать (*perf.*) spit (*upon*); not care

наполнять fill
напомаженный pomaded
напоминание reminder
напоминать resemble
направить(ся) *perf. of* направлять(ся)
направление direction
направлять(ся) make one's way (*to*)
направо to the right
напрасно in vain; wrong
напрасный vain
например for example
напротив on the contrary
напряжённый strained
напыщенный pompous
нарасхват (*colloq.*) sell like hot cakes
нарисовать *perf. of* рисовать
народ people
народный people's
наружно outwardly
наружность appearance; look(s)
наружный external
наружу outside
нарушать disturb
нарушение violation
нары (*pl.*) bed made of planks
наряд attire
нарядность smartness
нарядный colorful
насадить (*perf.*) haft
наседать press hard
насильно by force
насказано said
наскакивать run (*into*)
наскоро hastily
наскучить (*perf.*) bore
наслаждаться enjoy
наслаждение enjoyment
наследство inheritance
насмехаться mock at
насмешливый mocking
насмеяться (*perf.*) make a laughing stock of
наспех in a hurry
наст frozen snowcrust
наставительный preceptorial
наставление admonition
наставлять point out; admonish
настаивать persist
настежь wide (*open*)
настил planking
  — моста decking

насто́йчивый persistent
насто́лько so, this much
насто́льный (*adj.*) table
    насто́льная ла́мпа desklamp
настоя́ние insistence
настоя́щее the present
настоя́щий real
настрое́ние mood
наступа́ть come
наступи́ть *perf. of* наступа́ть
насу́щный vital
насчёт concerning; about
насыпа́ть pour
на́сыпь embankment
натаска́ть (*perf.*) bring
наткну́ться *perf. of* натыка́ться
нату́ра nature
    по нату́ре by nature
натыка́ться stumble
натя́гивать pull on
натя́нутый strained
науга́д at random
науда́чу = науга́д
нау́ка science, knowledge
научи́ть (*perf.*) teach
научи́ться (*perf.*) learn
наха́льный impudent, insolent
нахму́ренный frowning
нахму́рить(ся) *perf. of* хму́рить(ся)
находи́ть find; come (*over*)
находи́ться be
национа́льность nationality
на́ция nation; people
нача́льник/нача́льница superior
нача́льство authorities
нача́ть(ся) *perf. of* начина́ть(ся)
начина́ть(ся) begin
    — сы́знова make a fresh start
небеса́ *pl. of* не́бо
небе́сный heavenly
не́бо sky; heaven; palate
небога́тый scanty
небольшо́й small
небоскло́н sky
небо́сь it is most likely, must be
небре́жный careless, negligent
неве́домый unknown
неве́жественный ignorant
невесёлый joyless, sad
неве́ста bride
неви́димый invisible
невку́сный unsavory
невменя́емый beside oneself

невозмо́жность impossibility
невозмо́жный impossible
нево́льный involuntary
невско́ре (*colloq.*) later
невы́года disadvantage
невыноси́мый unbearable
невырази́мый inexpressible
невысо́кий short, not tall
не́где взять there is nowhere to get
    it from
неглу́пый sensible
негодова́ние indignation
негра́мотность illiteracy
негра́мотный illiterate
негро́мкий low
неда́вний recent
неда́вно not long ago, recently
недалёкий not far off
неда́ром not without reason
недово́льно displeasure;
    insufficiently
недоеде́нный unfinished (*of eating*)
недоска́занное not fully expressed
недоста́ток lack
недоста́точно insufficiently
недосту́пный inaccessible
недосяга́емый inaccessible
недоуме́ние bewilderment
    с недоуме́нием puzzled,
    bewildered
неду́г ailment
недурно́й not bad
неесте́ственный unnatural
не́жели (*arch.*) than
неживо́й lifeless
не́жность tenderness
не́жный tender
незадо́лго shortly (*before*)
незако́нный illegal
незаме́тно imperceptibly
незаму́жняя unmarried (woman)
неза́пертый not locked
незнако́мый unfamiliar
незначи́тельный unimportant
неизбе́жный inevitable
неизве́стный unknown
неизме́нно invariably
неизме́нный invariable
неизъясни́мый inexplicable
неиме́ние lack
неиме́нье (*arch.*) = неиме́ние
    за неиме́нием for lack (*of*)
неимове́рный incredible

неиссякáемый inexhaustible
нейстовый violent; frantic
неистощúмый inexhaustible
нéкий a certain
нéкогда in former times, in the old days
нéкто someone
нéкуда nowhere
некультýрность lack of culture
нелáсковый cold; reserved
нелёгкий not easy
нелéпо absurdly
нелéпый absurd
нелóвкий awkward
нельзя́ it is impossible
нелюдúмый unsociable
немáло not a few
немéдленно immediately
немéдленный immediate
неминýемый inevitable
немнóго a little
немóй mute
нéмочь (colloq.) illness
нéмощь feebleness
ненавúдеть hate
ненавúстный hated, hateful
нéнависть hatred
ненадóлго not for long
нанáстье rainy weather
ненасы́тный greedy
ненýжный unnecessary
необозрúмый vast
необратúмость irreversibility
необходúмый necessary
необъя́тный immense
необыкновéнный unusual
необычáйный extraordinary
неодобрúтельный disapproving
неожúданный unexpected
неокóнченный unfinished
неопределённый indefinite; vague
неотвратúмый inevitable
неотвя́зный importunate
нéоткуда from nowhere
неотразúмый irresistible
неотстýпный persistent
неохраня́емый unguarded
неплóтно loosely
неповорóтливый awkward, slow
неподалёку not far
неподвúжно motionless
неподвúжность immobility
неподвúжный motionless, still

неподдéльный genuine, authentic
непомéрный excessive
непоня́тно it is impossible to understand
непоня́тный incomprehensible
непóнятый misunderstood
непохóжий unlike
непрáвильно erroneously
непревзойдённый unsurpassed, second to none
непремéнно certainly; without fail
непреодолúмый irresistible
непрерывный unbroken, uninterrupted
неприлúчный improper
непримéтный imperceptible
непринуждённость ease
неприя́тель (m.) enemy
неприя́тность trouble
неприя́тный unpleasant
непроходúмый, непрохóжий impassable
непрóчный not strong
непрямóй indirect
неравнодýшный not indifferent; attracted by
неравномéрный irregular
неразгибáющийся unbending
неразрешáвшийся unrelieved
нервúческий nervous
нéрвный nervous
нерéдко not infrequently
нерешúмость indecision
несвя́зный incoherent
несклáдно clumsily
нéсколько several, some; a few
несмотря́ на despite
неснóсный unbearable
несокрушúмый indestructible
несоотвéтственный not corresponding
несоразмéрный disproportionate
несочýвственный (subst.) lacking sympathy
неспосóбный incapable
несправедлúвость injustice
несправедлúвый unjust, unfair
неспростá not with purpose
нестерпúмый unbearable
нестú carry; bring
несёт there is a draft
нестúсь perf. of носúться
нестрóйный dissonant

235

несча́стный unfortunate
несъедо́бный uneatable
нетерпели́во impatiently
нетерпе́ние impatience
неторопли́вый leisurely
нетре́звый drunk
неугомо́нный indefatigable
неуда́ча reverse
неудо́бный inconvenient; awkward
неудово́льствие displeasure
неуже́ли is it possible?
неуклю́жий awkward
неуме́стность irrelevance
неуме́стный misplaced, out of place
неумоли́мый inexorable
неупла́та nonpayment
неуро́чный inopportune
неуря́дный not adequate
неуста́нный tireless
нехи́трый simple
не́хотя unwillingly
неча́янно accidentally
неча́янный unexpected
не́чего it's no use
нечистопло́тный untidy
нечи́стый unclean
нея́ркий pale; subdued
нея́сный vague
ни́жний lower
низ bottom
низи́на marshy lands
ни́зкий low
никако́й no (. . . whatever)
ни́келевый nickel
никогда́ never
никто́ no one
ниоткуда from nowhere
ни́тка thread
ни́точка *dim. of* ни́тка
ничего́ it doesn't matter
ничко́м lie face downward
ничто́ nothing
ничто́жный insignificant
ничу́ть not a bit
но́готь (*m.*) fingernail
но́жка (*dim.*) foot; leg
ноздря́ nostril
но́мер number; apartment, room
но́рма norm
норови́ть strive
носи́лки (*pl.*) barrow
носи́ть bear; wear
носи́ться rush; a sound comes

носово́й плато́к handkerchief
но́та note
ночева́ть spend the night
ночле́г lodging for the night
ночни́к night light
ночно́й nightly; nighttime
— сто́рож night watchman
но́ша burden
нрав disposition, temper
нра́виться please
ему́ нра́вится he likes
нужда́ться need
ну́жно necessary, need
ну́-ка well, go ahead
нутро́ (*colloq.*) inside, interior
ны́не present
ны́нче (*colloq.*) today
нырну́ть *perf. of* ныря́ть
ныря́ть dive
ныть ache
у него́ но́ет се́рдце he is sick
at heart
нытьё (*colloq.*) whining
ня́ня nanny

# О

о of; about
обвини́тельный accusatory
обвя́зывать tie (*around*)
обду́мывать think over
обе́д dinner
обе́дать dine
обе́денный стол dining table
обе́дня Mass
обедня́ть impoverish
обезору́живать disarm
оберну́ть(ся) *perf. of*
обора́чивать(ся)
обесси́лить (*perf.*) grow weak
обеща́ть promise
обжига́ть burn
обива́ть upholster
оби́да wrong; resentment
оби́деть(ся) *perf. of* обижа́ть(ся)
оби́дно it is a pity; vexing
обижа́ть offend; hurt
обижа́ться take offense
оби́женный offended
оби́льный abundant, plentiful
обита́тель (*m.*) inhabitant

обкла́дывать put (*around*); be surrounded
облада́ть possess
о́блако cloud
обла́мывать break off
областно́й regional
о́бласть district
о́блачный cloudy
облега́ть cover; surround
облегча́ть lighten; ease
облегче́ние relief
облета́ть fall
облива́ться по́том perspire profusely
о́блик appearance
обли́ть(ся) *perf. of* облива́ть(ся)
обложи́ть *perf. of* обкла́дывать
облока́чиваться lean one's elbows (*on*)
облокоти́ться *perf. of* облока́чиваться
облу́пливать peel
обма́н deception
обма́нывать deceive
о́бморок: в глубо́ком о́бмороке in a dead faint
обмыва́ть wash
обнажа́ть bare
обнажённый naked
обнару́живать display
обнару́жить *perf. of* обнару́живать
обнима́ть embrace, clasp
обновля́ть revive
обноси́ть enclose
обо́док thin border
ободря́ть encourage
ободря́ться take heart
обожа́ние adoration
обожа́ть adore
обожда́ть (*perf.*) wait (*for a while*)
обо́и (*pl.*) wallpaper
обо́йный *adj. of* обо́и
обойти́ *perf. of* обходи́ть
обойти́сь *perf. of* обходи́ться
оболо́чка casing; shell
обольща́ть flatter
обора́чивать turn
обора́чиваться turn (around)
оборва́ть(ся) *perf. of* обрыва́ть(ся)
обороти́ть(ся) *perf. of* обора́чивать(ся)
обо́чина side of the road
обра́довать(ся) *perf. of* ра́довать(ся)

о́браз image; manner; icon
— жи́зни way of life
каки́м о́бразом? how?
таки́м о́бразом thus
образу́мить (*perf.*) bring to reason
обраста́ть be covered
обрати́ть(ся) *perf. of* обраща́ть(ся)
обра́тно back
обра́тный биле́т return ticket
обраща́ть turn
— внима́ние pay attention
обраща́ться address; turn
обре́зывать cut off
обречённость predestination
обрисо́вываться appear
обри́ть (*perf.*) shave
обруга́ть (*perf.*) scold
обры́в precipice
обрыва́ть tear off
обрыва́ться break
обря́д rite, ceremony
обря́дный ritual
обставля́ть furnish
обстано́вка furniture
обстоя́тельство circumstance
обсчита́ть(ся) *perf. of* обсчи́тывать(ся)
обсчи́тываться make a mistake in counting
обтя́гивать cover
обува́ться put on one's boots
обувно́й магази́н shoestore
обуча́ть teach
обхва́тывать clench, grapple
обходи́ть go (around); make the rounds
обходи́ться treat; cost; do (*without*)
обши́рный vast
обще́ственный social
о́бщество society; circle; company
о́бщий general; в о́бщем on the whole
общи́тельный sociable
объе́здчик warden
объезжа́ть travel over; go (around)
объекти́в objective
объе́хать *perf. of* объезжа́ть
объяви́ть *perf. of* объявля́ть
объявля́ть declare, announce
объясне́ние explanation
объясня́ть(ся) explain
объя́тие embrace; in one's arms

обыкнове́ние habit
  по обыкнове́нию as usual
  про́тив обыкнове́ния contrary to
обыкнове́нный usual
о́быск search
обы́чай custom
обя́занность duty
обяза́тельно without fail
обя́зывать oblige
овладева́ть seize; take possession
овладе́ть *perf. of* овладева́ть
овра́г ravine
овсяно́й oat
овца́ sheep
овчи́на sheepskin
оглуши́тельный deafening
огляде́ться *perf. of* огля́дываться
огля́дывать look over
огля́дываться turn (*back*) to look at something, glance back; around
огляну́ть(ся) *perf. of* огля́дывать(ся)
огонёк (*small*) light
ого́нь (*m.*) light
огоро́д vegetable garden
огорча́ть grieve
огорча́ться be pained
огорче́ние grief
ограбле́ние robbery
огра́да fence
ограниче́ние restriction
огро́мный enormous, huge; vast
одева́ться dress
оде́жда clothes
одеколо́н eau de cologne
оде́тый dressed
оде́ть(ся) *perf. of* одева́ть(ся)
одея́ло blanket
оди́н one; only; alone
одина́ковый identical
одино́кий solitary
одино́ко lonely
одино́чество loneliness
одича́вший = одича́лый
одича́лый wild
одна́ко however; though
одновреме́нный simultaneous
однообра́зный monotonous
односельча́нин countryman
однто́нный monotonous
одобри́тельный approving
одолева́ть overcome; conquer

одоле́ть *perf. of* одолева́ть
ожесточе́ние fierceness
ожива́ть come to life
оживи́ть(ся) *perf. of* оживля́ть(ся)
оживлённый animated; boisterous
оживля́ться become animated
ожида́ние waiting; expectation
ожида́ть expect; anticipate
озабо́ченный preoccupied
озада́чивать perplex
о́зеро lake
озлобле́ние animosity
означа́ть mark
оказа́ть(ся) *perf. of* ока́зывать(ся)
ока́зывать render, show
ока́зываться be found
  оказа́лось it turned out
окамене́лый petrified
окамене́ть *perf. of* камене́ть
ока́нчиваться end
окая́нный (*colloq.*) damned, cursed
океа́н ocean
оки́дывать взгля́дом take in at a glance; glance over
окла́дистая борода́ broad and thick beard
окле́ивать paste over
окле́ить *perf. of* окле́ивать
око́вы (*pl.*) fetters
око́лица outskirt (*of a village*)
около́ток neighborhood
око́нце *dim. of* окно́
оконча́тельно completely
око́шко = окно́
окре́стный neighboring
о́крик shout
окрова́вленный bloodstained
округля́ть round off
окружа́ть surround
окружа́ющий surrounding; one's associates
оку́тывать wrap up
оле́ньи рога́ antlers
омрача́ть darken, cloud
омрачи́ть *perf. of* омрача́ть
омыва́ть wash
опа́здывать be late
опаса́ться fear
опа́ска caution
опа́сный dangerous
опережа́ть pass ahead; forestall
опере́ться *perf. of* опира́ться
опира́ться lean

238

описа́ние   description
опи́сывать   describe
опозда́вший   latecomer
опозда́ть *perf. of* опа́здывать
опо́мниться   come to one's senses
опра́вдывать   justify
опра́вдываться   justify oneself
опра́вить *perf. of* оправля́ть
оправля́ть   set right; put in order
определённо   definitely
определи́ться (*perf. arch.*)  get a
    place
опроки́дывать   overturn
опроки́нуть *perf. of* опроки́дывать
опроста́ть (*vb., colloq., perf.*)
    empty
опря́тный   neat
опуска́ть   lower; drop; sink; fall
  — глаза́   drop one's eyes
опу́шка   edge of a forest
опу́щенный   lowered
о́пыт   experience
  на о́пыте   by experience
о́пытность   experience
о́пытный   experienced
опя́ть   again
ора́тор   speaker
ора́ть   yell
оре́ховый   walnut
оре́шник   nut tree
оробе́ть (*perf.*)   grow timid
ору́жие   arm; weapon
освежи́тельный   refreshing
освеща́ть   light up, illuminate;
    throw light
освиста́ть *perf. of* освистывать
осви́стывать   catcall
освобожда́ться   free oneself,
    become free
освяща́ть   consecrate
осека́ться   miss fire
осе́нний   autumnal
осеня́ть   overshadow; dawn (*upon*)
  его́ осени́ла мысль   it dawned
    upon him
осе́чка   misfire
оси́новый   aspen
оска́лить зу́бы (*perf.*)   show/bare
    one's teeth
ославля́ть   defame;  give  a  bad
    name
ослеплённый   blinded
осма́тривать   examine

осма́триваться   look about
осме́ливаться   dare
основа́тельный   solid
основно́й   principal; main
осо́ба   person
осо́бенно   particularly
осо́бенность   peculiarity
осо́бенный   special
осо́бый   particular, peculiar
остава́ться   remain; stay; be left
оставля́ть   leave; abandon
остально́й   the rest of
остана́вливать   stop
остана́вливаться   stop; dwell
останови́ть(ся) *perf. of*
    остана́вливать(ся)
оста́ток   remainder, rest
оста́ться *perf. of* остава́ться
остеклённый (*adj.*)   glass
остолбене́ть (*perf.*)   be dumb-
    founded
осторо́жность   prudence
осторо́жный   careful; cautious
осточерте́ть: э́то ему́ осточерте́ло
    he is fed up with it
остро́г   jail
остро́жный *adj. of* остро́г
остроконе́чный   pointed
остроу́мие   wit
остроу́мный   witty
о́стрый   sharp, pointed
остря́к   witty, person
осужда́ть   condemn
осу́нуть (*perf.*)   move (*a little*)
осыпа́ть   shower
ось   axis
отбира́ть   take away
отбра́сывать   dismiss
отва́живаться   dare
отва́ливать   cast off
отверга́ть   reject
отве́рженец   outcast
отверну́ть *perf. of* отвёртывать
отверну́ться *perf. of* отвора́чиваться
отве́рстие   opening; aperture
отвёртывать   turn off
отвёртываться   turn away
отве́сно   plumb
отве́тственность   responsibility
  отве́тственный рабо́тник
    executive
отвиса́ть   sag
отвлечённый   abstract

отводи́ть   lead, draw aside
отвози́ть обра́тно   drive/take back
отвора́чиваться   turn away
отвори́ть *perf. of* отворя́ть
отворя́ть   open
отврати́тельный   disgusting
отвраще́ние   disgust
отвыка́ть   grow out (*of the habit of*)
отголо́сок   echo
отдава́ть   give
отдале́ние: в отдале́нии   in the distance
отдалённый   remote
отде́л   section
отде́лать(ся) *perf. of* отде́лывать(ся)
отде́лывать   produce
отде́лываться   shake off
отде́льный   separate
отделя́ть(ся) (*vb.*)   separate
отдира́ть   tear off
отдохну́ть *perf. of* отдыха́ть
о́тдых   rest
отдыха́ть (*vb.*)   rest
о́тзыв   opinion
отзыва́ться   answer
отка́зывать   refuse, deny
отка́рмливать   fatten
отка́шливаться   clear one's throat
отки́дываться   lean back
отки́нуть(ся) *perf. of* отки́дывать(ся)
откла́дывать   put aside; postpone
откли́каться   respond
откли́кнуться *perf. of* откли́каться
отклони́ться *perf. of* отклоня́ться
отклоня́ться   move aside
открове́нный   frank
открыва́ть   open; discover
открыва́ться   confide
откры́тие   discovery
откры́тый   open; frank
откры́ть(ся) *perf. of* открыва́ть(ся)
отку́да   where . . . from
   — ни возьми́сь   quite unexpectedly
отку́да-то   from somewhere
отла́мывать   break off
отлежа́ть(ся) *perf. of* отлёживать(ся)
отлёживаться   rest in bed
отли́в   low tide; play of colors
отлича́ться   differ; be notable
отли́чно   it is excellent
отме́ривать   measure off

отмыка́ть   unlock
отнёкиваться   make excuses
отнима́ть   take away
относи́тельно   relatively; concerning
относи́ться   treat; regard; concern
отноше́ние   relation
отню́дь   by no means
отня́ть *perf. of* отнима́ть
отобе́дать (*perf., arch.*)   dine
отобра́ть *perf. of* отбира́ть
отодвига́ть   move aside
отозва́ться *perf. of* отзыва́ться
отойти́ *perf. of* отходи́ть
отомсти́ть *perf. of* мсти́ть
оторо́чка   edging
отпеча́ток   imprint, impress
отпеча́тывать   print
отпра́вить(ся) *perf. of* отправля́ть(ся)
отправля́ть   send
отправля́ться   set off
отпра́шиваться   get leave
о́тпуск   leave (*of absence*)
отпуска́ть   let go; supply
отравля́ть   poison
отра́дный   comforting
отража́ть   reflect
отраже́ние   reflection
отреза́ть   cut off
отрека́ться   renounce
отрица́ние   negation
о́троду   never, as long as one lives
отрыва́ть   tear off
отрыва́ться   take off
отры́вистый   jerky, abrupt
отря́д   detachment
отря́хивать   shake down
отря́хиваться   shake oneself
отсве́т   reflection
отсве́чивать   gleam
отсека́ть   sever
отсе́чь *perf. of* отсека́ть
отска́кивать   jump aside
отстава́ть   drop off, lag behind; be slow; come off
   часы́ отстаю́т   the watch is slow
отста́вить (*perf.*)   retire
   вы́йти в отста́вку   resign
   в отста́вке   retired
отставно́й   retired
отста́ть *perf. of* отстава́ть

отступа́ть step back
отступа́ться give up
отступле́ние deviation
отсу́тствие absence
отсу́тствовать be absent
отсчи́тывать count
отсыре́ть *perf. of* сыре́ть
отсю́да from here
отта́лкивать push away
оттесня́ть push aside
оттого́ that's why
отту́да from there
отходи́ть move away; walk away
    (*from*)
отцвета́ть shed its blossoms
отцо́вский paternal
отча́яние despair
отча́янно awfully
отчего́ why
о́тчество patronymic
отчёт: дава́ть отчёт render an
    account
отчётливый distinct
отше́льник hermit, recluse
отъе́зд departure
отъезжа́ющий departing person
оты́скивать find; look for
офице́р (*commissioned*) officer,
    military officer
охва́тывать cover
охладе́лый cold
охо́та hunting; wish
охо́тник hunter
охо́тно willingly
охраня́ть protect
оце́нивать appraise, evaluate
оцени́ть *perf. of* оце́нивать
оце́нка appraisal
оцепене́лый torpid
оцепене́ть *perf. of* цепене́ть
оцепи́ть *perf. of* оцепля́ть
оцепля́ть surround
очарова́ние fascination
очарова́нье (*arch.*) = очарова́ние
очарова́ть *perf. of* очаро́вывать
очаро́вывать charm
очеви́дно apparently
о́чередь turn
    по о́череди in turn
очерта́ние outline
очерте́ть = осточерте́ть
очини́ть (*perf.*) sharpen (*pencil*)
очища́ть refine

очну́ться (*perf.*) come to oneself,
    regain consciousness
очути́ться find oneself
ошеломи́ть (*perf.*) stun
ошиба́ться be mistaken; make a
    mistake
оши́бка mistake
ошпа́ривать scald
о́щупь: идти́ на о́щупь grope one's
    way
о́щупью: иска́ть о́щупью grope
    (*for*)
ощуща́ть sense
ощуще́ние sensation

## II

па́дать fall
паде́ние degradation
паке́т package
пала́та ward
па́лец finger; toe
па́лка stick
па́лочка *dim. of* па́лка
па́луба deck
паль (*m., colloq.*) post
пальтецо́ *dim. of* пальто́
па́мятник tombstone; reminder
па́мять memory; keepsake
    без па́мяти be unconscious
пар steam
па́ра pair
паралле́льный parallel
па́рень (*m.*) fellow
пари́ (*pl.*) bet
па́рить: па́рит it is sultry
парни́шка (*m., colloq.*) boy
парово́з locomotive
парово́зный *adj. of* парово́з
паро́м ferry
парохо́д steamer; steamboat
па́рта desk (at school)
парти́йный party
парши́вый lousy
пасквиля́нт lampoonist
па́смурный cloudy
пасту́х shepherd
патру́ль (*m.*) patrol
паути́на cobweb; gossamer
паха́ть plough
па́хнуть smell
па́хота tillage, ploughing
па́чка batch; pack

па́чкать dirty
певе́ц singer
певу́чий melodious
педаго́г teacher
педагоги́ческий pedagogic
пелена́ shroud
пе́на foam
пе́ниться foam; froth
пе́нсия pension
пень (*m.*) stump
пеня́ть reproach
пепелови́дный ashy
пе́пельница ashtray
пе́рвенство superiority
пе́рвенствовать have priority
первокла́ссница first-class girl
первонача́льный primary
пе́рвый first
   пе́рвым де́лом first of all
перебива́ть interrupt
перебира́ть look over; finger
переби́ть (*perf.*) kill, slaughter
перебра́ть *perf. of* перебира́ть
перева́ливать cross
перевали́ть *perf. of* перева́ливать
перева́ривать stand, bear
переверну́ть *perf. of* перевёртывать
перевёртывать turn
перевёртываться turn over
переводи́ть transfer; advance to
   the next class; translate
   — дух take breath
переводи́ться (*colloq.*) come to an
   end
перево́дчик translator
перево́з transportation
перевози́ть transport
переворо́т revolution
перегиба́ться lean over
перегну́ть(ся) *perf. of*
   перегиба́ть(ся)
перегова́риваться exchange
   remarks
перегово́ры (*pl.*) talks
перегора́живать partition off
перегороди́ть *perf. of*
   перегора́живать
пе́ред in front of
передава́ть pass, give; broadcast;
   deliver
   — де́ло в суд bring the case
   before the law

передвига́ться move
передвиже́ние: сре́дства передвиже́-
   ния means of conveyance
пере́дний front
пере́дник pinafore
пере́дняя (*n.*) anteroom
передо́к detachable front
перее́зд crossing
пережива́ть experience; outlive
перека́т shoal
перека́тываться roll
переки́дываться bend over
   — слова́ми exchange a few
   words
переки́нуться (*perf.*) bend over
перекла́дина crossbeam; horizontal
   bar
перекрести́ться *perf. of* крести́ться
перелива́ться flow from one place
   into another
перема́зать (*perf.*) soil
переме́на change
переменя́ться change
перемере́ть (*perf.*) die (*all*)
переме́тить (*perf.*) mark
перемина́ться shift from one foot
   to the other
перена́шивать carry again and
   again
переноси́ть endure
перено́сица bridge of the nose
перепа́лка high words
перепа́рхивать flutter
перепи́ска correspondence
перепи́ть (*perf.*) drink more than
   somebody else
переплыва́ть sail across; swim
   across
переплы́ть *perf. of* переплыва́ть
переподгото́вка additional training
перепо́лнить (*perf.*) overcrowd
перепорхну́ть *perf. of* перепа́р-
   хивать
перепуга́ться (*perf.*) became
   frightened
перепу́тать(ся) *perf. of*
   перепу́тывать(ся)
перепу́тывать confuse, mix
перепу́тываться get entangled
переса́живаться change one's seat
пересели́ть(ся) *perf. of*
   переселя́ть(ся)

переселя́ться move
переска́зывать retell
переспра́шивать ask again
переспроси́ть *perf. of*
    переспра́шивать
перестава́ть stop
перестре́ливаться to exchange fire
перестре́лка exchange of fire
пересыпа́ть pour into
перетле́ть *perf. of* тлеть
перетолко́вывать misinterpret
перетя́гивать stretch
переу́лок side-street
переутоми́ть(ся) *perf. of*
    переутомля́ть(ся)
переутомля́ться overstrain oneself
перехо́д transition
переходи́ть pass
перечисля́ть enumerate
перешёптываться whisper to one
    another
перещу́пать (*perf.*) go over
    (*thoroughly*)
пери́ла (*pl.*) handrail
перо́ feather
    стра́усовое перо́ ostrich
    feather
перочи́нный: перочи́нный нож
    penknife
пёрышко plumelet
пе́сня song
песо́к sand
песо́чек *dim. of* песо́к
пессимисти́ческий pessimistic
пёстрый motley, variegated; gay
песча́ный sandy
пе́тля noose
петь sing
пехо́та infantry
печа́льный sad
печа́тный: писа́ть печа́тными
    бу́квами write in block
    letters
печа́ть seal
печёный baked
печь bake; be hot; (*n.*) stove
пешко́м on foot
пино́к (*colloq.*) kick
пир feast
пиро́г pie
пиро́га pirogue
писа́ть write; paint

пискли́вый squeaky
пи́сьменный: в пи́сьменной фо́рме
    in written form, in writing
пистоле́т pistol
пита́тельный nourishing
пита́ть feed
пите́йное заведе́ние (*obs.*) public
    house
пить (*vb.*) drink
питьё drink
пиха́ть shove
пихну́ть *perf. of* пиха́ть
пи́ща food
пища́ть squeak; peep
пла́вание voyage
пла́вать swim; float, drift
пла́вный smooth
пла́кальщица mourner
плака́т poster
плака́тный (*adj.*) poster
пла́кать weep, cry
плаку́чий weeping
пласт layer
    лежа́ть пласто́м be on one's
    back
пла́та rent
платёж payment
плати́ть pay
плато́к kerchief
плач weeping, crying
плащ cloak; raincoat
плебе́йский plebeian
плева́ть (*vb.*) spit
плево́к spit
племя́нник nephew
племя́нница niece
плен captivity
    попада́ть в плен be taken
    prisoner
пле́нный captive
пленя́ть fascinate
плеска́ться splash
плетёный wicker
плечо́ shoulder
пли́совый velveteen
плита́ plate, slab
плове́ц swimmer
плоди́ться propagate
плодоро́дный fertile
пло́ский flat; trivial
плоти́на dam
пло́тник carpenter

плóтно  tightly
плóтный  strong
плóтский  carnal
плохóй  bad
плóхонький (*colloq.*)  rather bad
площáдка  landing
плут  swindler
плыть *perf. of* плáвать
плю́нуть *perf. of* плевáть
плю́шевый  plush
плясáть (*vb.*)  dance
пля́ска  dance
пневматúческий  pneumatic
по  on
побагровéть *perf. of* багровéть
побáиваться  be rather afraid
побежáть (*perf.*)  start to run
побеждáть  gain
побелéть *perf. of* белéть
побúть *perf. of* бить
побледнéть *perf. of* бледнéть
поблёскивать  gleam
поблестéть (*perf.*)  to shine for a
    while
побогáче  a little richer
побóище  battle
побóльше  a little larger
поборóть (*perf.*)  overcome
побоя́ться (*perf.*)  be afraid (*of*)
побрáживать (*colloq.*)  wander for
    some time
побрúть(ся) *perf. of* брить(ся)
побря́киванье  rattling
побудúть *perf. of* побуждáть
побуждáть  impel
пóвар  cook
поведéние  conduct
поведéнье (*arch.*) = поведéние
повелúтельный  imperative
    — тон  imperious tone
повенчáть(ся) *perf. of* венчáть(ся)
повéренный (*n.*)  attorney
    — в делáх  chargé d'affaires
повéрить *perf. of* вéрить
повёртывать = повора́чивать
поверя́ть  entrust
повéса  scapegrace
повеселéть (*perf.*)  become cheerful
повéсить(ся) *perf. of* вéшать(ся)
повестú *perf. of* вестú
пóвесть  story
по-вúдимому  apparently
повиновáться  obey

повнимáтельней  more attentive
пóвод  occasion, ground; (*bridle*)
    rein
повора́чивать(ся)  turn
повредúть (*perf.*)  damage, harm
повседнéвный  daily
повсю́ду  everywhere
повторéние  repetition
повторя́ть  repeat
повторя́ться  repeat (*oneself*)
повы́шенный  heightened
погáный  foul
погасáть  go out
погибáть  be killed
поглáдить (*perf.*)  stroke
погля́дывать  cast looks (*on*)
погну́ться (*perf.*)  bend
поговáривать  talk (*of*)
    поговáривают, что  there is a
    rumor that
погодúте!  wait!
    немнóго погодя́  a little later
погóжий  serene, fine
погоня́ть  drive on
погружáться  be absorbed (*in*), be
    lost/buried/plunged in thought
погрузúться *perf. of* погружáться
погрýзка  loading
погубúть *perf. of* губúть
погуля́ть (*perf.*)  have a good/
    merry time
под  under
подавáть  give; bring; serve
    — в отстáвку  send in one's
    resignation
подавáться вперёд  move forward
подавúть *perf. of* подавля́ть
подавúться *perf. of* давúться
подавля́ть  suppress
подáльше  a little farther away
    как мóжно дáльше  as far as
    possible
подарúть *perf. of* дарúть
подáть *perf. of* подавáть
подбарабáнивать  to drum
подбегáть  run up (*to*), come
    running up (*to*)
подбежáть *perf. of* подбегáть
подбирáть  pick up
подбодря́ть  encourage
подборóдок  chin
подбочéниться (*perf.*)  put one's
    arms akimbo

подбрыкну́ть (*perf.*) kick up
подверга́ть expose
подвёртывать tighten; tuck in
подве́тренный lee side
подвига́ть push
подвижно́й lively
подгоня́ть urge
подгуля́ть have a drop too much
подава́ться yield
подда́кивать (*keep saying*) yes
поддёвка poddyovka (*man's long-waisted coat*)
подде́рживать support; maintain
подде́ржка supporting
поде́йствовать *perf. of* де́йствовать
подёргивать(ся) twitch
подёрнуть (*perf.*) cover
поджида́ть wait
подзо́рная труба́ spyglass, telescope
подзыва́ть beckon
поди́ (*colloq.*) = пойди́
подка́пываться dig
подка́тывать roll
подкла́дка lining
подкла́дывать line (*with*)
подкле́ть storeroom
подко́ва horseshoe
подко́п undermining
подкупа́ть bribe
по́дле by the side
подле́ц scoundrel
по́длый mean
подмо́стки (*pl.*) stage
поднима́ть lift; pick up
поднима́ться get up; climb
подно́жие pedestal
подно́жка footboard
подо́бно like; just as
подо́бный similar
подобра́ть *perf. of* подбира́ть
пододвига́ть push up
подожда́ть (*perf.*) wait
    немно́го подожда́л waited a little
подозва́ть *perf. of* подзыва́ть
подозрева́ть suspect
подозре́ние suspicion
подойти́ *perf. of* подходи́ть
подоко́нник windowsill
подо́лгу long
подоспе́ть (*perf.*) arrive

подо́шва foot of a hill
подпи́сывать sign
по́дпись signature
подпо́лье cellar
подпоя́сывать to belt
подпру́га (*saddle*) girth
подпру́женный (*arch.*) dammed
подража́ние imitation
подража́тель (*m.*) imitator
подро́бно in detail
    входи́ть в подро́бности go into detail(s)
подру́га friend
подря́д in succession
подсади́ть *perf. of* подса́живать
подса́живать help to raise
подса́живаться sit down (*near*)
подсве́чник candlestick
подсе́сть *perf. of* подса́живаться
подсма́тривать observe
подсо́хнуть *perf. of* подсыха́ть
подста́вить *perf. of* подставля́ть
подставля́ть put, place
подставно́й false
подстрига́ть: подстри́женный cropped
подступа́ть approach
подсу́ченный turned up
подсыпа́ть add
подсы́пка pouring (*in addition*)
подсыха́ть get dry
подтверди́ть *perf. of* подтвержда́ть
подтвержда́ть confirm
подтолкну́ть: подтолкну́ло меня́ it dawned upon me
подтя́гивать pull; bring up; join in singing
подтяну́ть *perf. of* подтя́гивать
поду́мать (*perf.*) think for a while
поду́шка pillow
подхвати́ть *perf. of* подхва́тывать
подхва́тывать catch, pick up
подходи́ть come up (*to*), approach
подцепи́ть *perf. of* подцепля́ть
подцепля́ть hook
подчёркивать emphasize
подчини́ть(ся) *perf. of* подчиня́ть(ся)
подчиня́ться submit (*to*)
подыма́ть (*colloq.*) = поднима́ть
поды́скивать try to find
подыша́ть чи́стым во́здухом (*perf.*) have a breath of fresh air

подья́чий (*arch.*) minor official
поеди́нок duel
поёжиться (*perf.*) shiver with cold
пóезд train
пожале́ть *perf. of* жале́ть
пожа́ловать *perf. of* жа́ловать
пожа́луй perhaps
пожа́р fire
пожа́рный *adj. of* пожа́р
пожа́ть *perf. of* пожима́ть
пожела́ть *perf. of* жела́ть
пожени́ть (*perf.*) marry
пожило́й elderly
пожима́ть to press
   — ру́ки shake hands
   — плеча́ми shrug one's shoulders
позабыва́ть (*colloq.*) forget
позва́ть *perf. of* звать
позволе́ние permission
позволя́ть allow
пóздний late
поздравля́ть congratulate
познако́миться (*perf.*) to get acquainted
позоло́та gilding
пóиски (*pl.*): в пóисках in search (*of*)
по́ить give to drink
пóйло swill; hogwash
пойти́ *perf. of* идти́
пока́ while
   — что in the meanwhile
пока́зно ostentatiously
пока́зывать show
пока́зываться show oneself; appear
покале́чить (*perf.*) to cripple
покати́ться (*perf.*) start rolling
пока́тый sloping
   — лоб receding forehead
покача́ться (*perf.*) swing
пока́чивать голово́й shake one's head
пока́чиваться to rock
пока́шливать cough (*slightly*)
покида́ть leave; abandon
поки́нуть *perf. of* покида́ть
покло́н bow
   идти́ на покло́н go begging to somebody
поклони́ться *perf. of* кла́няться

покло́нник admirer; supporter
поклоня́ться worship
покля́сться *perf. of* кля́сться
поко́иться rest (*on, upon*)
покóй peace
   оста́вить кого́-либо в покóе leave somebody alone/in peace
покóйник/покóйница the deceased
покóйный comfortable
поколеба́ться *perf. of* колеба́ться
покóрно obediently
покоря́ться submit (*to*); resign oneself
покрасне́ть *perf. of* красне́ть
покри́кивать shout
покрóв cover; hearse cloth
покрови́тель (*m.*) patron, protector, sponsor
покрови́тельственный condescending, patronizing
покрыва́ть to cover
покрыва́ться cover oneself
покупа́ть buy
покути́ть (*perf., colloq.*) be on a spree
покуша́ться на самоуби́йство attempt suicide
пол floor; half
пола́ flap
полага́ть suppose
   на́до полага́ть it is to be supposed
полага́ться rely (*upon*); be due (*to*)
   (не) полага́ется one is (not) supposed (*to*)
пола́дить (*perf.*) come to an understanding
полгóда half a year
пóле field
   пóле би́твы battlefield
полевы́е цветы́ field flowers
поле́зть (*perf.*) climb
поле́но log
полёт flight
пóлзать crawl
полиза́ть (*perf.*) lick
полиня́ть *perf. of* линя́ть
полити́ческий political
поли́ться (*perf.*) begin to poor
полице́йский police
полк regiment
пóлка shelf; berth
полкóвник colonel

246

полковой regimental
пóлно! (colloq.) enough!
пóлночь midnight
пóлный full; plump
половик doormat
пóлог (bed) curtains
положéние position; situation
   семéйное положéние family
     status
полóженный allotted
положительный positive
положить perf. of класть
полосá region
полотéнце towel
полотнó: железнодорóжное полотнó
   railroad tracks
полоумный crazy
полторá one and a half
полувековóй of half a century
полувысохший almost dried
полудённый southern
полумрáк semidarkness
полупальтó short coat
полуразмётанный dilapidated
полусвéт twilight
полуслепóй half-blind
полусмéрть: избить когó-либо до
   полусмéрти beat somebody
   within an inch of his life
полутьмá semi-darkness
полуулыбка half-smile
получáть receive
получáться turn out
получить(ся) perf. of получáть(ся)
полчасá half an hour
полынь wormwood
пóльза use
   в пóльзу in favor
пóльзоваться make use; profit
польстить perf. of льстить
полянá clearing, glade
помáзать (perf.) grease
помáзка = помазóк
помазóк little brush
помáлкивать (colloq.) hold one's
   tongue
померéть perf. of помирáть
померéщиться perf. of мерéщиться
поместиться perf. of помещáться
помéстье estate
помещáться be housed; go in
помещéние room
помéщик landowner

помéщица lady of the manor
помéщичий adj. of помéщик
помимо besides; apart from
поминáть pray (for)
поминки (pl.) funeral feast
поминутно every moment
помирáть die
помирить(ся) perf. of мирить(ся)
пóмнить remember
помогáть help
помолодéть perf. of молодéть
помолчáть (perf.) be silent
помóщник, помóщница assistant;
   helpmate
пóмощь help
помутиться (perf.) dim
помчáться (perf.) dart
помыть perf. of мыть
помятый wrinkled
понадéяться (perf.) rely (on something)
понáдобиться: емý понáдобилось
   he needs
поневóле against one's will
понемнóгу (adv.) little by little
понестись (perf.) rush off
   лóшадь понеслáсь the horse
   bolted/dashed
понижáть (vb.) lower
пониже lower
поникáть wilt
поникнуть perf. of поникáть
понимáть understand
понрáвиться perf. of нрáвиться
понтёр punter
понуждáть force
понурить гóлову (perf.) hang one's
   head
понятие idea
понятно of course
понять perf. of понимáть
пообещáть (perf.) promise
пообстоятельнее in detail
поочерёдно in turn
поп (colloq.) priest
попадáть hit; find oneself
попáдать (perf.) to fall one after
   another
попадáться be caught; come across
   что попадётся anything
попáхивать (colloq.) smell a little
поперемéнно in turn
попечéние care

попечи́тель (*m.*) trustee
попи́скивать cheep; peep
попи́ть (*perf.*) have a drink
попла́кать (*perf.*) cry, weep (*for a while*)
поплести́сь (*perf.*) drag oneself along
поподро́бнее more detailed
попо́йка drinking bout
попола́м in two
попра́вить(ся) *perf. of* поправля́ть(ся)
поправля́ть correct; set right; re-adjust
поправля́ться get well; correct one-self
по-пре́жнему as before
попро́бовать *perf. of* про́бовать
попроси́ть *perf. of* проси́ть
попроща́ться *perf. of* проща́ться
попыта́ться *perf. of* пыта́ться
пора́ time
    с тех пор since that time
    до сих пор till now
поража́ть strike, startle
поража́ться be astonished
порази́тельный striking
порази́ть *perf. of* поража́ть
пора́ньше as early as possible
порва́ть *perf. of* рвать
поро́г threshold
по́рознь separately
поро́й at times
поро́к vice
поросёнок suckling pig
по́рох gunpowder
портати́вный portable
по́ртить(ся) spoil
портно́й (*n.*) tailor
поруби́ть (*perf.*) chop
пору́чик (*arch.*) lieutenant
по́рча (*colloq.*) damage; bewitchment
поры́в burst; impulse
поры́вистый gusty; impetuous
поря́док order; customs
поря́дочный respectable
по-сво́ему one's own way
поседе́ть *perf. of* седе́ть
посели́ть(ся) *perf. of* сели́ть(ся)
поселко́вый (*adj.*) settlement
посёлок settlement
поселя́ть lodge

поселя́ться settle, take up one's residence
посереди́не in the middle
посере́ть *perf. of* сере́ть
посети́ть *perf. of* посеща́ть
посеща́ть (*vb.*) visit
посеще́ние visit
посе́ять *perf. of* се́ять
посине́ть *perf. of* сине́ть
поско́льку since
поскрёбыш (*colloq.*) from the bottom of the barrel
поскрипе́ть (*perf.*) squeak for a while
посла́ть *perf. of* посыла́ть
послебра́чный after the wedding
послевое́нный postwar
после́дний last; latter
    в после́днее вре́мя of late
после́довать *perf. of* сле́довать
после́дствие consequence
после́дующий subsequent
посло́вица proverb
послуша́ние obedience
послу́шать *perf. of* слу́шать
послу́шный obedient
послы́шаться *perf. of* слы́шаться
посме́иваться chuckle, laugh up one's sleeve
посме́шище laughingstock
посмотре́ть *perf. of* смотре́ть
пособи́ть (*perf., subst.*) to help
посове́товаться *perf. of* сове́товаться
по́сох cane
поспева́ть have time
поспе́ть *perf. of* поспева́ть
поспе́шно hurriedly, hastily
поспо́рить (*perf.*) argue
посреди́ in the middle of
поссо́рить(ся) *perf. of* ссо́рить(ся)
пост fast(ing)
поста́вить *perf. of* ста́вить
посте́ль bed
постепе́нно gradually
постига́ть understand
постила́ть spread
постла́ть *perf. of* постила́ть
по́стный lenten
посторо́нний (*n.*) stranger
постоя́лец (*obs.*) lodger
постоя́нный constant; permanent
постоя́нство constancy

248

постоя́ть (*perf.*) stand (*for a while*)
посту́кивать tap
поступа́ть act; come; join, enter
— на рабо́ту go to work
посту́пок action; deed
посты́дный shameful
посу́да dishes, china
посыла́ть send
пот sweat, perspiration
потащи́ть *perf. of* таска́ть
потёмки (*pl.*) darkness
потемне́ть *perf. of* темне́ть
потепле́ть *perf. of* тепле́ть
поте́рянный lost
потеря́ть *perf. of* теря́ть
поте́чь (*perf.*) begin to flow
поте́шить (*perf.*) entertain
потира́ть rub
— ру́ки rub one's hands
по́тный sweaty
пото́к flow
потоло́к ceiling
потоло́чный *adj. of* потоло́к
пото́мок descendant
потро́гать (*perf.*) touch
потроши́ть take out
потряса́ть shake
поту́питься (*perf.*) with downcast
eyes; drop one's eyes
потя́гиваться stretch oneself
потяну́ть *perf. of* тяну́ть
поу́жинать *perf. of* у́жинать
поутру́ in the morning
поучи́тельный didactic
похвала́ praise
похвальба́ (*colloq.*) boasting
похва́стать *perf. of* хва́стать
похло́пать (*perf.*) slap
похо́д march
походи́ть resemble; walk for a
while
похо́жий resembling
похолоде́ть *perf. of* холоде́ть
похоро́нный funeral
по́хорны (*pl.*) burial, funeral
похороше́ть *perf. of* хороше́ть
похуде́ть *perf. of* худе́ть
поцелу́й kiss
поча́ще more often
по́чва soil; ground
по́черк handwriting
поче́сть *perf. of* почита́ть
почётный honorable

почива́ть rest
почини́ть *perf. of* чини́ть
почита́ть (*arch.*) consider
по́чка bud
почте́ный respectable
почто́вый postal
почу́вствовать *perf. of* чу́вствовать
пошатну́ться (*perf.*) stagger; shake
поша́тываться sway on one's feet
пошеве́ливать move
пошевели́ть *perf. of* пошеве́ливать
по́шлина duty; customs
по́шлость banality
пощёлкать (*perf.*) crack
пощёчина slap in the face
появля́ться appear; show
по́яс belt; waist
поясни́ца waist
поясня́ть explain
пра́вда truth; true; though
правди́вый upright
пра́ведник righteous man
пра́вило rule
пра́вильный regular
прави́тельство government
пра́во right; really
правосла́вный orthodox believer
пра́вый right hand; right
пра́здник holiday
пра́здный idle; useless
пра́порщик (*arch.*) ensign
прах earth; ashes
пребыва́ние stay
преврати́ть(ся) *perf. of*
превраща́ть(ся)
превраща́ться turn (*into*)
предава́ть commit
пре́данный devoted
предвари́тельно beforehand,
preliminarily
предводи́тельствовать lead
преде́л bound
преде́льный maximum, utmost
предзнаменова́ние omen
предлага́ть offer
предложе́ние proposal
предме́т object
предо = пе́ред
пре́док ancestor
предопределе́ние predestination
предостерега́ть warn
предосторо́жность precaution
предполага́ть assume

предположе́ние assumption
предпочита́ть prefer
предприи́мчивый enterprising
предприя́тие enterprise
предрассве́тный preceding dawn
председа́тель (*m.*) chairman
председа́тельша wife of
    председа́тель
предска́зывать foretell
предста́вить *perf. of* представля́ть
представле́ние performance; a
    clear view
    име́ть представле́ние have an
    idea
представля́ть present; imagine
предстоя́щий forthcoming
предупреди́ть *perf. of*
    предупрежда́ть
предупрежда́ть warn; prevent
пре́жде before; first
пре́жний former
презре́ние contempt
презри́тельный contemptuous
преиму́щество advantage
преклоня́ться admire; worship
прекра́сный beautiful
прекраща́ть stop
прекраща́ться end
пре́лесть charm
преми́нуть (*perf.*) not fail
пре́мия prize, reward
прему́дрость wisdom; knowledge
прему́дрый (*very*) wise
пренебрега́ть neglect
пре́ния (*pl.*) discussion
преобража́ться transform; change
преодолева́ть overcome
преподава́тель (*m.*) instructor
преподава́ть teach
преподноси́ть present
прерыва́ть interrupt
    — молча́ние break the silence
пресле́довать haunt
престаре́лый aged
преступле́ние offense
преступле́нье (*arch.*) = преступ-
    ле́ние
престу́пник criminal
пресы́щенный satiated
претенцио́зный pretentious
преувели́ченный exaggerated
прибавля́ть add
прибива́ть nail

приближа́ться approach/come
    nearer
прибли́зиться *perf. of* приближа́ться
прибо́р device, apparatus
прибре́жный offshore
прибыва́ть arrive
прибы́тие arrival
привезти́ *perf. of* привози́ть
приве́зть (*colloq.*) = привезти́
привести́ *perf. of* приводи́ть
приве́тливый friendly
приве́шивать suspend
привиде́ние ghost
привлека́ть attract
    — внима́ние attract attention
приводи́ть bring
    — в отча́яние drive to despair
    — в чу́вство bring somebody
    to his senses
приводи́ться happen
привози́ть bring
приво́льный free
привра́тник doorkeeper
привыка́ть become accustomed
привы́кнуть *perf. of* привыка́ть
привы́чка habit
привы́чный habitual, usual
привя́зываться become attached
приглаша́ть invite
пригляде́ть(ся) *perf. of*
    пригля́дывать(ся)
пригля́дываться look
пригляну́ться (*perf.*) catch some-
    body's fancy
пригова́ривать sentence; condemn
приговори́ть *perf. of* пригова́ривать
пригоди́ться (*perf.*) be of use (*to*)
пригора́ть be burnt
приго́рбленный stooping
пригото́вить *perf. of* гото́вить
приготовля́ть prepare
придава́ть add; give; impart
    — значе́ние attach impor-
    tance
прида́вливать weigh down
придвига́ться draw near
придво́рная знать court nobility
приду́мывать think (*of* )
прие́зд arrival
приезжа́ть arrive, come
прие́зжий (*n.*) newcomer
прие́мный foster, adoptive
прижа́ть *perf. of* прижима́ть

250

приживáться get accustomed (*to a place*)
прижимáть press
— к грудú press to one's breast
прижимáться press oneself
приз prize
признавáть acknowledge; know
признавáться confess
прúзнак sign, indicator
признáние confession
признáть(ся) *perf. of* признавáть(ся)
призúв call to military service
призывáть call
прийтúсь *perf. of* приходúться
прикáз order
прикáзчик steward
прикáзывать order, direct
прикáлывать fasten
прикасáться touch
прикúдываться pretend
приклáд butt
приклáдывать apply; put
приклéивать stick
приключéние adventure
приколóть *perf. of* прикáлывать
прикосновéние touch
прикоснýться *perf. of* прикасáться
прикрúть (*perf.*) cover
приласкáть (*perf.*) caress, fondle
прилéжный diligent
прилúчно decently
приложúть *perf. of* приклáдывать
примéр example
примéрный excellent
прúмесь admixture
примéты (*pl.*) distinctive marks
примéтить *perf. of* примечáть
примечáть notice
примирúться be reconciled
принадлежáть belong
принадлéжность belonging; peculiarity
принестúсь (*perf.*) come
принимáть take; accept; receive
— учáстие take part (*in*)
— во внимáние take into consideration
принимáться begin; take to
приносúть bring
принуждáть compel
принуждённый forced
принципиáльный of principle

принúть *perf. of* принимáть
приобретáть acquire
приокóнный (*adj.*) close to window
приотворúть half-open
приотворúться open slightly
приоткрúть(ся) = приотворúть(ся)
припадáть press oneself (*to*)
припáсть *perf. of* припадáть
припáсы: съестнúе припáсы (*pl.*) edibles
припевáючи: жúть припевáючи live in clover
приперéть (*perf., colloq.*) carry
приписáть *perf. of* припúсывать
припúсывать attribute
припúсываться get registered
приподнимáться raise oneself
припóднятый elevated
приподнúться *perf. of* приподнимáться
припоминáть recollect, recall
припрúтывать lay up
прирóда nature
прирóдный natural
присáживаться sit down
присвáтаться (*perf.*) to propose
присéсть (*perf.*) drop curtsys, drop a curtsy
присáживаться/приседáть sit down
прислонúться *perf. of* прислонúться
прислонúться lean (*against*)
прислýга servant
прислýшиваться listen (*to*)
присмáтриваться look closely
приснúться *perf. of* снúться
присоединúть connect; associate
присоединúться associate with
приспéть (*perf.*) be ready
приставáть stick; pester
приставлúть put against
прúстально fixedly, intently
прúстань pier; wharf
пристáть *perf. of* приставáть
пристёгивать fasten
пристрáивать join up
пристрáстие liking
пристрéливать shoot
пристрóить *perf. of* пристрáивать
прúступ attack; bout
приступáть start
присýтствие presence
присýтствовать be present

251

присутствующий (n.) person
    present
присылать send
присыпать pour some more
притаять (perf.) to thaw
притеснить perf. of притеснять
притеснять oppress
притом besides
притязание pretension
приукрашивать adorn
прихватить perf. of прихватывать
прихватывать take; touch
приход arrival; parish
приходить в голову occur
приходиться fit; fall; is related
    пришлось had to
    ему придётся he'll have to
приходящий (n.) comer
прихожая (n.) anteroom
прихрамывать limp
прицеливаться take aim
причастить(ся) perf. of
    причащать(ся)
причащаться receive the Eucharist
причёска coiffure
причёсываться comb; comb one's
    hair
причина cause; reason
причинить perf. of причинять
причинять cause
причитание lamentation
причитать lament (over)
причуда whim; oddity
пришелец newcomer
пришибить (perf.) depress
пришивать sew
прищемить perf. of прищемлять
прищемлять pinch
прищуриваться screw up one's
    eyes
прищурить(ся) perf. of
    прищуривать(ся)
про about
    — себя to oneself
    читать про себя read to
    oneself
пробалтываться blab (out)
пробегать pass; look through
пробежать perf. of пробегать
пробивать pierce (through); shoot,
    show
пробираться make one's way
пробить perf. of пробивать

пробка cork
пробовать try
проболтаться perf. of
    пробалтываться
пробормотать perf. of бормотать
пробраться perf. of пробираться
пробудить(ся) perf. of
    пробуждать(ся)
пробуждаться awake
проверять check
провести perf. of проводить
провинция province
провод wire
проводить pass; spend
    — рукой по волосам pass one's
    hand over one's hair
проводить perf. of провожать
проводник guide
провожать accompany; see off
провождать arch. for провожать
проволока wire
проворный swift
проворчать (perf.) mutter
проговариваться blab (out)
прогреметь (perf.) rumble
продавать sell
продажный venal
проделывать perform
    — ходы make gaps
продёргивать criticize
продолжать continue
продольный lengthwise
продребезжать perf. of дребезжать
продуманность contemplation
продуманный thought-out
продумать (perf.) think over
проезжать pass (through)
проезжий (n.) traveler
прожёвывать chew
проживать stay
прожорливый voracious,
    gluttonous
прозвать perf. of прозывать
прозвенеть ring out
прозвище nickname
прозвучать perf. of звучать
прозрачный transparent
прозывать nickname
проигрывать lose at cards
произведение work, production
производить make
    — впечатление make an
    impression

252

произноси́ть utter
— речь deliver a speech
происходи́ть occur; take place;
descend (*from*)
происше́ствие incident; event
прока́за prank
прока́зник mischievous person
прокла́дывать build
прокля́тие damnation; malediction
про́клятый damned
прокорми́ть (*perf.*) keep, maintain
прокрича́ть (*perf.*) shout
прола́мывать(ся) break through
пролега́ть: доро́га пролега́ла че́рез
по́ле the path ran across a
field
пролежа́ть (*perf.*) lie; remain
пролепета́ть *perf. of* лепета́ть
пролета́ть fly (*past*)
пролётка cab
пролива́ться pour; spill
проли́ться *perf. of* пролива́ться
проложи́ть *perf. of* прокла́дывать
проломи́ть(ся) *perf. of*
прола́мывать(ся)
про́мах miss
промельну́ть (*perf.*) flash
промета́ть *perf. of* мета́ть
промо́зглый dank
промо́лвить (*perf.*) say
промурлы́кать (*perf.*) to purr
промолча́ть (*perf.*) say nothing
промча́ться (*perf.*) go by
пронзи́тельно shrilly
проникнове́нный moving, sincere
проница́тельный penetrating
пропада́ть be lost
пропива́ть squander in drink
пропи́тывать saturate
пропища́ть (*perf.*) squeal
пропорциона́льность proportion-
ality
пропуска́ть let out
пропусти́ть *perf. of* пропуска́ть
прорва́ть *perf. of* прорыва́ть
прореди́ть *perf. of* проре́живать
проре́живать thin out
проре́заться cut; erupt
проруби́ть (*perf.*) cut through
про́рубь ice hole
прорыва́ть tear
прорыва́ться burst (*through*)
просветле́ть (*perf.*) brighten up

просвещённый enlightened
про́седь streak(s) of gray
просёлок = просёлочная доро́га
country road
проси́тель/проси́тельница
petitioner
проси́ть ask; beg
проскрежета́ть (*perf.*) grit one's
teeth
просну́ться *perf. of* просыпа́ться
просо́вывать(ся) push through
проспа́ть *perf. of* просыпа́ть
проста́ивать stay
проста́к simpleton
простачо́к *dim. of* проста́к
простира́ться stretch
прости́ться *perf. of* проща́тся
простова́тый simple(minded)
простоду́шие openheartedness
простоду́шный artless
просто́й simple
простона́ть (*perf.*) groan
просто́р space; scope
просто́рный wide
простота́ simplicity
простра́нный diffuse
простра́нство space
простре́ливать shoot through
простыня́ bedsheet
просу́нуть(ся) *perf. of*
просо́вывать(ся)
просу́шка drying
просыпа́ть oversleep
просыпа́ться wake up
просо́хнуть (*perf.*) get dry
про́сьба request
протека́ть be leaky
протере́ть(ся) *perf. of* протира́ть(ся)
про́тив against; opposite
друг про́тив дру́га face to
face
проти́вник adversary
проти́вный unpleasant
противополо́жный opposite
противоре́чить contradict
протира́ться wear through
протоко́л record of evidence
прото́пка heating
протя́гивать offer
— ру́ку hold out one's hand
протя́гиваться stretch out
протя́жный drawling
— крик long-drawn-out cry

протяну́ться (*perf.*)  extend; stretch out
профе́ссия  occupation
прохлажда́ться  idle
проходи́ть  pass; go by; be over
прохо́жий (*n.*)  passerby
прохуди́вшийся (*colloq.*)  deteriorated
проце́нт  percentage
проце́сс  process
про́чий  other
   и про́чее (*n.*)  et cetera (*etc.*)
про́чить  intend
прочь: не прочь  have no objection
проше́дшее вре́мя  past time
прошепта́ть *perf. of* шепта́ть
про́шлое  the past
про́шлый  past; last
проща́й  goodby!
проща́ть  forgive; absolve
проща́ться  say goodby
проявле́ние  evidence, manifest
проявля́ть  show, display
пруд  pond
пружи́на  spring
пры́гать  jump, leap
пря́мо  straight
пря́дать = прясть
прясть уша́ми  move the ears, wiggle
пря́тать(ся)  hide
псало́мщик  psalm reader
псалты́рь  psalm book
пти́ца  bird
пти́чка  little bird
пуга́ть  frighten
пуга́ться  be frightened; take fright
пу́говица  button
пуд  pood (*unit of weight about* 36 *pounds*)
пу́дра  powder
пу́ля  bullet
пунш  punch
пурга́  snowstorm, blizzard
пуска́й = пусть
пуска́ть  let go; throw
пуска́ться в простра́нные объясне́ния  enter upon lengthy explanations
пусти́ть(ся) *perf. of* пуска́ть(ся)
пустова́ть  stand empty
пусто́й  empty; idle
пусты́нный  desert; deserted

пусты́ня  desert
пусть  let
пу́таться  get entangled
путево́дный  guiding
пу́тный  sensible
путь (*m.*)  way, track; journey
пух  down
пу́хлый  plump
пу́хнуть  swell
пу́ще  worse than
пчели́ный  bees
пыл  ardor
пыль  dust
пы́льный  dusty
пырну́ть ножо́м  thrust a knife
пыта́ться  attempt, try
пытли́вый  searching
пы́шет: от пе́чки пы́шет жа́ром  the stove is blazing
пья́ница  drunkard
   го́рький пья́ница  confirmed drunkard
пья́нка (*colloq.*)  drinking bout
пья́нство  hard drinking
пья́ный  drunk
пятидесятиле́тний  fifty years old
пятно́  spot
пя́тнышко  speck

## Р

рабо́та  work
   сельскохозя́йственные рабо́ты  agricultural work
рабо́тать (*vb.*)  work
рабо́тник  worker
рабо́чий (*adj.*)  working; (*n.*) worker
равни́на  plain
равноду́шие  indifference
равноду́шный  indifferent
равноме́рно  evenly
ра́вный  equal
рад  glad
ра́ди  for the sake of
   — Бо́га  for God's sake
радио́ла  record player
ра́доваться  be glad
ра́достный  joyful
ра́дость  joy
ра́дужный  cheerful
раз  time
   ни ра́зику (*colloq.*)  not a single time

разболтáться (*perf.*) get out of
    hand
разбéг running start
разбегáться scatter
разбежáться (*perf.*) run up
разбивáть break
разбирáть take; disassemble, take
    to pieces; make out
разбитнóй bright, sprightly
разбúтый broken
    чýвствовать себя́ разбúтым
    feel jaded
разбúть *perf. of* разбивáть
разбогатéть *perf. of* богатéть
разбóйник robber, brigand
разбрáсывать scatter about
разбредáться disperse
разбудúть *perf. of* будúть
развáливать ruin
развáливаться fall to pieces
развалúть(ся) *perf. of*
    развáливать(ся)
рáзве save perhaps
развéдка intelligence
развернýть *perf. of* развёртывать
развёртывать unfold
развивáться develop
развúнченный unstrung
развитóй developed; intelligent
разводúть рукáми spread one's
    hands
разводúться multiply
развозúться (*perf.*) start a romp
разворáчивать make havoc
разворотúть *perf. of* разворáчивать
развя́зный pert
разгáдывать unravel
разглядéть (*perf.*) see; discern
разгля́дывать examine
разговáривать talk
разговорúться (*perf.*) warm to
    one's topic
разгоня́ть disperse; break up
разгорáться flare up
разгорячúться (*perf.*) be flushed
разгýл revelry
раздавáть distribute
раздавáться be heard, sound, ring
    (*out*)
раздáться *perf. of* раздавáться
раздвúнуть (*perf.*) pull apart
раздéльный clear
разделя́ть divide

раздобывáть procure, get
раздражáть irritate, annoy
раздражáться get irritated
раздражéние irritation
раздражéнье *arch. of* раздражéние
раздувáть puff up
разду́мывать muse
разду́мье meditation
разду́ть *perf. of* раздувáть
разевáть open
разúнуть *perf. of* разевáть
разúтельный striking
разлáд discord
разлáмывать break
разливáть pour out
разливáться expand
различáть discern
разлúчный different
разломáть *perf. of* разлáмывать
разлýка separation; parting
разлучáть separate
размáхивать swing
размéренный measured
размывáть wash away
размы́ть *perf. of* размывáть
размышля́ть muse
разнéживаться grow soft
разнéжиться *perf. of* разнéживаться
разнестúсь *perf. of* разносúться
рáзница difference
разновúдность variety
разнокалúберный of different
    calibers
разнообрáзный diverse
разносúться spread; resound
рáзный different
разойтúсь *perf. of* расходúться
рáзом at once
разоря́ть ruin
разоря́ться ruin oneself
разочарóванность disappointment
разрабóтка exploitation
разрастáться spread (*out*)
разрешáть permit
разрешáться be solved
разрешéние permission
разрешúть(ся) *perf. of*
    разрешáть(ся)
разрисóвывать paint
разрубáть cleave
разрушáть demolish
разрывáть tear asunder
разряжáть discharge

ра́зум mind
разуме́ть mean
разуме́ется of course
разъезжа́ть drive (*around*)
разъясня́ть explain
разы́скивать look (*for*)
райо́н region
райо́нный (*adj.*) district
рак crawfish; lobster
рак-отше́льник hermit crab
раки́та broom
ра́ковина shell
ра́ма frame
ране́ние wound
ра́неный wounded; (*n.*) the
    wounded
ра́нним у́тром early in the morning
рань (*colloq.*) early hours
ра́ньше earlier; before
раскалённый scorching
раскаля́ть make burning hot
раска́тистый rolling
раскла́дывать lay out
— костёр build a fire
раскрасне́ться (*perf.*) flush
раскра́шивать paint, color
раскрыва́ть open
распаха́ть *perf. of* распа́хивать
распа́хивать plough up; throw,
    fling/thrust open, sweep open
распеча́тывать unseal
распи́сываться sign
распла́чиваться pay off
расплю́щивать flatten, crush flat
располага́ть dispose; place
располага́ться make oneself com-
    fortable
расположе́ние disposition
— ду́ха mood
расположи́ться *perf. of*
    располага́ться
распоря́док order
распространя́ться enlarge (*on*),
    expatiate (*on*)
распрямля́ться straighten oneself
распуска́ть melt
распусти́ть *perf. of* распуска́ть
распу́тать *perf. of* распу́тывать
распу́тывать untangle
распуши́ть (*perf.*) give a good
    scolding; to fluff up
распя́тие crucifix
рассве́т dawn, daybreak

рассвета́ть: рассвета́ло it is (*day*)-
    light
рассе́ивать disperse; dissipate
рассе́иваться clear away
рассека́ть cut
рассерди́ться (*perf.*) become angry
рассе́чь *perf. of* рассека́ть
рассе́янность absentmindedness
рассе́янный dissipated
рассла́бленный limp
рассле́шать (*perf.*) catch
рассма́тривать examine
расспро́сы (*pl.*) questions
расстава́ться part (*with*)
расста́вить *perf. of* расставля́ть
расставля́ть place; post; move
    apart
расстано́вка: говори́ть с расстано́в-
    кой speak without haste
расста́рываться to obtain with
    difficulty
расстёгивать unbutton
расстегну́ть *perf. of* расстёгивать
расстила́ться spread
расстра́иваться be upset
расстро́енный downcast
расстро́ить(ся) *perf. of*
    расстра́ивать(ся)
рассуди́ть (*perf.*) think
рассу́док reason; intellect
рассужда́ть reason; discuss
рассчита́ться *perf. of*
    рассчи́тываться
рассчи́тываться settle up; get even
рассыпа́ть scatter
раста́птывать trample, crush
раста́скивать pull asunder
растащи́ть *perf. of* раста́скивать
раста́ять *perf. of* та́ять
растеря́нный confused,
    embarrassed, perplexed
растеря́ться (*perf.*) taken aback
расти́ grow
растира́ть spread; rub
растопта́ть *perf. of* раста́птывать
расторо́пный efficient
расточи́тельный extravagant
растрёпанный disheveled
растрепа́ться (*perf.*) get disheveled
растя́гиваться stretch oneself
расхва́статься (*perf., colloq.*) brag
    away
расхо́д expense

256

расходи́ться go away; disperse; break up; part
расцвета́ть flourish
расчёт calculation
расчётливый calculating
расшиба́ть break to pieces
расшива́ть embroider
расширя́ться expand
рвать tear, rend
— на себе́ оде́жду rend one's garments
рва́ться to long
реабилити́ровать rehabilitate
реа́льный real
ребёнок child
ребро́ rib
ребя́та (pl.) children
ребяти́шки (pl., colloq.) children
реве́ть howl
ревнова́ть be jealous
ре́вность jealousy
ре́дкий thin
ре́дко seldom, rarely
ре́дкость rarity
режиссёр producer
ре́зать slaughter
ре́зкий sharp, harsh
резо́н reason
резьба́ carving
ре́йс trip
река́ river
ли́ться реко́й flow in rivers
реквизи́т theatrical properties
рекла́ма advertisement
рекомендова́ться introduce oneself
религио́зный religious
— обря́д religious rite
рельс rail
сходи́ть с ре́льсов be derailed
ремесло́ trade
реме́сленник handicraftsman
ремо́нт repair(s)
репети́ция rehearsal
ресни́ца eyelash
рессо́ра spring
речно́й (adj.) river
речу́шка dim. of река́
речь speech
реша́ть decide; settle
реша́ться make up one's mind, decide, venture
не реша́ться not dare
реше́ние decision

решётка grating
реши́мость resolution
реши́тельность resoluteness
реши́тельный resolute; firm
реши́ть(ся) perf. of реша́ть(ся)
ржа́вый rusty
ри́га threshing barn
ри́нуться (perf.) rush
рискова́ть risk; run/take the risk
— жи́знью risk/imperil/stake one's life
рисова́ть draw
рифлёный corrugated
робе́ть be scared
ро́бкий shy, timid
ро́бость timidity
ро́вно straight
ро́вный even
рог horn
рого́жа bast mat
род sort, kind
ро́дина native land
роди́ть give birth; give rise
роди́ться be born
родны́е (pl.) relatives
родня́ relatives
ро́дом origin, by birth
ро́дственник/ро́дственница relative
ро́жа (colloq.) ugly mug
ро́звальни (pl.) wide, low sled
ро́зно apart
ро́зовый pink; rosy
роково́й fatal
ро́кот murmur
роль role
рома́н novel
романи́ческий romantic
рома́нс love song
рома́шка daisy
роня́ть drop
роса́ dew
роси́стый dewy
ро́скошь luxury
ро́слый tall
рост height, stature
рот mouth
ро́та company (military)
ро́тмистр captain (of cavalry)
ро́ща grove
роя́ль (m.) grand piano
руба́ха shirt
руби́ть hew, chop; (subst.) build

рублёвый (*adj.*)  one-ruble
рубль (*m.*)  ruble
ругательство  curse, swearword
ругаться  scold, swear, curse
рука  hand
    из рук в руки  from hand to
       hand
рукав  sleeve
рукавица  mitten
рукописный (*adj.*)  manuscript
руль (*m.*)  rudder
румянец  blush
румяный  ruddy
русый  light brown
рухнуть (*perf.*)  tumble down
ручей  brook
ручка  handle
рыбный  fish
    рыбные консервы  tinned/
      canned fish
рыдание  sobbing
рыданье *arch. for* рыдание
рыдать  sob
рыжеватый  reddish
рыжий  red, redhaired
рысью  at a trot
рыть  dig
рычать  growl
рюмка  wineglass
рябина  mountain ash
рябой  speckled
ряд  row; line
рядом  side by side; next door
    сидеть рядом  sit side by side

## С

сабля  saber
сад  garden
садиться  sit down; board
сажать  put; plant
салазки (*pl.*)  hand sled
сало  salt pork
салоп (*obs.*)  women's coat
сальце *dim. of* сало
сам  himself
самовар: ставить самовар  set the
    samovar
самоварный *adj. of* самовар
самогон  home brew
самодельный  homemade
самодовольный  complacent
самолёт  airplane

самоубийство  suicide
самоуверенный  self-confident
самоучитель (*m.*)  self-instructor
самый  very
сани (*pl.*)  sleigh
санитар  medical orderly
санитарный поезд  hospital train
санки = сани
сапог  boot
сапожник  shoemaker
сарай  barn
сатана (*m.*)  Satan
сахар  sugar
сахарок *dim. of* сахар
сбавлять  take off
сбивать  knock down; knock
    together
сбиваться  lose one's way; go
    astray
сбираю *colloq. for* собираю
сбить(ся) *perf. of* сбивать(ся)
сбор  collection
сборный  combined
сбрести (*perf., subst.*)  run away
сбывать  sell
свадьба  wedding
сваливать  shift
сваливаться  fall down
свалиться *perf. of* сваливаться
свалка  scuffle
свататься  woo
сватовство  matchmaking
сведение  information
сведущий  experienced
свежесть  coolness
свежий  fresh
свёкор  father-in-law (*husband's
    father*)
свекровь  mother-in-law (*husband's
    mother*)
свергать  overthrow
сверкать  sparkle; glare
    сверкнуть глазами  flash one's
      eyes
сверло  borer, drill
свёртывать  roll up; turn
сверх  on top of
сверху  from above
свести *perf. of* сводить
свет  light; world
    появляться на свет  be born
    производить на свет  bring
      into the world

светать: светает day is breaking
светило: светила небесные
    heavenly bodies
светить shine
светлорусый light blond
светлый light
свеча candle
свешиваться overhang
свидание rendezvous
свидетель (*m.*) witness
свинцовый leaden
свинья pig
свирепеть grow furious
свирепость fierceness
свисать hang down; trail
свист singing; piping; whistling
свистать (*vb.*) whistle
свистнуть *perf. of* свистать
свисток whistle
свита suite
свобода freedom
свободный free; easy
свод firmament; dome
сводить take; remove
сводка report
своевольный willful
своеобразный peculiar
свойственный peculiar (*to*)
сворачивать turn
свыкаться get used
связывать tie
связь connection
святой holy
священник priest
сгружать unload
сгущаться thicken
      сгущающиеся сумерки closing
    dusk
сдаваться surrender
сдавливать squeeze
сдвигать move
сдвинуть *perf. of* сдвигать
сделка deal
сдергивать pull off
сдержанный restrained, discreet
сдохнуть (*perf., colloq.*) croak
себя himself, herself
север north
северный northern
сегодня в ночь tonight
сегодняшний today's, present
седеть turn gray
седина gray hair

седой gray
седок passenger
сезон season
сей this
    по сей день up till, to the
    present
секира poleaxe
секундант second (in a duel)
селёдка herring
селиться to settle
село big village
сельпо village general stores
сельский *adj. of* село
сельское хозяйство farming
сельсовет/сельский совет village
    Soviet
семейный domestic; family
    — положение family status
семейство family
семёрка seven
семечко sunflower seed
семинария seminary
сени (*pl.*) passage
сено hay
сеновал hayloft
сердечность warmth, cordiality
сердечный tender; cordial
сердитый angry
сердить make angry
сердиться be angry
сердце heart
серебряный silver
середина middle
серёжка *dim. of* серьга
сереть turn gray
серость (*arch.*) ignorance, back-
    wardness
серп sickle
сероватый grayish
серый gray; ignorant
серьга earring
серьёзно seriously, earnestly
сестричка *dim. of* сестра
сесть *perf. of* садиться
сетка net; rack
сечь whip
сеять sow
сжатый кулак clenched fist
сжать *perf. of* сжимать
сжимать wring; hug
сжиматься contract
      сердце сжалось heart was
    wrung

сза́ди from behind
сиде́нье seat
сиде́ть sit
си́ла strength, force
    изо всех сил with all one's strength
    си́ла во́ли willpower
си́льный strong; intense; hard; heavy
сине́ть become blue
синя́к bruise
    — под гла́зом black eye
си́плый hoarse
сире́нь lilac
си́тец cotton
си́тцевый adj. of си́тец
сия́ние radiance
сия́ть shine
сия́ющий beaming
ска́зка fairy tale
ска́зочный fantastic
скака́ть gallop
ска́лывать pin together
скамья́ bench
ска́пливать save
ска́ред stingy person
скат slope
ската́ть perf. of ска́тывать
ска́терть tablecloth
скати́ться (perf.) slide; slip
ска́тывать roll
ска́шивать mow (down)
сква́жина hole
скве́рно чу́вствовать себя́ feel bad
скве́рный bad, nasty
сквози́вший transparent; pierced
сквози́ть shine, be seen through
сквозь through
ски́дывать take off
ски́нуть perf. of ски́дывать
скита́льческий wandering
скита́ться wander
скиф Scythian
скла́дка fold
склады́: по склада́м spell out
скла́дывать pile, heap
скла́дываться take shape
склон slope
склоня́ть incline
склони́ться bend
скола́чивать knock together
сколоти́ть perf. of скола́чивать
скользкий slippery

скользя́щий sliding
скорбный sorrowful
скорбь sorrow
скорлупа́ shell
скоро fast; soon
скоромный (adj.) fat; meat
скорость speed
скорота́ть perf. of корота́ть
скорчиться perf. of корчиться
скорый (colloq.) fast; forthcoming; (n.) express
скосить perf. of косить
скотина cattle
скрести scratch
скрестить perf. of скрещивать
скрещивать cross
скрипеть зубами grit one's teeth
скрипка violin
скрипнуть (perf.) squeak
скромный modest
скрываться hide, pass out of sight, disappear
скрытный secretive
скрыть(ся) perf. of скрывать(ся)
скрючивать double up
скудный meager
скука boredom
скула cheekbone
скучать be bored
скучный dull
слабость weakness
слабый weak; faint
слава glory
славиться be famous (for)
славно well
славный famous
сладость sweetness
слать send
слегка somewhat
след track; trace
следить watch; follow
следователь (m.) interrogator
следовать follow
    следует помнить it should be remembered
    не следует it should not be
следствие investigation
следующий following
слеза tear
слезать get down (from)
слезливый tearful
слепо blindly
слепота blindness

слетáться fly together
слетéться *perf. of* слетáться
сливáться merge; blend
слинять (*perf.*) fade
слитный together
слишком too
словно as if
слово word
    одним словом in short
словéсный (*arch.*) philological
словцó (*colloq.*) apt word
слог syllable
сложить *perf. of* склáдывать
слой layer
сломáть *perf. of* ломáть
сломить (*perf.*) break
слонóвый elephantine
    слонóвая кость ivory
служащий (*n.*) employee
служба service; work
служить serve; work
слух rumor
случай case; occasion; occurrence
    в (такóм) случае in (that) case
случáйный accidental
случáться happen
слушатель (*m.*) listener
слушать listen; hear
слушаться obey
слыть have a reputation
слыхивать (*colloq.*) hear (*about*)
слышать hear
слышаться be heard
слышно: было слышно one could
    hear
слышь (*subst.*) you see, you know
слюнявый slobbering
смáзывать oil
смéло boldly
смéлость courage
смéна replacement
сменять replace; exchange
смеркáться it is getting dark
смерть death
смесь mixture
сметливый sharp, keen-witted
сметь dare
смех laughter
смéшивать mix
смешить make laugh
смешнóй ridiculous; funny
смеяться laugh
смирéние humbleness

смолистый resinous
смолкáть grow silent
смолоду in one's youth
смоляной (*adj.*) black and shiny
сморкáться blow one's nose
смотрéть look; look (*at*)
    смотря по depends
смотрéться look at oneself
смотритель (*m., arch.*) inspector,
    postmaster
смотрительский *adj. of* смотритель
смрад stench
смуглый dark-complexioned
смутить(ся) *perf. of* смущáть(ся)
смутный vague
смущáть confuse
смущáться be embarrassed
смущéние embarrassment
смущённый embarrassed
смывáть wash off
сомкнуть (*perf.*) close
смысл meaning
смычóк bow
смягчáться grow softer
смягчиться *perf. of* смягчáться
смятéние confusion
снаружи outside
снарядить *perf. of* снаряжáть
снаряжáть equip
снедь food
снизойти *perf. of* снисходить
снимáть take off; remove; rent
снисходительный condescending
снисходить condescend (*to*)
сниться (*vb.*) dream
сновáть scurry
сновидéние dream
сноп sheaf
сносить endure
сносно tolerable
собáка dog
собáчий canine
собирáть gather
собирáться gather (*together*);
    intend
собрáние gathering; collection
собрáть *perf. of* собирáть
сóбственно говоря as a matter of
    fact, strictly/properly speaking
сóбственность property
сóбственный own
событие event
совáть thrust, slip

261

совершать perform
совершаться happen
совершенно quite, totally, utterly
совершенный absolute; complete
совершить(ся) *perf. of*
    совершать(ся)
совестно ashamed
совесть conscience
совет advice; council
советовать(ся) advise
совладать (*perf.*) get the better
совместить (*perf.*) combine
современный modern
совсем quite
    — не not at all
согласие consent
согласный harmonious;
    consonant
согласовать (*perf.*) agree (*with*)
соглашаться agree (*to something*)
согревать warm
согрешать (*vb.*) sin
согрешение sin
согрешенье *arch. of* согрешение
содержание content
соединять(ся) unite
сожаление regret; pity
    к сожалению unfortunately
созвучие accord
создавать create
создатель (*m.*) creator
создать *perf. of* создавать
созерцание contemplation
созидаться be created
сознание consciousness
сойтись *perf. of* сходиться
сокрыть (*perf., arch.*) conceal
солидный reliable
солить salt
солома straw
сомневаться have doubts
сомнение doubt
сомнительный doubtful
сон sleep; dream
    во сне in one's sleep
сонный sleepy
соображать grasp
соображение understanding
сообщать report; communicate;
    inform
соответствовать correspond
соперник rival
сопровождать accompany

сопровождение accompaniment
сорваться *perf. of* срываться
сорочка shirt
сосед/соседка neighbor
соседний neighboring
соскакивать jump off; fly off
соскочить *perf. of* соскакивать
сослать *perf. of* ссылать
сослепа, сослепу owing to poor
    sight
сословие estate
сосредоточенный concentrated
составить *perf. of* составлять
составлять put together; compile;
    make
    — протокол draw up the
    record
состарить(ся) *perf. of* старить(ся)
состояние state; fortune
состоять consist
состояться (*perf.*) take place
состязание competition
сотник sotnik (Cossack lieuten-
    ant)
сотня a hundred
соты (*pl.*) honeycombs
соучастник/соучастница
    accomplice
соха wooden plough
сохнуть dry
сохранить *perf. of* сохранять
сохранять maintain; keep
сочинение work, writing
сочиться ooze (*out*), trickle
сочный juicy, sappy
сочувствие sympathy
спасать save
спасаться save oneself
спать sleep, be asleep
спектакль (*m.*) play
спелый ripe
спешить hurry
спешно hastily
спина back
спинка *dim. of* спина
список list
списывать write off
спичка match
сплошь entirely
спокойный calm
спокойствие calmness
сполна completely
спор argument; debate

спо́рить argue
спосо́бный able; gifted
спохвати́ться *perf. of*
   спохва́тываться
спохва́тываться recollect suddenly
справедли́вость justice
спра́вить (*perf., subst.*) to make
спра́вка information, reference
справля́ться cope (*with*)
спра́шивать ask; inquire
спроси́ть *perf. of* спра́шивать
спры́гивать jump down
спры́гнуть *perf. of* спры́гивать
спря́тать *perf. of* пря́тать
спуска́ть let down
   — куро́к pull the trigger
   не спуска́ть глаз not take
   one's eyes off
спуска́ться go down; descend
спусти́ть *perf. of* спуска́ть
спустя́ after; later
спу́тать *perf. of* спу́тывать
спу́тник companion; fellow-
   traveler
спу́тывать entangle
спя́щий (*n.*) one who is asleep
сража́ться fight
сра́зу right away
среди́ among
средневеко́вый medieval
сре́дний middle
сре́дство means; remedy
сробе́ть (*perf., colloq.*) get
   frightened
срок (*colloq.*) prison term
сруб frame; (*subst.*) log hut
сруба́ть fell
срыва́ть tear away
срыва́ться break away; fall
сря́ду (*colloq.*) running
ссо́ра quarrel
ссо́риться quarrel with
ссыла́ть exile
ста́вень = ста́вня
ста́вить put
ста́вня shutter
стаж record of service
ста́ивать melt away
ста́лкиваться run into
сталь steel
стан waist
стани́ца stanitsa (large Cossack
   village)

станови́ться to become
   река́ ста́ла the river is frozen
   over
ста́ло become
   — быть so
станово́й (*arch.*) district police
   officer
станцио́нный (*adj.*) station
стара́ться try
старина́ olden times
стари́нный ancient
   — друг old friend
ста́риться grow old
старомо́дный old-fashioned
ста́роста village elder
ста́рость old age
   на ста́рости лет in one's old
   age
стару́шка old lady
ста́рческий senile
ста́рший elder; eldest
   ста́ршие (*n., pl.*) elders
ста́тный stately
ста́тский сове́тник (*arch.*) council-
   lor of state
стать (*perf.*) begin
статья́ article
ста́ять, *see* ста́ивать
ствол trunk
ство́рка fold
сте́бель (*m.*) stem
стега́ть whip
стека́ть trickle down
стекло́ glass
стекля́нный (*adj.*) glass
стемне́ть *see* темне́ть
сте́ночка partition
сте́пень degree; extend
степно́й *adj. of* степь
степь steppe
стере́ть *perf. of* стира́ть
стере́чь guard; watch over
стесня́ться be ashamed
стира́ть wipe off; erase
сти́скивать hug
стих verse
стиха́ть subside
стла́ться spread
стог stack
сто́йка bar; counter
столб pole
столи́ца capital
столь (*adv.*) so; so much

стонать moan; groan
стопа foot; ream (*of paper*)
сторож watchman
сторона side
   откладывать в сторону put
    aside
   с чьей-либо стороны on the
    part of somebody
сторониться avoid
сторонник supporter
стоять stand
страдание suffering
страданье *arch. of* страдание
страдать suffer
странник wanderer
странно: как странно how strange
   it is that
странность strangeness
странный strange; funny
странствие wandering
страстный passionate
страсть passion
страусовые перья ostrich feathers
страх fear
страшить frighten
страшный terrible; dreadful
стрела arrow
стрелок rifleman
стрельба shooting
стрелять shoot, fire
стремительный swift
стремление yearning
строгий severe
строение structure
строитель (*m.*) builder
строительство construction
строить build
строй system
стройный slender; well-
    proportioned
строка line
стропило rafter
струганный hewn
струиться run, stream
струна string
струя current
стряпать cook
стряпня cooking
стряпуха (*colloq.*) cook
студёный (*colloq.*) very cold
стужа cold
ступать go
ступень, ступенька step

стучать: дождь стучит the rain is
   beating
стыдно it is a shame
   ему стыдно he is ashamed
сугроб snowdrift
суд law court
судак pike
сударыня (*arch.*) madam
сударь (*m., arch.*) sir
судебный judicial, legal
судить try, judge
судорожный convulsive
судьба fate
судья judge
суеверие superstition
суеверный superstitious
суета fuss, bustle
суетиться to bustle
суетня (*colloq.*) = суета
сукно cloth
суковатый with many branches
суконный (*adj.*) cloth
сулить promise
сумасброд madcap
сумасшедший mad
сумасшествие madness
суматоха turmoil
сумерки (*pl.*) twilight
суметь (*perf.*) be able
сумрак dusk
сумрачный gloomy
сундук trunk, chest
сунуть *perf. of* совать
супруга spouse, wife
супружеский conjugal
суровый severe, stern
сутки (*pl.*) twenty-four hours
сутяга (*m.*) litigious person
сухарь (*m.*) dried-up man
суховатый dryish
сухой dry
сучок twig
сушиться (*vb.*) dry
существо being, creature
существование existence
существовать exist
сущность essence
   в сущности as a matter of fact
сфотографировать *perf. of*
   фотографировать
схватить *perf. of* схватывать
схватиться *perf. of* схватываться
схватывать grab, catch

264

схва́тываться grasp, seize
сходи́ть come down
    — с корабля́ land
    — с ума́ go mad
сходи́ться meet; gather
схорони́ть *perf. of* хорони́ть
сце́на scene
сцена́рий movie script
сцепля́ть couple
счастли́вец lucky man
счастли́вый happy: fortunate
сча́стье happiness
сча́стие (*arch.*) = сча́стье
счёт score
    без счёту countless
    на счёт at the expense of
    своди́ть счёты settle a score
счита́ть count; consider, think
счита́ться be considered
сшиба́ть knock down
сшиби́ть *perf. of* сшиба́ть
съестно́е edibles
съестны́е припа́сы eatables, edibles
сыгра́ть *perf. of* игра́ть
сы́знова: начина́ть сы́знова make
    a fresh start
сыни́шка (*m.*) (*little*) son
сы́пать pour; strew
сы́паться fall
сыре́ть become damp
сырова́тый dampish
сыро́й damp, sodden
сы́рость dampness
сыска́ть (*perf.*) find
сы́тый replete
сыч brown owl
сюрту́к frock coat

# Т

табуре́тка stool
таи́нственность mystery
таи́нственный mysterious
таи́ть conceal
тайко́м (*adv.*) secretly
та́йна secret
так то́чно! precisely
таки́м о́бразом thus
таково́й such
та́лия waist
там (*adv.*) there
та́мбур platform

тамо́жня customs house
тамта́м tom-tom
танцева́ть dance
тарака́н cockroach
тара́щить stare
таска́ть drag
тата́рский (*adj.*) Tartar
тахта́ ottoman
тащи́ть drag
та́ять melt
тверде́ть harden
тверди́ть repeat over and over
    again
твёрдо (*adv.*) firmly
твёрдый hard
тво́рчество creative work
теле́га wagon
теле́жка small cart
те́ло body
телогре́йка padded jacket
телодвиже́ние gesture
тем бо́лее, что the more so;
    especially as
темне́ть become dark
    у неё потемне́ло в глаза́х every-
    thing went dark before her
    eyes
темнова́тый darkish
темнору́сый dark blond
темнота́ darkness; ignorance
тёмный dark
темп rate, speed
    бе́шеный темп breakneck
    speed
те́мя crown, top of the head
те́ндер tender
тень shade; shadow
тепе́рь now
тепле́ть get warm
те́плиться glimmer
тепло́ warmth
тёплый warm
те́рем tower(room)
теремо́к small tower
тере́ть rub
тере́ться rub oneself
терза́ть torment
терпели́вый patient
терпе́ние patience
терпе́нье (*arch.*) = терпе́ние
терпе́ть endure, tolerate
терпе́ться: ему́ не те́рпится he is
    impatient

теря́ть  lose
теса́к  broad sword
тесни́ться  crowd
те́сно  cramped
теснота́  crush
тесо́вый  board
те́сто  dough
тётка  aunt
техни́ческий  technical
тече́ние  course
    в тече́ние  during
ти́ковый (*adj.*)  teakwood
тип  fellow
ти́хий  quiet
тишина́  silence
ткать  weave
тка́цкий  weavers
тлеть  decay, rot
това́р  goods
това́рищ  comrade, friend, companion
тогда́  then
того́: того́ и гляди́  at any moment
то́же  also
толк  sense
толка́ть  push
толка́ться  push one another
то́лки (*pl.*)  rumors
толкова́ть  explain; discuss
толпа́  crowd
толстомо́рдый  fat-faced
то́лстый  thick, stout, fat
толчо́к  push
то́лько  only
    — что  just now
томи́тельный  painful
томле́ние  languor
томле́нье *arch. of* томле́ние
то́мный  languid
тон  tone
    то́ном ни́же  one tone lower
то́ненький  thin
то́нкий  thin, fine, delicate
тону́ть  sink
топи́ть  heat
топлёное молоко́  milk heated in the oven
то́пливо  fuel; firing
то́пка  firewood
топо́граф  topographer
топо́р  axe
то́пот  tramping
топота́ть  stamp

топта́ться  stamp; hang about
торгова́ть (*vb.*)  trade; sell
торго́вля  trade
торго́вый  commercial
торже́ственный  solemn
торжество́  triumph
торопи́ться  hurry
торопли́вый  hasty
торф  peat
торфи́на  piece of peat
торфоразрабо́тки (*pl.*)  peatery
торфоразрабо́тчик  peatworker
торфяно́й (*adj.*)  of peat
торча́ть  protrude
тоска́  depression
тоскова́ть  grieve
тот  that
    то́-то вот оно́ и есть  that's just it
то́тчас  immediately
точи́ть слёзы  shed tears
то́чка  period
то́чно  indeed; correctly
    так то́чно!  precisely
то́чность  exactness
то́чный  exact
то́шно ему́  he feels sick
то́щий  skinny
трава́  grass
    тра́вы (*pl.*)  herbs
трави́ть  exterminate
тракта́т  treatise
тракти́р  tavern
тракторист  tractor operator
тра́кторный (*adj.*)  of tractor
тра́титься  spend money
тра́ур  mourning
тре́бовательный  demanding
тре́бовать  demand
трево́га  alarm; anxiety
трево́житься  worry
трево́жный  anxious
трель  shake
трено́жник  tripod
тре́пет  trembling
    с тре́петом  with trepidation
трепета́ть  flutter
треск  crackle
трест  trust
тре́тий  third
    тре́тьего дня  the day before yesterday
треуго́льник  triangle

трещать creak
трещина crack
трещотка rattle
тридцати- of thirty
трижды thrice
    трижды проклятый thrice cursed
трико tights
трогать touch; affect
трогаться start for, be off
тройка troika
тройной triple
тронуть (*perf.*) touch
тропинка path
трос rope, line
тротуар sidewalk
труба pipe; chimney
трубка pipe
труд work
    с трудом with difficulty
трудный difficult
трудовой working
    трудовая жизнь life of work
трудодень (*m.*) workday (unit of work on collective farms)
труженик/труженица toiler
труп dead body
трутень (*m.*) drone
трущоба slum
тряпичный (*adj.*) of rag
тряпьё rags
тряска jolting
трясти shake
трястись be jolted
тугой tight
туда there
    туда-сюда hither and thither
туз ace
    червонный туз ace of hearts
туземец native
туземный (*adj.*) native
туловище trunk, body
тулуп sheepskin (coat)
туман fog
туманный foggy
тупой dull; stupid
турник horizontal bar
турчанка Turkish woman
тусклый dim
туча cloud
тщательный careful; painstaking
тщетный vain
тыква pumpkin

тын paling
тьма darkness
тюрьма prison
тягостный painful
тяжёлый heavy
тяжесть weight
тяжкий heavy
тянуть pull, draw
    его тянет he has a longing for
    тянет холодом the cold (air) is coming
тянуться stretch
тятя (*colloq.*) dad


## У

убегать run away
убедительный convincing
убедить(ся) *perf. of* убеждать(ся)
убежать *perf. of* убегать
убеждать convince
убеждаться be convinced
убеждение conviction
убеждённо (*adv.*) with conviction
уберечь *perf. of* уберегать
уберегать safeguard
убивать kill
убийство murder
убийца killer
убирать remove; decorate
убираться clear off
убитый dead
убогий miserable
уборная dressing room
убрать *perf. of* убирать
уважаемый respected
уважать to respect
уважение respect
увезти *perf. of* увозить
уверенность confidence
уверенный confident
уверять assure
увести *perf. of* уводить
увидаться (*perf.*) see each other
уводить take away
увозить drive away
уволить (*perf.*) spare
увы! alas
увязать get stuck
угадывать guess
угасать become extinct
угли (*pl.*) coals

углубля́ться  be absorbed
угнета́ть  oppress
угова́ривать  persuade
угово́р  agreement
уговори́ть *perf. of* угова́ривать
уго́дно: как вам уго́дно  as you
    choose
    кто уго́дно  anybody
угожда́ть  please, oblige
у́гол  corner
    в углу́  in the corner
уголо́вный ко́декс  criminal code
у́голь (*m.*)  coal
у́гольный (*adj.*)  of coal
у́голья (*subst.*) = у́гли
угоща́ть  treat
угоще́ние  refreshments
угро́за  treat
угрю́мость  moroseness
угрю́мый  gloomy
удава́ться  work well; succeed
удави́ться  hang oneself
удало́й  bold
у́даль  daring
удаля́ть  remove
удаля́ться  move away
    — от дел  retire from affairs
    поспе́шно удали́ться  retreat
      hastily
уда́р  blow
ударя́ть  strike
ударя́ться  hit
удва́ивать  double
удво́ить *perf. of* удва́ивать
удержа́ть *perf. of* уде́рживать
уде́рживать  keep
уде́рживаться  hold one's ground
удиви́тельный  astonishing
удивле́ние  surprise
удивля́ть  astonish, surprise
удивля́ться  be surprised
удо́бный  comfortable
    — слу́чай  opportunity
удобря́ть  fertilize
удовлетворе́ние  satisfaction
удовлетворя́ть  satisfy
удово́льствие  pleasure
удуша́ющий  stifling
уедине́ние  solitude
уединённый  solitary
уедини́ть *perf. of* уединя́ть
уединя́ть  seclude
уе́зд  district

уе́здный (*adj.*)  of district
уезжа́ть  leave
уж = уже́
у́жас  terror, horror
ужаса́ться  be terrified
ужасну́ть(ся) *perf. of* ужаса́ть(ся)
ужа́сный  terrible
уже́  already
у́жин  supper
у́жинать  have supper
узда́  bridle
у́зел  knot
узело́к  small bundle
у́зкий  narrow
узкоколе́йка  narrow-gauge
    railway
узнава́ть  recognize; find out
уйти́ *perf. of* уходи́ть
ука́з  decree
указа́ть *perf. of* ука́зывать
ука́зывать  show; point
укла́дывать  pack up
уклоне́ние  deviation
укора́чивать  shorten
укори́ть *perf. of* укоря́ть
укороти́ть *perf. of* укора́чивать
укоря́ть  reproach
украша́ть  decorate
украше́ние  decorations
укрепля́ть  strengthen, consolidate
укро́п  dill
укроща́ть  subdue
укрыва́ться  cover oneself
ула́вливать смысл  catch the
    meaning
ули́тка  snail
у́лица  street
у́личный (*adj.*)  of street
улови́мый  perceptible
улови́ть *perf. of* ула́вливать
у́лочка (*colloq.*)  by-street
улыба́ться (*vb.*)  smile
улы́бка  smile
улыбну́ться *perf. of* улыба́ться
ум: сходи́ть с ума́  go mad
    себе́ на уме́  crafty
уменьша́ть  reduce
уменьши́ть *perf. of* уменьша́ть
уме́ренность  moderation
уме́ть  be able; know
умиле́ние  tender emotion
уми́льный  sweet
умина́ть  tread down

умира́ть die
умира́ющий dying; (*n.*) dying man
у́мный clever; intelligent
умолка́ть become silent
умо́лкнуть *perf. of* умолка́ть
умоля́ть implore
умоля́ющий pleading
у́мственный intellectual
    у́мственная рабо́та brainwork
умя́ть *perf. of* умина́ть
унести́(сь) *perf. of* уноси́ть(ся)
униже́ние humiliation
уни́женный humble
уноси́ть(ся) carry away
уны́лый doleful
уны́ние despondency
упа́сть *perf. of* па́дать
упира́ть rest against
упира́ться rest against; take a firm
    stand
упое́ние ecstasy
упо́р: смотре́ть в упо́р на кого́-либо
    look steadily at somebody
упо́рный persistent
употреби́ть (*perf.*) use
упра́ва board (*town council*)
управле́ние management
управля́ющий manager
упрека́ть reproach
упро́читься strengthen
упря́миться be obstinate
упря́мство stubbornness
упря́мый stubborn
упуска́ть что́-либо и́з виду not
    bear something in mind
ура́внивать even
уровня́ть *perf. of* ура́внивать
уро́дливый misshapen
урожа́й harvest
урони́ть *perf. of* роня́ть
уря́дник Cossack sergeant
ус moustache
усади́ть *perf. of* уса́живать
уса́живать seat
уса́живаться take seats
усва́ивать learn
усво́ить *perf. of* усва́ивать
усе́рдие zeal
у́сики (*pl.*) short moustaches
уси́ливаться become stronger
уси́лие effort
уси́лить(ся) *perf. of* уси́ливать(ся)
усло́виться *perf. of* усло́вливаться

усло́вливаться arrange to meet
услу́га service
    к ва́шим услу́гам at your
    service
услу́жливый obliging
услыха́ть = услы́шать
услы́шать *perf. of* слы́шать
усмеха́ться smile; smile ironically
усме́шка grin
усмиря́ть pacify
усну́ть (*perf.*) fall asleep
усомни́ться doubt
усо́пший (*n.*) the deceased
успева́емость progress
успева́ть have time
успе́х success
успока́иваться calm; compose
    yourself
успокое́ние soothing
успоко́ить(ся) *perf. of*
    успока́ивать(ся)
устава́ть get tired
уставля́ть set with
уста́лый tired
устана́вливать establish
устана́вливаться become settled
установи́ть(ся) *perf. of*
    устана́вливать(ся)
устила́ть cover
устра́ивать organize; fix up; place
устреми́ть *perf. of* устремля́ть
устремля́ть turn
у́стрица oyster
устро́йство arrangement
уступа́ть yield, concede
уступи́ть *perf. of* уступа́ть
у́стье mouth of river
усы́ *see* ус
утвержда́ть maintain
уте́ря loss
утеша́ть (*vb.*) comfort
утеша́ться console oneself
утеше́ние comfort
утира́ть wipe
у́тка duck
утоми́тельный tiring
утомлённый tired
утомля́ть weary
утопа́ть roll in
утяну́ть (*colloq.*) to drag
уха́б pit
уха́живать court
ухва́т oven prongs

ухвати́ться (*perf.*)  grasp, seize
у́хо  ear
    на́ ухо  speak in somebody's
      ear
уходи́ть  leave, go away
уцеле́ть (*perf.*)  survive
уцепи́ться (*perf.*)  catch, grasp
уча́стие  sympathy; interest
уча́стье (*arch.*) = уча́стие
уча́стливый  compassionate
уча́сток  lot, plot
уче́бник  textbook
уче́ние  drill
учёный  scientist; learned person
учи́тельствовать  be a teacher
учи́ть  teach; learn
учи́ться  learn
у́ши *pl. of* у́хо
ушиби́ться (*perf.*)  hurt (oneself)
ую́т  cosiness

## Ф

фа́брика  factory
фабри́чная труба́  factory chimney
фабри́чный (*n.*) (*arch.*)  factory
    worker
фальши́вый  false
фарисе́йство  Pharisaism
фа́ртук  apron
фарфо́ровый  porcelain
фаса́д  facade
фатали́ст  fatalist
февра́льский (*adj.*)  day in February
фигу́ра  figure
фиска́л (*colloq.*)  sneak
флаг  flag
фланг  flank, wing
фля́га/фля́жка  flask
фона́рик  pocket flashlight
фона́рь (*m.*)  lamp, light
фо́рма  form
    в пи́сьменной фо́рме  in
      written form
фотоаппара́т  camera
фотографи́ровать  take a photo-
    graph
фотографи́ческий аппара́т
    camera
фри́зовый (*adj.*)  of warm cloth
фронт  battlefront
фура́жка  cap

футля́р  case
    челове́к в футля́ре  man in a
      shell
фуфа́йка  jersey
фы́ркать  snort, sniff

## Х

хала́т  dressing gown
характери́стика  characteristic
ха́ря (*vulgar*)  muzzle
ха́та  hut
хвали́ть  praise
хва́стать(ся)  boast
хвата́ть  seize; suffice
хвата́ться  snatch; take up
хвати́ться (*perf.*)  miss
хва́тка  grip, clutch
хво́стик  small tail
хи́жина  cabin
хи́лый  puny
хитре́ц (*colloq.*)  cunning
хитро́ (*adv.*)  slyly
хладнокро́вие  coolness, composure
хладнокро́вно  coolly
хлебозаво́д  mechanical bakery
хлеста́ть  lash
хлоп!  bang!
хло́пать в ладо́ши  clap one's hands
хлопота́ть  bustle about
хло́поты (*pl.*)  chores
хлыст  whip
хмель (*m.*)  intoxication
хмельно́й  intoxicated
хму́риться  frown
ход  motion; speed
    на ходу́  in motion
    есть на ходу́  eat on the run
хода́тайствовать  petition for
ходи́ть  go, walk
ходьба́  walking
    час ходьбы́  an hour's walk
хожде́ние  walking
хозя́ин  master, owner, proprietor
хозя́йка  hostess
    — до́ма  mistress of the house
хозя́йничать  exercise one's way
хозя́йство  housekeeping
холм  hill
хо́лод  cold
холоде́ть  grow cold
холосто́й  unmarried

хор chorus
хорёк polecat
хоронить bury
хорошенький pretty
хорошенько (adv.) properly
хорошеть grow prettier
хоть at least
хотя although
хохлята (pl., colloq.) children of Ukrainian origin
хохот laughter
хохотать laugh
хошь (dialectal) = хоть
храбрость courage
храбрый brave
храм temple
— науки temple of science
хранить keep
храп snoring
храпеть snore
хребет ridge
хрипеть wheeze; speak hoarsely
хриплый hoarse
христианин/христианка Christian
хромой lame; limping
хрустальный crystal
худенький slender
худеть grow thin
худо not well; (adv.) badly
художественный artistic
художник artist
худой lean, thin
худощавый lean
хутор farm

## Ц

царапать (vb.) scratch
царапина scratch
царственный kingly
царство kingdom
цвести blossom
цвет color
в цвету in bloom
цветок flower
целить aim
целковый (n., colloq.) one ruble
целовать(ся) kiss
целомудренный chaste
целый intact, unbroken
цель purpose
цельный whole

цена price
ценить value, appreciate
цепенеть freeze
цепкий strong
цепочка chain
цепь chain; line
церемония: без церемоний without ceremony
церковный (adj.) church
церковь church
цигарка (colloq.) (hand-rolled) cigarette
цилиндр top hat
цирк circus
циркуляр circular
циркулярный (adj.) circular
цыган/цыганка Gypsy
цыпочки (pl.) tip toes
на цыпочках on tip-toes

## Ч

чавкать champ
чай (n.) tea; (interj.) probably
чайка seagull
чайная (n.) tearoom
час hour
— ночи one (o'clock) in the morning
не ровен час who knows what may happen
часовня chapel
частный (adj.) private
часть part
большая часть the greater part
часы (pl.) watch
чахотка (colloq.) tuberculosis
чаша cup; chalice
чаща thicket
чаять (arch.) expect
души не чаять (colloq.) dote on somebody
чёлн canoe
человеческий human
человечество humanity
чемодан trunk; suitcase
чепуха (colloq.) nonsense
чепчик cap
червонец (obs.) gold coin
червонный (adj.) of hearts (in cards)

чердáк attic
чердáчный adj. of чердáк
черёд turn
чередовáние alternation
чéрез across
черепáха tortoise
чересчýр (adv.) too
черéшня cherry
черкéсский Circassian
черни́льное пятнó ink stain
чернобородый black-bearded
чернобрóвый dark-browed
чернотá blackness
чёрный black
черпáльщик ladeler
чёрт devil
— побери́! deuce take it!
— знáет что! what the dickens!
чертá boundary; feature, outline
чертёжный drawing
чéстный honest
честь honor
в честь in honor of
четвёрка team of four horses
чéтверо four
четверти́нка small bottle ($\frac{1}{4}$ liter,
чéтверть a quarter, one fourth;
bottle of about 3 qts.
четырёхугóльный quadrangular
чехóл case
чечéнец Chechen (Caucasian
nation)
чин rank
чини́ть repair
чинóвник official
чири́кать chirp
числó number; day
чи́стить (vb.) clean
чистоплóтный clean (man)
чистотá cleanliness
чи́стый clean
читáльня reading-room
читáтель (m.) reader
чихáть sneeze
чмóкать smack one's lips
чрéво (arch.) womb
чрезвычáйно extremely
что what; that
— ли perhaps
чтóбы in order that
чуб forelock
чýвство feeling

чýвствовать(ся) feel
чугýн cast iron
чýдиться: емý чýдится it seems to
him that he hears
чýдно (adv.) beautifully
чуднó (adv., colloq.) oddly
чуднóй queer
чýдо miracle
чýждый alien (to)
чужезéмец stranger
чужестрáнец = чужезéмец
чужóй another's
на чужóй счёт at somebody
else's expense
чýйка (arch.) kind of men's garment
чýтко light
чýточку (adv., colloq.) just a bit
чуть: он чуть не упáл he nearly
fell
— свет at daybreak

## Ш

шабáш (colloq.) no more of it
шаг step, pace
шаловли́вый playful
шандáл candlestick
шáпка cap
шáркать shuffle
шаровáры (pl.) sharovary (wide
trousers)
шáшка saber, sword
швырнýть perf. of швырять
швырять fling, toss
шевели́ться stir about
шевельнýться perf. of шевели́ться
шéлест rustle
шёлк silk
шелкови́стый silky
шёлковый (adj.) of silk
шельмовáть defame
шёпот whisper; шёпотом (adv.) in
a whisper
шептáть (vb.) whisper
шестидесятилéтний sixty-year-old
шестилéтний six-year-old
шéя neck
ши́бко (colloq.) quickly; hard
ши́на tire
шинéль overcoat
ши́нок (arch.) tavern
шипéть fizz

272

ширина́ width
широ́кий wide
широко́ (adv.) widely
— раскры́ть глаза́ open one's
   eyes wide
широкопле́чий broad-shouldered
широкоску́лый with broad cheek-
   bones
широта́ latitude
ширь wide (expanse)
шкату́лка box
шкаф wardrobe
шку́ра skin, hide
шлагба́ум barrier
шлёпать splash
шлея́ breeching, breech-band
шля́па, шля́пка hat
шнуро́к lace
шо́рох rustle
шоссе́ highway
шпа́га sword
шпи́лька hairpin
шта́бель (m.) stack
шта́нга bar
штат staff
шта́тский civil
штоф (obs.) shtoff (about 1.2 liters)
шу́ба fur coat
шум noise
шуме́ть make a noise
шу́мный noisy, tumultuous
шурша́нье arch. of шурша́ние
шурша́ние rustling
шурша́ть rustle
шут jester
шути́ть (vb.) joke
шу́тка joke

# Щ

щебета́ть twitter, chirp
щегольско́й dandy
щека́ cheek
щёлканье clicking
щёлкать click, crack
щель slit
щено́к puppy
щепа́ chips
ще́пка chip, sliver
щети́на bristle
щётка brush

щипа́ть pinch
щит shield
щу́пать feel, touch
— пульс feel the pulse
щу́риться screw up one's eyes

# Э

экземпля́р copy
э́кий (colloq.) what (a)
экипа́ж carriage
эле́гия elegy
эле́ктрик electrician
эта́ж floor
э́так (adv.) in this manner
эфио́пский Ethiopian

# Ю

ю́бка skirt
ю́бочка dim. of ю́бка
юг south
ю́жный southern
юла́ whirligig
ю́нкер cadet
ю́нкерский adj. of ю́нкер
ю́ношество young people
ю́ный youthful

# Я

я́блонный цвет apple blossom
явле́ние occurrence
явля́ться appear
я́вный evident
я́года berry
яд poison
ядови́тый venomous
язви́тельный caustic
язы́к tongue; language
язы́ческий (adj.) pagan
язы́чник pagan
яйцо́ egg
я́ма hole
ямщи́к coachman
я́ркий bright
я́рко (adv.) brightly
ярмо́ yoke
я́ро (adv.) with fervor

я́ростный fierce
я́рый violent
я́сень (*m.*) ash tree
я́сно (*adv.*) clearly
я́сность clearness
    — мы́сли lucidity of mind

я́сный clear
я́стреб hawk
ятага́н yataghan (*Turkish saber*)
я́чневый ground barley
я́щерица lizard
я́щик box

# NTC RUSSIAN TEXTS AND MATERIAL

## Manual and Audiocassette
How to Pronounce Russian Correctly

## Graded Readers
Basic Russian, Book 1
Basic Russian, Book 2
Beginner's Russian Reader
Russian Intermediate Reader
Modern Russian Reader for Intermediate Classes

## Civilization & Culture
Everyday Conversations in Russian
Russian Composition and Conversation
Business Russian
Russian Area Reader
Dear Comrade
Songs for the Russian Class

## Literary Adaptation
Trio: Intermediate Level Adaptation of Puskin, Lermontov
    and Gogol
Quartet: Intermediate Level Adaptations of Turgenyev, Tolstoy,
    Dostoyevsky and Chekhov
Six Soviet One-Act Plays
The Inspector General
The Queen of Spades
Asya

## Grammar and Reference
Simplified Russian Grammar
Reading and Translating Contemporary Russian
Roots of the Russian Language
Essentials of Russian Grammar
Pattern Drills in Russian

## Language Learning Material
NTC Language Learning Flash Cards
NTC Language Posters
NTC Language Puppets
Language Visuals

## Duplicating Masters
Basic Vocabulary Builder
Practical Vocabulary Builder

For further information or a current catalog, write:
National Textbook Company
a division of NTC Publishing Group
4255 West Touhy Avenue
Lincolnwood, Illinois 60646-1975 U.S.A.